本书为河北省社会科学基金项目"基于立德树人背景下高校辅导员职能与角色转换研究"（项目批准号：HB19JY035）阶段性成果。

理论与实践结合下的
高校辅导员工作研究

贾绍宁　康　旭◎著

吉林文史出版社

图书在版编目（CIP）数据

理论与实践结合下的高校辅导员工作研究 / 贾绍宁，康旭著 . — 长春 : 吉林文史出版社 ,2024.4

ISBN 978-7-5752-0143-8

Ⅰ . ①理… Ⅱ . ①贾… ②康… Ⅲ . ①高等学校 - 辅导员 - 工作 - 研究 Ⅳ . ① G645.1

中国国家版本馆 CIP 数据核字 (2024) 第 075551 号

理论与实践结合下的高校辅导员工作研究

LILUN YU SHIJIAN JIEHE XIA DE GAOXIAO FUDAOYUAN GONGZUO YANJIU

著　　者：贾绍宁　康　旭
责任编辑：李　丽
出版发行：吉林文史出版社
电　　话：0431-81629359
地　　址：长春市福祉大路 5788 号
邮　　编：130117
网　　址：www.jlws.com.cn
印　　刷：河北万卷印刷有限公司
开　　本：710mm×1000mm　1/16
印　　张：17
字　　数：270 千字
版　　次：2024 年 4 月第 1 版
印　　次：2024 年 4 月第 1 次印刷
书　　号：ISBN 978-7-5752-0143-8
定　　价：98.00 元

前　言

在当今时代，我国的高等教育体系正在经历着前所未有的发展。随着大学生数量的日益增加，高校辅导员的作用显得愈发重要。他们不仅是学生学习和生活的引导者，更是学生心灵的抚慰者和职业发展的指路人。基于此，笔者编撰本书，旨在为高校辅导员提供一个全面、系统的工作指导和参考。

本书共分为三个部分：理论基础篇、工作实务篇和辅导案例篇，一作贾绍宁负责第4章第二节，第三节，第四节以及第五章至第九章的内容，共计约16万字符数。二作康旭负责第一章至第三章以及第四章第一节的内容，共计约11万字符数。涵盖了高校辅导员工作的各个方面。

在理论基础篇中，首先介绍了高校辅导员的基本概念和角色定位，明确了辅导员在高校教育系统中的地位和作用。紧接着，本书探讨了高校辅导员工作的特点、思路、要求与理念，以及工作内容与原则。这些基础性的讨论可以为读者深入理解辅导员工作提供坚实的基础。

工作实务篇，深入探讨了高校辅导员在日常工作中的具体实践。本部分包含大学生教育工作的实务研究，如人文素质教育、爱国主义教育、理想信念教育、基本道德教育，每一个环节都体现了辅导员工作的复杂性和重要性。此外，本部分还涵盖了大学生管理工作的实务研究，如入学管理、班级管理、宿舍管理和校园文化管理，以及大学生服务工作的实务研究，包括学习与生活指导、心理健康指导、职业生涯规划与就业创业等。

辅导案例篇收录了一系列真实的辅导员工作案例，涉及铸魂、关怀、导航等多个主题，生动展示了高校辅导员在实际工作中应用理论知识去解决实际问题的方法。通过学习这些案例，读者可以深入地理解辅导员工作的实际操作。

总体而言，本书旨在为高校辅导员提供一个全方位的参考框架，帮助他们更好地理解和履行自己的工作职责，同时为渴望深入了解高校辅导员工作的读者提供宝贵的资料。期望本书的出版能够促进高校辅导员职业的发展，进而为我国高等教育的进步贡献力量。

目 录

理论基础篇

工作实务篇

辅导案例篇

理论基础篇

第一章　高校辅导员概述

第一节　高校辅导员的概念与角色定位

一、高校辅导员的概念

（一）辅导员名称

1952年10月，我国高等教育机构首次在教育部发布的《关于在高等学校有重点地试行政治工作制度的指示》中，引入了"辅导员"这一职务的概念。该文件指出，政治辅导员的核心职责是在政治辅导处主任的指导下，负责引导学生及教职员工的政治理论学习和社会参与活动。该职务的设立初衷是满足高等学校政治工作的需求，故最初被命名为"政治辅导员"，并且其工作职责涉及高校学生及教职员工。随着时间的推进，高校辅导员制度逐渐完善，其主要任务演变为关注学生的思想政治工作，高校辅导员的概念得以基本确立。[①]

在我国的高等教育发展历程中，"辅导员"逐步成为一个独特的职业群

---

① 中央人民政府教育部关于全国工学院调整方案的报告 [N]. 人民日报，1952–04–16（1）.

体名称。该名称不仅标识了其是教师队伍的关键组成部分，而且展现了其独有的政治身份。辅导员这一职业群体不仅具有"传道授业解惑"的学术特性，而且负有部分学生事务的管理职责。因此，虽然"辅导员"被纳入思想政治工作的行列，但其角色和工作性质却显著区别于政工干部与思政教师。需要注意的是，对高校辅导员名称在相关文献和典籍中的使用差异进行整理，有助于揭示辅导员工作的方向以及其核心含义。

1. 政治辅导员

在中华人民共和国成立之初，我国高校便创设了"政治辅导员"制度，并颁布了《关于政治辅导员工作条例》。该概念自此成为高等教育改革与发展实践的一部分。尽管在不同历史时期，该体系曾因政治环境的多变而受到一定的影响和限制，但其核心含义仍然获得了社会的普遍认可。迄今为止，该职务的设立和相关的操作惯例持续稳定地得以保留和传承。自1980年起，"政治辅导员"的职务在众多的权威文件中被多次提及。具体而言，1980年，教育部与共青团中央共同发布了一项关键性文件——《关于加强高等学校学生思想政治工作的意见》，标志着在高等教育领域政治思想教育的加强。1984年，中共中央宣传部和教育部联合推出另一重要文件——《关于加强高等学校思想政治工作队伍建设的意见》。两年后的1986年，中共中央及国务院强调了这一领域的重要性，转发了《国家教委关于加强高等学校思想政治工作的决定》。1990年，中共中央发布了《关于加强高等学校党的建设的通知》，突显了政治工作在高等教育中的核心地位。进入21世纪，这一领域继续得到重视。2000年，中共教育部党组提出了《关于进一步加强高等学校学生思想政治工作队伍建设的若干意见》，此举旨在提升政治教育的质量与效果。2001年，教育部着眼于学生的心理健康，发布了《关于加强普通高等学校大学生心理健康教育工作的意见》。2002年，教育部关注到了学生公寓管理，发表了《关于进一步加强高等学校学生公寓管理的若干意见》。这些政策文件的共同特点在于：它们都聚焦于政治辅导员的角色和职责，展现了政治教育在高等教育中的多维度和深入发展。引人注目的是，在2015年发布的《中华人民共和国职业分类大典》中，对高等教育教师的职责有了细致和全面的描述，这反映出对高等教育政治工作的持续关注和重视。①

2. 高等学校辅导员

自 2002 年起，一些国家级的官方文件在涉及辅导员名称的表述时，逐渐采纳了"高等学校辅导员"和"普通高等学校辅导员"的说法。到了 2004 年，中共中央和国务院联合发布了一份名为《关于进一步加强和改进大学生思想政治教育的意见》的文件，即"中央 16 号文件"。该文件明确指出："大学生思想政治教育工作队伍主体是学校党政干部和共青团干部，思想政治理论课和哲学社会科学课教师、辅导员和班主任。"在这里，可以注意到，辅导员的名称并未包含"政治"一词。② 随后，在 2005 年，教育部发布了一份名为《关于加强高等学校辅导员班主任队伍建设的意见》的文件，首次正式采用了"高等学校辅导员"这一名称。进入 2006 年以后，教育部在其官方文件中统一使用了"普通高等学校辅导员"这一名称，并沿用至今。本研究根据前述官方文件，选择使用"高校辅导员"作为研究对象的名称。

3. 学生辅导员

2000 年，《关于进一步加强高等学校学生思想政治工作队伍建设的若干意见》中首次出现了"学生政治辅导员"的表述。2003 年，《教育部办公厅关于进一步加强高校学生管理工作和心理健康教育工作的通知》中首次提到了"学生辅导员"。2013 年，中共中央组织部、中共中央宣传部、中共教育部党组发布了《关于加强和改进高校青年教师思想政治工作的若干意见》，其中明确指出："鼓励优秀青年教师担任学生辅导员"。这一表述确认了"学生辅导员"这一名称依然被采纳使用。此外，该名称在众多文献和学术作品中也较为常见。例如，在《高校学生工作概论》这本书中，方宏建和张宇明

---

① 人力资源社会保障部. 国家职业分类大典（2022 年版）公示 [EB/OL].（2022-07-14）[2023-11-30].http://www.mohrss.gov.cn/SYrlzyhshbzb/dongtaixinwen/buneiyaowen/rsxw/202207/t20220714_457800.html.

② 中华人民共和国教育部. 中共中央、国务院发出《关于进一步加强和改进大学生思想政治教育的意见》[EB/OL].（2004-10-15）[2023-11-30].http://www.moe.gov.cn/jyb_xwfb/gzdt_gzdt/moe_1485/tnull_3939.html.

确指出："学生辅导员这一岗位是为了执行大学生的思想政治教育、提供学生成长发展的指导以及管理学生事务而专门设立的。"①

然而，需要注意的是，人们对这一名称的理解可能有所不同。这个名称既可能被解读为专职从事学生事务管理的辅导员，也有可能被理解为在攻读研究生的同时任辅导员职务的学生（即学生同时担任辅导员）。此外，还可能有其他不同的解读方式。

（二）辅导员定义

在我国的教育体系中，"辅导员"一词虽旨在描述一位提供帮助与指导的人，但其定义深刻且多元。学术文献中对于高校辅导员的职能，在不同的时代均有各自的阐释与解读。

根据1999年发布的《辞海》一书，辅导员被定义为"中国高等学校的基层政治工作干部"。②《中国大百科全书（教育卷）》对此角色进行了描述，指出辅导员不仅是"中国高等学校的基层政治工作干部"，而且辅导员的核心职责包括负责实施思想政治教育，并确保学生的思想政治工作得到妥善管理。③2017年颁布的《普通高等学校辅导员队伍建设规定》（教育部令第43号）指出："辅导员是开展大学生思想政治教育的骨干力量，是高等学校学生日常思想政治教育和管理工作的组织者、实施者、指导者。"④

当前，学术界对于高校辅导员的定位与定义尚达成共识。一种观点是将其视作实体性的职位，争议在于其是否应被视为管理层成员、教学人员，或二者兼具。这一观点试图对辅导员的本质属性做出"是什么"的定性判断。另一种理解关注辅导员的职责，认为可以将其看作主要致力于学生思想政治教育的专业人士（依据中央16号文件），或视其为负责执行学生事务职责的专业化

---

① 方宏建，张宇.高校学生工作概论[M].济南：山东大学出版社，2009：175.
② 夏征农.辞海[M].1999年版普及本.上海：上海辞书出版社，1999：1125.
③ 中国大百科全书出版社.中国大百科全书：教育卷[M].1993：205.
④ 中华人民共和国教育部.普通高等学校辅导员队伍建设规定[EB/OL].（2017-09-21）[2023-11-30].http://www.moe.gov.cn/jyb_xxgk/xxgk/zhengce/guizhang/202112/t20211206_585050.html.

人员。教育部第 43 号令则从职业功能的角度，对辅导员的职能进行抽象概述，强调其在执行学生思想政治教育及管理职务上所占据的核心位置。

在社会学的语境下，"辅导员"应当被视为职业岗位的名称，而非单独的职业类型。由《中华人民共和国职业分类大典》可知，高等教育教师这一角色已被明确划分为众多职业中的一个重要组成部分。鉴于此，可以合理推断，高校辅导员所承担的职责实际上属于高等教育教师职业范畴内的一个分支。从职业分类学的视角分析，高校辅导员应当被定位为专注于对学生进行思想政治教育的专业人员，或者说是教师团队中负责思想政治教育方面工作的关键成员。进一步研究当前的高校人事配置及职称管理体系可知，辅导员不仅被视为教师团队的组成部分，而且绝大多数政工干部（党政主要负责人除外）也被纳入教师队伍。因此，毫无疑问，辅导员应当被视为专业技术人员的一个类别。

在现代教育体系中，辅导员所扮演的角色呈现明显的复杂性，辅导员不再是传统意义上的教育者，其在具备教育功能的同时承担着管理的职责，这种"双重身份"体现了辅导员在教育领域的多重职能，彰显了高校对于思想政治教育的高度重视。随着时代的进步，国家的一系列政策文件对辅导员身份，无论是作为教育者还是管理者，都进行了明确的行政认定。这不仅丰富了辅导员角色的内涵，扩大了其在教育系统中的活动范围，而且从某种程度上来看，赋予了辅导员这一特定职业群体更多的思想政治教育管理权，并为其未来的职业成长创造了更多的实践机会。

高校辅导员的角色内涵具有丰富与多元的特性，这一特性导致广大学者对于辅导员的概念及其定义存在多种解读。随着政治、经济、文化的发展以及高校教学改革的变迁，辅导员在职业角色中所遭遇的挑战和困境逐渐增多。这不仅间接地对辅导员造成了影响，而且制约了学术界对相关议题进行理性判断的能力。根据教育部第 43 号令，本研究对"辅导员"的定义是"专指那些在高校中负责大学生思想政治教育日常工作的人员"。

（三）专职辅导员

从 2006 年发布的《普通高等学校辅导员队伍建设规定》至 2017 年教育部第 43 号令颁布的同名规定，专职辅导员角色经历了一系列的演进与调整。在 2006 年的规定中，关于专职辅导员的配置明确指出："按师生比不低于 1：200 的比例设置本、专科一线专职辅导员岗位。"同时，还规定："每个院（系）的每个年级应当设专职辅导员。"依据这些规定，普通高校的专职辅导员岗位可被划分为"一线专职辅导员"与"专职辅导员"两类。[①]

教育部办公厅于 2011 年发布《教育部办公厅关于开展普通高等学校辅导员队伍建设情况自查工作的通知》。在文档的"附件 3"中，对于专职辅导员和一线专职辅导员的定义进行了明确的阐述。根据文件，专职辅导员被定义为致力于大学生日常思想政治教育的工作人员，其职责涵盖担任院系学工组长、团总支书记、党总支副书记等副处级以下职务的人员。一线专职辅导员则是专职辅导员中的一个子集，特指那些致力于大学生思想政治教育一线工作的辅导员，但不包括担任院系学工部长、团总支书记、党总支副书记等职务的人员。[②]

在对该文件进行学术性分析后，本书发现文件对"专职辅导员"的定义不够精确。

第一，依据文献所述，术语"专职辅导员"及"一线专职辅导员"在含义上是同一概念，其核心涵盖了"专注于执行大学生思想政治教育的前沿任务"。而高校内部的职位如学工部长、团总支书记、党总支副书记等，并未包含在"一线专职辅导员"的定义之内。进一步探讨，在大学各学院层面上，任何参与"学生工作"的个体均被归类为辅导员，同时"学生工作"被等同于"学生思想政治教育工作"。从辅导员的角度解读该文件，那些担任学院

---

① 中华人民共和国教育部.中华人民共和国教育部令（第 24 号）[EB/OL].（2006-07-23）[2023-11-30].http://www.moe.gov.cn/jyb_xxgk/gk_gbgg/moe_0/moe_1443/moe_1463/tnull_21506.html.

② 中华人民共和国教育部.教育部办公厅关于开展普通高等学校辅导员队伍建设情况自查工作的通知 [EB/OL].（2011-03-03）[2023-11-30].http://www.moe.gov.cn/srcsite/A12/moe_1407/s3017/201103/t20110303_116150.html.

学工部长、团总支书记、党总支副书记等职位的专业政治工作人员，亦应被视为专职辅导员。此定义扩展了专职辅导员的概念边界，并增添了学生思想政治教育工作的层次，同时提高了此类教育工作在大学生培养中的地位。此外，该文件还为辅导员提供了一种"双重角色"的新视角——兼具教育者与管理者的身份，这一观点为辅导员职业发展的晋升通道开辟了广阔的视野。

在学术讨论领域内，若将所有涉及学生事务管理的职员一概归类为"专职辅导员"，这样的观念整合可能会导致学生事务与思想政治教育两者间的界限变得含糊。这种现象可能会削弱相关人员对于从事日常思想政治教育所必需的人文修养及专业技巧的重视。如此无疑将对"专职辅导员"的职业成长及其能力培养带来负面影响。

根据 2017 年发布的《普通高等学校辅导员队伍建设规定》（教育部令第43 号），国家对于普通高校中辅导员队伍的建设与管理提出了新的、具体的要求。该规定对专职辅导员的岗位设置和配备标准进行了明确阐述，表达了国家对于此项工作的关注与支持。该第 43 号令中明文规定："按师生比不低于1∶200 的比例设置专职辅导员岗位。按照专兼结合以专为主的原则，足额配备到位"。同时，规定界定了专职辅导员的具体身份与职责："在院（系）专职从事大学生日常思想政治教育工作的人员，包括院（系）党委（党总支）副书记学工组长、团委（团总支）书记等专职工作人员，具有教师和管理人员双重身份。"本书所引用的专职辅导员定义均基于教育部第 43 号令的相关表述。[①]

了解辅导员队伍的构成对于分析其职业能力具有重作用，这是由于对研究的主体对象的理解会直接影响到对职业能力结构和培养路径的认识。若对研究对象的身份及其所承担的职责缺乏清晰的理解，那么探索其能力构成及成长途径将变得困难。因此，在分析辅导员职业能力时，有必要对"学生日常思想政治教育工作"与"学生事务管理工作"进行区分与深入理解，而不应将二者简单混同。

---

① 中华人民共和国教育部.普通高等学校辅导员队伍建设规定 [EB/OL].（2017–09–21）[2023–11–30].http://www.moe.gov.cn/jyb_xxgk/xxgk/zhengce/guizhang/202112/t20211206_585050.html.

二、高校辅导员的角色定位

在 20 世纪 20 年代，芝加哥社会学派的杰出学者乔治·赫伯特·米德（G. H. Mead）首次将"角色"一词延伸至社会学研究中，将其定义为在社会这一辽阔舞台上，个体所扮演的多种角色。该概念原本用于描述"剧中的人物"，但米德通过理论创新，提出了社会角色的概念。[①] 众多学者虽然在研究视角和描述方式上存在差异，然而，对于社会角色构成的三个核心要素的理解，基本达成共识，即三个要素包括个体在社会中所处的特定地位、社会对个体的预期与要求，以及个体所展示的行为模式。在社会结构中，个体拥有各自独特的社会角色，通过扮演这些角色，个体与其他社会成员产生互动，并据此履行相应的社会责任。

在深入分析辅导员角色定位之前，对我国高校辅导员体制的沿革进行梳理是十分必要的，其发展历程主要分为以下两个阶段：建立时期、恢复和发展时期。

第一阶段：建立时期。自中华人民共和国成立之初直至 1966 年，辅导员制度逐渐在我国高校中被确立。在这一时期，为确保党对高校的领导，高校迅速设立了辅导员制度，该时期高校辅导员的核心工作理念是，在教师与学生群体之间构建一支致力于思想政治工作的队伍。该制度的提出可追溯至 1951 年 11 月 30 日，当时政务院审定并通过了一份名为《关于全国工学院调整方案的报告》，其中明确指出："设立专人担任各级政治辅导员，主持政治学习、思想改造工作。"[②] 1952 年 10 月 28 日教育部发布了《关于在高等学校有重点地试行政治工作制度的指示》，明确指出：学生辅导员的核心职责在于"在政治辅导处主任领导下，辅导一系或几系学生的政治理论学习和社会活动，组织推动教职员的政治理论学习和社会活动"。[③] 该指示强调了在高

---

① 乔治·赫伯特·米德.心灵、自我和社会 [M].霍桂恒，译.北京：北京联合出版公司，2014：114.

② 中央人民政府教育部关于全国工学院调整方案的报告 [J].江西政报，1952（4）：75–76.

③ 张理想.浅析辅导员角色实现过程中存在的问题及对策分析 [J].教育：文摘版，2013（12）：13.

校中建立政治工作机构的必要性，并提倡实施辅导员制度。清华大学作为高校的先行者，创新性地实施了学生辅导员制度，选取了既优秀于学业又具备一定组织能力的高年级学生，使其在学习阶段即可参与学校的日常管理，学生辅导员定期组织同学们进行政治理论的学习，并负责管理学生相关事务，这种模式被形象地描述为"双肩挑"，意指学生辅导员在专业学习和思想政治工作之间平衡负担。经过中共中央于1961年9月15日的审批，试行了《教育部直属高等学校暂行工作条例（草案）》，该文件对于高等学校中的学生思想政治教育工作提出了具体的要求，明确指出："为了加强思想政治工作，在一、二年级设政治辅导员或者班主任，从专职的党政干部、政治理论课教师和其他青年教师中挑选有一定政治工作经验的人担任。同时，要逐步培养和配备一批专职的政治辅导员。"该规定确立了思想政治教育在高校教学体系中的重要地位，并强调了专职人员选拔和培训的重要性。[1] 1965年，教育部发布了《关于辅导员工作条例》，明确阐述了辅导员的定位、功能、职责以及工作内容等方面的具体规定，基于此，我国的众多高校逐步构建和优化了辅导员体系。

在此阶段，高校的辅导员制度得以持续实施，且辅导员的职责与角色定位已经变得明确，主要职责包括开展思想政治教育，融入学生群体，实施共产主义道德教育，并进行关于党的传统、爱国主义以及国际共产主义的相关教育活动，将党的理念、策略和政策传达至学生的思想深处，用前瞻性的理念和信仰引导学生的思想，以确保党在政治层面上对高校的引领作用。

第二阶段：1976以后是辅导员制度的恢复和发展时期。1976年后，高校着手重整教育秩序，使得辅导员制度有机会重新站稳脚跟。到了1978年，教育部发布了《全国普通高等学校暂行工作条例》（试行草案），在其中明文规定了一个重要原则：为了强化对大学生的思想政治培养，有必要构建一支致

---

① 中共中央.教育部直属高等学校暂行工作条例（草案）[EB/OL].（1961-09-15）[2023-11-30].https://baike.baidu.com/item/%E6%95%99%E8%82%B2%E9%83%A8%E7%9B%B4%E5%B1%9E%E9%AB%98%E7%AD%89%E5%AD%A6%E6%A0%A1%E6%9A%82%E8%A1%8C%E5%B7%A5%E4%BD%9C%E6%9D%A1%E4%BE%8B%EF%BC%88%E8%8D%89%E6%A1%88%EF%BC%89/22639688?fr=ge_ala.

力于学生政治思想教育的专业队伍。自改革开放时期起，高校的辅导员制度经历了持续演进。① 1980 年，教育部与团中央联合发布了《关于加强高等学校学生思想政治工作的意见》，其中强调，担任学生政治思想教育职责的高校工作人员，构成了党的政治工作序列的一环，也是教育人员队伍中不可或缺的一员。辅导员肩负着对学生进行全方位培育的重要职责。② 此外，1987 年发布的《中共中央关于改进和加强高等学校思想政治工作的决定》进一步明确，负责学生思想政治教育的专职人员应作为教师团队的一部分，纳入教师编制，并采用教师聘任的方式来进行管理。

"如今，面对国际国内形势的深刻变化，为了实施科教兴国、人才强国战略，实现中华民族伟大复兴，培养中国特色社会主义的合格建设者和可靠接班人，中共中央明确定名为'辅导员'，将其外延明显扩大，规定其职责包括思想政治引导、学习生活指导、心理健康辅导三方面。"结合一些中央文件的解读，本书同意此观点。中央 16 号文件强调，在大学生的思想政治教育工作中，辅导员和班主任被视为骨干力量。该文件要求辅导员依据党委的规划，有计划、有针对性地实施思想政治教育活动。与此同时，班主任则肩负着在思想观念、学术进展与日常生活诸多领域中，为学生提供指导和建议的重任。2005 年，《教育部关于加强高等学校辅导员、班主任队伍建设的意见》明确指出，辅导员与班主任构成了高等学校教师团队的关键环节，是从事德育职务的核心力量，共同肩负着引领大学生健康发展的责任。在思想政治教育的一线，辅导员和班主任需依据党委的规划，有针对性地进行教育活动，确保学生在思想、学术和生活诸多层面得到妥善引导。该意见强调了辅导员与班主任在高等学校中的核心作用，突出了他们在大学生的思想、学业

---

① 中国教育工会全国委员会.高校民主管理理论与实践文辑[M].北京：北京出版社，1989：14.

② 辽宁省高等教育局，沈阳师范学院教育科研所.高等教育文件选编 1977. 11–1982. 6[M].1982：379.

和日常生活中起到的引导和关怀作用。①

因此，辅导员应致力于塑造自己成为学生的生涯导师，以及他们在成长道路上的贴心伙伴。还有，《普通高等学校辅导员队伍建设规定》对辅导员的工作角色及其核心职责进行了明确的规定。② 根据本书的理解，辅导员所肩负的三大关键职责可总结为：作为学生的思想政治导师、学术成长的促进者和心理稳健的协助者。作为高校中独特工作者，辅导员应结合教育与管理的双重身份，确保学生在多方面得到成长。

（一）思想政治的引导者

作为高校中思想政治教育的引领者，辅导员的使命在于深谙科学的思想理论，以此武装和教育学生。具体而言，辅导员应将马克思列宁主义、毛泽东思想、邓小平理论、"三个代表"重要思想、科学发展观、习近平新时代中国特色社会主义思想视为其教育工作的理论基石，旨在培养学生对世界的深刻洞察力以及改革创新的潜质。

在 2004 年颁布的《关于进一步加强和改进大学生思想政治教育的意见》文件中，提出了一个重要论断，即确保大学生的思想政治教育取得实效，应当由专门的团队来负责，包括高校的党政干部、共青团干部、思想政治理论课及哲学社会科学课的教师以及辅导员和班主任。特别指出："辅导员（班主任）作为专门从事学生思想政治教育的骨干力量，处于这一工作的第一线，是学生思想政治教育中不可或缺的主要组织者与教育者，特别是专职辅导员，他们的工作直接关系到学生思想政治工作能否落到实处。"明确了辅导员在开展学生思想政治工作中所扮演的关键角色。大学生的思想政治教育是构成高校核心工作的基石，对此，历史上的惨痛经历已经为我们敲响了警

① 中华人民共和国教育部.教育部关于加强高等学校辅导员、班主任队伍建设的意见[EB/OL].（2005-03-13）[2023-11-30].http://www.moe.gov.cn/s78/A12/szs_lef/moe_1407/moe_1409/s3016/s3017/201006/t20100608_88984.html.

② 中华人民共和国教育部.普通高等学校辅导员队伍建设规定[EB/OL].(2017-09-21)[2024-03-04].http://www.moe.gov.cn/jyb_xxgk/xxgk/zhengce/guizhang/202112/t20211206_585050.html?eqid=c1947b1d0008c249000000066437fa50.

钟，时刻提醒我们必须予以足够重视。辅导员在这一领域内承担着独一无二的角色，不仅是普通的教师，更是被誉为"学生灵魂的工程师"，肩负着对学生进行思想政治引导和教育的重大职责，以及塑造学生世界观和价值观的使命。

高校辅导员是马克思主义理论教育的关键传递者。这一角色定位和职责要求，源自社会主义教育方向的核心指导原则。在扮演思想政治教育的先导者角色时，辅导员必须执行以下任务：

（1）深入了解学生的思想政治现状，并掌握其动态。对于学生群体所普遍关注的核心议题，辅导员必须及时地提供教育与引导，以解决潜在的矛盾与冲突。此外，辅导员还需负责介入和处理各种紧急事件，以确保校园的安全与秩序之稳固。

（2）以班级这一基本单位为出发点，尊重学生的主体地位，充分调动班集体的组织潜能，以此加强对学生的思想政治教育。

（3）在马克思主义理论教育中，高校辅导员作为组织者和协调者，与任课老师紧密合作。从组织者层面来看，辅导员需了解并掌握学生的学习状态和需求，负责策划和实施教育活动，包括讲座、研讨会、实践活动等，旨在深化学生对马克思主义理论的理解。在此过程中，辅导员需要确保活动内容与学生的学术背景和兴趣相匹配，同时要注意激发学生的主动学习意识和参与热情。从协调者层面来看，辅导员要与任课老师保持紧密的沟通和协作。通过合作，辅导员可以更好地了解课程内容和教学目标，进而将信息有效地融入自己的辅导工作。例如，辅导员可以根据课程内容安排相关的辅导活动，帮助学生巩固和深化在课堂上学到的知识，这样不仅有助于统一教师的教育理念，还能确保教育资源得到高效利用。

（4）在高校环境中，辅导员不应局限于日常管理工作，还应致力于指导学生党团支部及班委会的构建，为学生骨干的成长提供必要的指导和支持，了解并响应学生骨干的需求，为他们提供专业和实践方面的知识，帮助他们在党团支部和班委会中有效地发挥领导作用。辅导员需要激发学生的积极性和主动性，鼓励他们积极参与学校的各项活动，促进他们的个人发展，提升他们的团队合作能力。同时，辅导员还需要重视学生骨干在组织内的作用，帮助他们在团队建设、事件协调和决策过程中发挥关键作用。通过这种方式，辅导员不仅可以促进学生党团支部和班委会的有效运作，而且可以为培养具有领导潜力的学生骨干打下坚实的基础，这不仅有助于学生个人的成长，也可以为整个学校社区的发展做出积极贡献。

（二）学习生活的指导者

所谓学习生活的指导者，是指辅导员要引导学生树立正确的学习生活理想，在职业规划与就业指导方面提供助力，培养学生处理人际关系的能力。在这一过程中，辅导员被寄予"学习生活的指导者"这一崇高使命，以帮助学生掌握学习、生活与人格形成的艺术。然而在现代社会的快速进步和高校革新的不断推进下，高校教育理念、学生群体结构、学习方法及生活目标追求等诸多方面均经历了显著转变。辅导员既定的角色已不足以应对新的挑战。要适应时代变迁，辅导员须担起更多的角色，其中尤为关键的便是作为学生的生活导师，引领学生走向成熟，使之不仅能在学业上得到充分发展，更能在人生的道路上找到正确方向。

作为学习生活的指导者，辅导员要做的工作有以下三点。①引导学生确立明确的学术追求，帮助学生挖掘潜在的自我激励机制，精通科学化的学习策略，构筑合适的知识及智力体系，以及塑造良好的学术氛围。同时，协助学生精心选择课程，为其职业道路进行周密的规划，以便学生能够有效地达成既定的学业与职业目标。②提供就业指导与服务，营造一流的就业指导及信息服务体系，辅助学生确立恰当的职业理念。③引导学生树立正确的生活理想，培养学生人际关系处理技能，确保学生在健康成长过程中不仅具备学术能力，而且在社会互动中表现出色。

随着社会生活节奏的快速加速，个体必须拥有一定的实力，以在竞争激烈的环境中脱颖而出。大学生面临着巨大的竞争压力，他们的发展定位越来越强调个性化，发展方向也呈现出多样性。与以往相比，大学生对成功的渴望更为强烈，急切地希望在大学阶段培养出全面的素养，为未来的职业发展打下坚实的基础。在大学阶段，学生面临着广泛而多样的学习任务，包括专业课程、通识教育课程、选修课程以及各种职业技能培训和考试认证。学生在面对如此众多的选择时需要谨慎考虑，因为学生必须根据学分制教学管理模式自主制订学习计划。如何合理地规划自己的课程组合，如何广泛涉猎不同领域的知识，对于学生而言都是具有挑战性的任务。由于学生的经验相对有限，并受到认知能力的限制，所以学生往往难以构建出一个完善而系统的知识学习框架，以满足自己的学术和职业需求。这就需要辅导员扮演好学习指导者的角色。辅导员要运用自己的专业知识、丰富经验和深刻感悟，引导学生的学术探索，还需要精心策划一系列适合大学生提高自身素质的方案。这些方案的目标是帮助学生根据其个性特点和未来职业前景，优化选课计划，从而更好地规划职业生涯。

在当前社会就业形势日益紧张之际，众多大学生已从其学术生涯伊始便高度重视职场竞争。这一现象要求高校辅导员需紧跟社会需求的步伐，密切观察就业市场的动态。辅导员须通过设计与实施诸如职业辅导课程、讲座及校友分享等多种形式的活动，向学生传授关于职业发展的知识与技能。这不仅能帮助学生确立科学的职业观，而且能促使学生进行自我审视、自我探索与自我提升。如此，学生内在推动自我发展的动力可以得到充分激发。此外，辅导员还应鼓励学生积极参与社团、体验式学习以及各类竞赛活动，以此强化其自我锻炼，从而增强应对社会竞争的综合能力，并为其未来顺利步入社会奠定坚实的基础。

高校作为人口高度集中之所，在这一缩影之中的小型社会里，层出不穷的人际关系需被妥善处理。学生为在此获得愉悦的学习与生活体验，必须掌握与他人和睦共处之艺。在此背景下，辅导员的角色显得尤为关键，他们需提供恰当的辅导以协助学生处理人际关系，具体而言，辅导员应该主要指导学生处理好以下三种关系。

第一，学生与学校的关系。在当前高校改革浪潮中，高等教育的定位已经从"精英教育"逐步过渡到"大众化教育"的范畴，这一转变伴随着一系列的新颖动态，包括高校的扩容、校区的多元化管理、学分体系的实施、后勤服务产业的发展以及毕业生就业选择的自主性增强等，上述变化显著提升了学生的自治权利，同时也使得学校和学生之间潜在的利益冲突凸显。一直以来，处分学生似乎总是学校管理的权威所在，但近年来学生对所在高校提起诉讼的案件不断涌现，折射出学校与学生关系调整的迫切性。在这一关系中，辅导员承担着重要的角色，其不仅是高校与学生联系的桥梁，更应当充分发挥自身的作用，积极地促进学校与学生之间的和谐。一方面，辅导员要深入洞察大学生的心理变化，实时将观察到的信息上报给管理层，为决策部门拟定政策提供基于事实的参考，做到有的放矢；另一方面，必须确保学生充分理解并主动遵守学校的各项规定，在此过程中，辅导员应密切关注学生的焦点问题，积极介入，努力在问题初露时予以化解，以保障校园的和谐及安全稳定。

第二，学生与老师之间的关系。在当前的教育环境中，素质教育的提倡已成为一种趋势，其核心在于对学生创造性思维能力的培育，鼓励学生突破既定思维模式，独立对新事物、新现象进行深入的思考，保持对权威的合理怀疑，勇于质疑。尽管如此，学生对于教师的依赖并未因此而消减，在知识传递方面，教师的角色依旧关键且无人能够取代。辅导员在引导学生弘扬自我个性的过程中，必须教导他们如何在尊重真理的同时，维护与教师之间的良好互动，以达到"爱真理，爱吾师"的理想状态。

第三，同学之间的关系。高校辅导员的职责不止于引导学生加强集体的凝聚力和构筑积极的班级文化，还需培养学生在多样的社交环境中妥善处理关系的能力，特别是培养学生与宿舍同学间的相互理解。

在高校环境下，学生们的日常生活呈现多姿多彩之态，他们所面对的是一个涉及众多生活选项的复杂景象，而在这一过程中，受限于主观及客观条件的双重束缚，学生的选择往往具有盲目性，这可能导致学生的生活的某种程度上处于不均衡状态。在一些情况下，学生群体倾向于专注于专业技能的发展，却疏忽了其他技能的增长。基于此，辅导员应指导学生矫正思维上的偏差，专注于学生的个性化发展需求，深入学生内部洞察其集体情绪与多样化需求，通过关怀学生的日常学习生活，以耐心与细致的工作态度，协助学生确立清晰的学习目标、维持严格的学习纪律，并促进良好学风的形成，培育学生建立积极的行事准则，启发他们确立恰当的学习与生活观念。此外，辅导员要引导学生在关键时刻做出明智选择，珍视生活与环境，并激发学生勤奋学习的动力，使学生不仅智力发达、见识广博，而且能够成为对社会贡献良多的人才。

（三）心理健康的辅导者

所谓心理健康的辅导者，是指辅导员通过与学生在思想及情感层面的深入互动，引导学生妥善调节负面情绪，提升学生的心理素养，此过程涵盖了增强学生的适应能力和培养学生的坚定意志，以及促使学生维护和谐社会关系、准确进行自我认知，塑造学生的健全人格，确保其个性发展的和谐与完整。根据哈佛大学心理学系的最新研究，青年期是个体心理变化最剧烈的阶段，此时的他们渐渐摆脱心理的依赖与过度保护的习惯，自我意识亦随之强化。大学生作为一个集社会和家庭期待于一身的群体，其心理还不够成熟度尚浅，情绪还不够稳定。在日趋残酷的生存与发展竞争中，不断增长的生活压力和知识理解上的难题，导致他们的心理健康问题逐渐显现，甚至犯下无法弥补的过错。部分学生可能因为一时冲动，犯下无法弥补的过错。

作为心理健康的辅导者，辅导员需履行以下职责：①需协助学生在社会环境中树立正确的自我认知，激励学生主动调节心理状态、转化旧有观点，提高分辨正确与错误的能力；②支持学生面对家庭背景可能引发的情感及财务负担，对那些处于经济窘境中的学生给予特别关照，帮助他们顺利完成学业；③协助学生面对在学术成就、职业选择、人际交往以及保持健康生活等多个层面遇到的挑战，并指导学生正确地了解自我，从而培养学生自尊、自爱、自律和自强的品质。

在"双向选择、自主择业"这一政策全面实施的背景下，高校大学生越发感受到激烈的职场竞争；同时，信息网络时代的到来带来了海量而杂乱的资讯，信息质量参差不齐，这些对于尚在成长阶段、缺少必要经验且信息甄别能力尚弱的大学生而言，极易引发观念上的冲突与困惑。鉴于此，辅导员应当教导学生面对现实挑战，培养辩证的思维方式，提高适应社会的综合素质，借助社会中存在的各类负面现象，有策略地为学生实施针对性的心理健康教育，从而促进其全面发展。

随着高校缴费上学制度的实施，高校招生规模的不断扩大，经济贫困学子所承载的精神重压显著高于其他学生群体。绝大多数贫困学生不可避免地会感受到一定程度的自我价值低落，极端情况下，可能会变得孤僻，在与师生的交往中选择沉默，这种自我疏离行为往往会引发心理的异常。因此，辅导员对此群体的心理健康应给予额外的关照，应定期组织深入的心灵沟通活动，对于那些性情孤独的学生，需要通过关注与交流，消除他们的心理障碍。对于贫困学生，辅导员应引导学生客观看待自己的家庭状况，激发学生将内心的压力转化为前进的动力。同时，必须确保经济援助工作的有效执行，积极地提供勤工助学职位，力求在最大范围内帮助这些学生克服生活基本困难。

生活上，高校学生群体中独生子女的比例正不断上升，他们中的一部分人在自我管理方面的能力不尽如人意，更倾向于以自我为中心，往往难以适应群体生活的要求，内心感受到的孤单和寂寞进一步转化为压力与焦虑的情绪。

学习上，大学的教育模式及学习方法相较于中学阶段明显不同，需要学生具有较强的自主学习的能力，竞争的内容已超越了单一的学习成绩，涵盖了如体育艺术特长、团队协作能力以及人际交往能力等多方面能力的较量。对于依赖他人、在独立学习方面能力欠缺或是单一关注学习成绩的学生而言，这种全方位的竞争可能会引发不少挑战，有时甚至可能导致自卑情结的滋生。

个人情感上，大学生正值青春发展阶段，对异性话题表现出高度的敏感性。大学生通常渴望与异性建立友情乃至浪漫关系。但是，在需求的追寻与实际的满足过程中，经常会面临尖锐的矛盾与冲突，这种状况促成了对爱的需求与理解爱的能力之间的显著偏差。由于缺乏对健康恋爱观的确立，不少学生陷入了诸如三角恋、单恋、强制恋爱、失恋以及性心理问题等困境，若这些源自情感的压力未得到有效管理，可能会导致学生心理平衡的动摇。

人际关系上，学生因个体性格、信念体系以及生活习惯的多样性，往往易于在人际交往过程中产生摩擦，部分学生在社交技巧与能力方面的不足可能会造成其人际交流的障碍，进而引发其对人际关系的焦虑，这种状态可能演变为深层次的心理困扰。辅导员需能够识别学生出现心理问题的迹象，理解其产生的根源，也需要掌握相应的应对策略，一定要细致入微，能够通过观察揭示学生在其成长过程中多变的心理需求；从多维度全面把握学生的行为动态，密切关注学生的心理波动，依托学生身心发展的独特性，主动实施形式多样的心理健康教育计划；积极引导学生形成一种积极、开放、上进的生活观念，帮助学生应对来自社会、家庭、学业及人际关系等方面的难题，强化学生自信，使学生积累处理问题的经验，增强面对挫折的韧性。此外，辅导员的工作还旨在培育学生良好的心理道德素养和构建一个健全的人格，培养能够在生活中坚韧不拔的学生群体，确保学生成长为能够主宰生活的坚强个体。面临心理障碍严重的学生，若辅导员无法有效展开心理辅导，则必须立即将学生引荐至专业的心理咨询服务处。在这一过程中，尽管辅导员并未亲自化解学生的难题，但其实已恰当履行了作为"辅导者"的职责。

综上所述，高校辅导员肩负着三项关键职责：实施思想政治的引导、提供学习与日常生活的指导，以及进行心理健康的辅导。在这三项职责中，"思想政治引导"是辅导员职能的核心，而"学习生活指导"是其职责的重要组成部分，此外，"心理健康辅导"也是其职能体系中不可或缺的一环。

辅导员如果只进行思想政治引导，而忽略了对学生在学业、日常生活及心理健康方面的全面辅导，那么其工作便会脱离实际，退化为抽象而无实质内容的说教；如果辅导员的职责仅被定义为对学生生活和学习的监督，而不是用坚实的思想政治教育理论和心理学知识去装备学生，那么学生在形成正确的"世界观""人生观"和"价值观"方面将会处于劣势，辅导员的角色也就降格为单纯的监护人；如果辅导员在执行思想政治和学习生活指导的同时，未能妥善处理学生的心理健康问题，同样无法实现培育"四有"新人的教育目标。辅导员的角色应是综合性的，包括思想政治引导、学习生活辅导以及心理健康指导，这些都是其工作不可或缺的基础要素。在这种工作架构中，任何偏废、忽视或不足，都将对学生的全面发展产生不利影响。确立辅导员在高校中的具体角色定位是其在职责范围内有效执行任务的根本。根据国家相关文件的指示，辅导员是构成大学教学与管理人员的关键一环，拥有教育和管理双重角色。值得一提的是，虽然管理职能是辅导员职责的一部分，但它仅仅作为一种辅导员开展工作的手段。实际上，引导学生全方位成长乃是辅导员职能的核心宗旨。无论是社会、学校、学生还是辅导员本人都应改变传统观念，全面认识到辅导员的独特地位与关键作用，不仅要在理念层面，更要在行动策略上达成共识。这种共识是辅导员专注于其核心工作的前提。辅导员必须紧跟时代发展的步伐，深刻理解学生的思想动态，致力于塑造自身成为学生的生活导向者和心灵的良师益友。由于高校辅导员具有独特的地位，所以可以让辅导员承担一定的思想道德教育、法律教育基础、时事政策分析以及职业规划指导等方面的课程授课职责，将课堂内容与大学生的实际思维密切结合，进而有效达到预期的教学成果。

第二节　高校辅导员工作的特点与思路

一、高校辅导员工作特点

高校辅导员的职责涵盖了一系列复杂且需精细操作的任务。为了确保这一角色发挥最大效能，辅导员必须深刻理解其重要性及影响力，精确掌握辅导员职能的独特性，这对于其开展指导实践活动至关重要。在执行辅导员的各项任务时，以下几点是其工作的核心特征。

（一）服务性

高校辅导员工作的本质特点在于提供服务，其服务对象包括学生和学校的办学目标。考察高等教育在不同行业中的作用，可以看出它在为经济基础提供支持方面具有重要意义；从学生工作在整个校园环境中的角度来看，辅导员的任务是为教学工作和办学目标提供支持；而从领导和教职员工的角度来看，他们的使命为学生提供学习和生活需求方面的服务。高校辅导员的职责应当以学生为中心，诚挚地为学生提供支持与服务。服务理念被视为高校辅导员工作的核心特质，侧重于强调辅导员的思想觉悟、工作准则、精神状态、工作导向、关键职责和内在精神。高校辅导员认识到自身工作服务特点具有以下作用。首先，有助于辅导员深刻领悟其职责，树立正确的学生导向理念，使高校辅导员清楚自己的使命：谁是他们的服务对象，他们应该服从谁，以及他们的工作立场，实际上这也是任何职业工作的基本原则和方向。其次，有助于确保他们的工作能够得以有效展开，充分发挥其在高校中的关键作用，同时可以明确了辅导员工作的服务性质，为高校继承和弘扬党的卓越传统提供有力支持。

（二）实践性

实践性是高校辅导员工作的另一特点。高校辅导员致力于对学生进行研究与教育，直接对话天资、理性、情感、意志和众多独特性质并存的大学生。学生不仅是充满活力的个体，同时各自拥有独特的成长轨迹和客观生活背景，展现出个体性的差异。要想深入理解学生的思维和行为，找到与学生现实及其特质相契合的工作方法和风格，辅导员必须亲身融入学生的生活实践。要想为学生提供助力，辅导员需直面学生群体，积极参与实际工作；而针对学生的实际问题提供解决方案，也应将理论与实践相结合。归根结底，高校辅导员工作的效果评价应建立在其在社会实践中所产生的客观社会影响之上。若是学生管理工作缺乏辅导员的深入实践和踏实推进，那么再优秀的理论指导也将沦为无源之水、无本之木。

（三）情感性

辅导员工作的对象是人，人是有情感的。辅导员工作是一种感动人心、塑造心灵的工作，正如"感人心者莫先于情"，在学生心中播下爱的种子，便能够开花结果，孕育出深厚的师生信赖。辅导员的情感投入不仅是获得学生信赖的关键，同时，这种情感的倾注亦是激发学生对教师好感的温床，进而可以使师生形成稳固的情感交流机制，这体现了辅导员在教育实践艺术中的精妙作用。因此，对于大学生而言，其情感的成长离不开辅导员在其工作中的情感投入与引导。大学阶段的学生正经历一系列复杂的转变，包括身心状态、智力层面以及情感需求的快速演变，同时这一过程往往伴随着矛盾：一方面，随着自我和独立意识的加强，学生越发渴求摆脱成人的干涉和限制；另一方面，正因为他们在思想和身心发展上尚未成熟，对社会生活的适应也显得力不从心，因此常感到思想上的迷茫和情感上的冲突。针对这种情况，辅导员要深入理解和关心学生，与学生保持平等的沟通，为学生提供切实有效的教育指导，怀着满腔的热情和深沉的爱心，在工作实践中始终融入真挚而细腻的关怀。

（四）综合性

辅导员工作是一项复杂而细致的工作，这使辅导员工作表现出很强的综合性。首先，大学生群体呈现多样性，部分原因是不同的生活背景、经验和教育途径孕育了学生鲜明的个性。在这一多元构成体系下，辅导员肩负着双重任务：一方面，需确保班级作为一个整体能够顺利达成既定教学目标；另一方面，必须精准洞察并满足每位学生个人成长的独特需求。辅导员的工作不仅限于向学生传授知识，更扩展至为学生提供个性化的指导与支持，确保教育的均衡性与包容性。其次，辅导员担任关键角色，如全面监督和负责学生的道德、智力和体育发展，该角色不仅承担着对学生进行思想灌输的任务，还涉及提供学术指导，管理日常班级事务，组织额外课程活动以及调和各类学生关系，等等。

辅导员承担着一系列综合性的职责，其角色层面多样，具有知识的传递者与班级组织的领导者双重身份。同时，他们兼具整合教育资源的能力与调和复杂人际关系的技巧；他们不仅关注学生心理健康的辅导与咨询，而且还与学生建立了平等的对话与交流的伙伴关系。辅导员职能的这种复合特性，是由其全面的工作性质所决定的。

二、高校辅导员工作思路

大学生的辅导策略受多种因素的影响，如学生的素质、专业课程的配置以及教育目标的差异。这些元素在不同学院间的变化为辅导方法和理念的差异埋下了种子。在实践中，这种差异可能表现为工作重点的不同，而这会导致辅导成效也有所不同。尽管不同学院采用的辅导策略在称呼和具体实施上各不相同，鉴于辅导员的职业属性和被辅导群体（即大学生）的基本一致性，实质上这些策略大体是类似的。从根本讲，高等教育机构中的辅导策略差异不应被视为其工作核心的本质性差异，因为其更多地反映了各自侧重的不同及由此产生的辅导成效的多样性。

（一）高校人才培养思路影响大学生辅导思路

高校人才培养思路的差异，影响到大学生辅导思路的差异。以下是几类不同的高校人才培养思路。

1. "知识、能力、人格" 三位一体

同济大学采纳了一种综合素质教育体系，该体系以"知识、能力、人格"为核心，旨在培养具有多方面技能的人才。此外，学校致力于推进其四项主要教育职能——"人才培养、科学研究、社会服务、国际交往"的均衡进步，确保这些领域能够相互支持，共同成长。

2. "知识、能力、素质" 三位一体

2007 年，山东理工大学发布《关于构建知识能力素质三位一体人才培养体系的意见》。此体系融合了"专业培养"与"素质拓展"的教育方案，遵循了学生全面成长、适应社会需求、教学内容配合、理论架构完整、学科互联互通以及课程设置精练等几大原则。依托这些原则，学校旨在塑造一批"基础扎实、实践能力出众、素质全面并充满创新活力的应用型高级人才"。

3. 本硕统筹培养模式

清华大学采纳了一种针对工程学科的综合培育体系，即"本科—硕士—

研究生统筹培养模式"。与此同时,该校对于自然科学、经济学、管理学、人文社会科学以及法律学等学科,则实施了一套"4 年本科加 2 年硕士"的教育计划。在塑造学生的职业发展方向上,清华大学提倡学生"立大志,主流,上大舞台,成大事业",并鼓励他们"为祖国健康工作 50 年",旨在引导学生们为国家的长期发展贡献智慧。

(二)辅导员队伍建设思路影响大学生辅导思路

高校辅导员队伍建设的思路往往反映、代表了该校大学生辅导的思路。因此,人们可以这样认为:考察一所高校辅导员队伍建设的思路就是在考察大学生辅导的思路。

1. 中国地质大学(武汉)"聚变工作效能"思路

中国地质大学(武汉)致力于培养一支专业化的辅导员团队,并已经提出以下战略:业务水平的提升需借助灵活的机制,政策上的保障对于加快发展的定位是必要的,而文化建设是提高工作效能的关键途径。

在学生事务管理中,该大学遵循的核心方针与要求是遵循习近平新时代中国特色社会主义思想的指导。强调要落实习近平总书记对教育领域的重要指示及全国教育大会的要旨。在坚守立德树人的基本任务的同时,紧密配合学校的核心职责,参照学校的工作重点,致力于加强主业、推动改革、增进内涵、确保基本线。强化由党委指导的学生工作,确保巡视整改工作的有效实施,科学制定学生工作的"十四五"规划。同时,改进学生评价和学生工作评估机制,积极建立和优化一个面向发展的学生事务体系,以促进学生事务管理的高质量发展。这一切工作的目标,是为了在地球科学领域构建一个国际知名的研究型大学,为学生的全面成长和才能培养提供优质服务,从而为大学的建设注入强大的学生工作动力。

2. 中国地质大学(北京)"质量生命线"思路

中国地质大学(北京)采纳了一系列创新思维模式来提升辅导员队伍建设的质量。学校遵循了"高标准、严要求,重培养、优发展"的原则,以此为指南来改进辅导员的选聘流程。为了保证教学及辅导工作的持续进步与效能，该校落实了以"可持续发展"为核心的辅导员培训更新机制。学校推进以"制度化、动态化"为核心理念的辅导员考核体系，确保了评价的透明度与时效性。通过整合"内外资源"，学校激发了辅导员的内在激励与外部动力。将"质量生命线"理念深植于辅导员的交流机制之中，不断提高其专业能力，增强其交流效率。

教育机构在推动辅导员成长的过程中，坚持贯彻"可持续发展"的原则，致力于打造既具备学习力又富有创新精神的辅导员队伍。此举旨在保障思想政治教育工作的深度与广度，以及其在实践中的持续有效性。在实施辅导员的专业提升策略时，学校采取了一种四位一体的方式"集中研讨、参加培训、业务进修和交流活动"互为补充，同时执行"岗前培训、岗中培训及骨干培训"的三重结合策略。这样的做法旨在全面提高辅导员对政治理论、当前政策形势及业务知识的掌握，这样做不仅提升了其政治品格和理论能力，也优化了其知识体系，增强了其对学生队伍核心问题的洞察力，以及实践中分析与处理问题的能力。

近年来，学校相继邀请教育部思想政治工作司、北京市大学生心理素质教育研究中心、清华大学等知名机构的专家学者，从心理学、教育学、管理学、社会学不同领域出发，开展了讲座与专业培训。选拔杰出的辅导员参加思想政治教育和多个学科领域如法律、哲学、心理学、地质科学、环境科学、工程技术等的进阶学习，旨在强化他们在专业领域内的深度。

学校特别关注研究生辅导员的结构强化，确保每个学院（系）均得到相关人才支撑，旨在提升辅导员在教学指导、学生发展、服务提供等方面的能力，从而推动研究生教育质量的全面提升。同时，将优秀辅导员派遣至上海、广州等地，参加以心理咨询、大学生职业发展为主题的进修活动。这使得辅导员们在教育和引导学生、促进学生发展、提供优质服务等方面的理论水平和实践能力有了显著提高，打牢了辅导员队伍的理论基础，也为其长远发展提供了坚实的思想支持。

3. 同济大学让辅导员挂职思路

同济大学针对辅导员的专业发展和职责所定位的培养模式进行了创新性的重构。学校不惜投入大量资源，开拓了辅导员的培养路径：安排他们进入公司实习、赴乡村开展教学服务，以及派遣至海外进行考察学习，使辅导员接受了专业的教育，更在经历的多样化中积累了宝贵的经验和知识，从而为为其开展学生思想政治教育的实践积聚了深厚的底蕴与竞争优势。

对辅导员的具体要求有以下三点。一是在职务执行过程中，增强与教师、学生群体及家长之间的对话与协作，积极参与学校举办的多元活动，深入掌握教育的实际情况。运用在外挂职期间获得的新知和理论见解，主动向教育发展和校园管理领域提供专业的意见和智力支持。二是应在实践锻炼中通过调查研究、深思熟虑和归纳总结，全面掌握基础教育的现状以及学生学习生活的背景，为未来在辅导岗位上的出色表现打下坚实的基础。三是确保在挂职的过程中能有实质性的成果和个人能力的提高。

4. 华中科技大学让辅导员"名校中学习—研究中提升—企业中备课"思路

华中科技大学积极培养"专家"型辅导员引导学生成长，提出了"名校中学习：让辅导员成为思政教育专家；研究中提升：让辅导员成为心理危机干预专家；企业中备课：让辅导员成为职业指导专家"的思路。

5. 清华大学"双肩挑模式"思路

清华大学设立辅导员岗位以来，"双肩挑"是其基本模式，一大批优秀的辅导员一肩挑思想政治工作，一肩挑专业学习，成为学校一种特殊的因材施教、培养拔尖人才的有效途径。也有学者认为，清华大学"双肩挑模式"可以理解为"换肩挑模式"。

第三节　高校辅导员工作的要求与理念

一、高校辅导员工作要求

（一）增强勇于担当使命的自觉

新时代中国特色社会主义在历史的发展必然性引导下，肩负起了中华民族伟大复兴的重大使命。实现中华民族伟大复兴绝非仅仅是喊喊口号就行的，需要认识到这不是件容易的事情。面对复杂多变的国际和国内形势，人们必须认识到，实现这一宏伟目标必然充满了重重挑战。大学生作为青年群体中的精英，他们受到了最高层次的高等教育，享受了出色的教育资源。在理念信仰、知识水平和技术能力等方面，与其他青年群体明显不同，具备了成为国家栋梁的潜质，是新时代人才队伍的重要组成部分，也是实现中国梦的强大力量，青年大学生的核心作用将推动中国梦的实现。在新时代，高校辅导员扮演着重要的角色，他们被视为大学生成长道路上的"人生导师"和"知心朋友"。高校辅导员的使命是帮助大学生实现个人成长，这与中华民族伟大复兴的历史使命相辅相成，这是历史赋予新时代高校辅导员的职责使命。在国家和民族面临重大使命的背景下，高校辅导员需要引领年轻的大学生，勇敢地承担历史的责任，使其在努力实现个人成长的同时，将个人的成长与中华民族伟大复兴融为一体，为实现中国梦贡献智慧和力量。

（二）增强坚定理想信念的自觉

教育与政治密不可分，高校辅导员制度自诞生之初就深受政治影响，其主要职责是为维护党的政治稳定提供支持。随着我国逐渐在世界舞台崭露头角，各种势力对我国的发展构成前所未有的挑战，这导致意识形态领域的竞争日益激烈。在当今时代，大学生作为社会主义现代化强国建设的中坚力量，其坚定支持党的领导具有重要的意义。一旦他们的思想状态出现问题，偏离了党的指导思想，那么高校所培养的大学生可能会成为党的路线、方针和政策的反对者，甚至可能威胁到中国特色社会主义事业的稳定发展，这样的后果不堪设想。因此，辅导员必须高度重视并正确认识新时代大学生的思想政治教育工作。作为高校思想政治工作队伍的重要组成部分，辅导员在大学生政治教育中担当着关键角色，其既是党的理论方针政策的传播者，也是学生的引领者。基于此，辅导员需要表现出鲜明的政治自觉，积极主动地深入学习、贯彻、宣传党的各项方针政策。为了确保党的理论和方针政策能够深入人心，辅导员需要采用学生易于接受的教育方法，将这些理论和政策讲解得深入浅出、清晰明了，确保学生完全理解并内化于心，只有这样才能真正引导广大青年大学生将个人发展与党的需要、国家需要、人民需要密切结合起来，才能更好地培养学生的爱国情感和兴国志向。

（三）增强持久职业动力的自觉

职业动力系统，包括职业价值观、职业理想以及职业动机等要素，在决定从业者职业行为的内在动力和方向方面扮演着重要的角色，它们是人们工作积极性的源泉。对于高校辅导员而言，由于工作性质的复杂性、职业边界的模糊性，以及所服务的职业对象的多样性等因素，所以其往往容易陷入职业倦怠的困境。特别是在市场经济的冲击和多元文化的影响下，一些辅导员的职业动力逐渐减弱。他们的工作事业心和进取心逐渐丧失，对于成就的追求不再那么强烈。在这种情境下，功利主义、浮躁心态以及个人私利的欲望逐渐占据上风，从而导致转岗和离职成为普遍趋势。需要强调的是，高校辅导员应当扮演大学生的人生导师和健康成长的亲密伙伴的角色。然而，可惜的是，一些辅导员在工作中失去了平衡，迷失了自我，甚至忘记了自己的使命。其中，有些陷入了单纯处理日常事务的"机械"工作中，失去了对学生的真正关心；另一些则在职业倦怠的泥沼中挣扎，无法应对新的挑战；还有一些人安于现状，逐渐丧失了对自身发展的渴望。更糟糕的是，还有一些辅导员走上了与培养学生成长背道而驰的道路，这导致他们的思想政治教育难以取得实际效果。在当前新时代背景下，党和政府对高校思想政治工作愈发重视，为高校辅导员队伍的职业发展提供了有力的支持。这一支持不仅体现在职称评定、职务晋升以及学历提升等方面。二者也更加需要高校辅导员保持持久的职业动力，深刻认知自己的职业使命，明确职业目标，增强职业自豪感，培养积极的职业情感。

（四）增强主动终身学习的自觉

在当前这个知识与信息急剧扩增，互联网技术飞速演进以及新媒体手段迅猛发展的时代背景下，大学生获得知识的渠道广泛，这对高等教育中辅导员的权威性带来了挑战。高校辅导员作为学生人生旅程的引路人，应积极解答学生的疑惑，及时为其提供指导。而要做到这一点辅导员需要与时俱进，不断更新自身的知识结构，以维持并强化其在学术和人生指导中的权威地位。有效履行高等教育辅导员的专业职责的关键在于采纳一种积极的学习理念。这一学习理念既涉及深化对马克思主义、思想政治教育、法学、管理科学以及心理学等学科的理论洞察力，又包括对学生生活、娱乐活动和情感世界的深入理解只有具备这样的知识广度，辅导员才能够更有效地与学生群体融合，才能具备解决工作中可能出现的新挑战和困境的能力。在新时代背景下，辅导员要有强烈的主动与终身学习的意识，秉承"会育人、育好人"的宗旨，积极掌握并运用科学的学习策略，扩展和深化自身的专业知识体系，利用新掌握的知识去及时解答学生疑惑，持续对接职业成长的最新动态与挑战。

（五）增强专业素质能力的自觉

高校辅导员的角色要求其具备多方面的高级素养与能力，其中包括对深厚的知识基础以及专业知识的广泛掌握。在思想政治教育的常规工作中，辅导员必须展现出卓越的能力，比如进行有效的心理沟通和交流，撰写规范的公务文书，以及在教育实践中具有协调组织、开展调研、指导教育和处理突发状况的一系列素质能力。但在现代教育环境中，学生作为教育的中心，对高等教育辅导员提出了职业期许，这导致存在于学生对辅导员专业素质的强烈需求与辅导员的实际表现间的鸿沟日益显著。学生对辅导员的肯定，往往源于辅导员所展现的专业素质，以及这些素质在帮助学生迅速解决其学习生活中遇到的问题时的体现。当辅导员缺乏专业素质时，学生对其信赖度下降，可能触发师生之间的紧张关系，甚至可能导致师生间情感交流的逐渐疏远。当前的教育进程中，高校辅导员的职业化、专业化和专家化的建设正逐步加强。在这一背景下，社会各界包括高校、家庭及学生群体对辅导员的素质与能力提出了标准，这些标准的核心集中在辅导员的专业能力上，即辅导员的素质能力指标映射了其专业化的水平：素质能力越高，专业化水平便越高。在新时代的大潮中，对于高校辅导员而言，专家化的成长已成为一项基本要求，辅导员必须掌握广泛的理论知识，拥有丰富的实践经验，在各自的职业领域成为专家，并在解决学生的具体问题时能充分利用这种专家级的效能，依靠自身的专业素质能力，有效地处理学生迫切需要解决的问题。

二、高校辅导员工作理念

（一）尊重为本的理念

在构建现代教育关系的过程中，辅导员要基于尊重的理念全面认可学生作为学习主体的地位，细致地考量他们成长的独特性以及个性化的需求，充分信任学生的智力和未被发掘的潜力，有效地促使学生主动探索，提高学生的创新能力，形成融洽的师生互动环境。

1. 尊重学生成长需求

在学生培养过程中，辅导员应该以学生的发展和成长为中心，提供一系列的练习机会，拓展学生的社交技能，提高学生的谈吐能力及人际沟通能力，而非简单地施加管理或控制。教育活动的策划必须依据学生的专业背景与兴趣取向来调整，鼓励学生按照"自下而上"的原则，自行提出并参与各类活动，提升学生的积极性与主动性，使学生能在活动中展现出自我驱动力和创造力，进而激发自身的潜能，促使教育效果达到一个理想状态。

2. 尊重学生的自尊需求

在教育实践中，辅导员必须细致地识别并满足学生的多样化需求，在众多需求层级中，学生的自尊心需求常常显得尤为重要，超越了表面的或物质性的要求，如果不能充分尊重和处理学生需求，可能会损害学生的尊严。因此，辅导员在其职责执行中，应当表现出关爱，这种关爱应该是细腻而润物细无声的，其教育的真谛应在日常言谈举止中悄然体现，在细枝末节中显露无遗。

3. 尊重学生的成长规律

学生在大学阶段的成长遵循着特定的规律，且这些规律随学生发展的不同阶段而表现出独有的特征。针对这一现象，辅导员在其职责范围内，应对学生成长特征及其背后的规律予以充分重视，在施教过程中确保教育措施的针对性和有效性，进而真正达成支持学生全面发展和才能培养的宗旨。

（二）培养至上的理念

学校教育的本质问题在于育人，涉及培养何种品质的个体以及如何进行人才的培养，这正是大学教育所要着重考虑的核心议题。教育的根本目标是在本质上着眼于培养个体，而非简单地制造符合特定标准的"器物"。高校的使命在于开展思想政治教育，其目的并不在于对个体进行管理、约束或者控制，而是要为学生创造合适的条件，以便有效地将学生培养成为有用之人。辅导员必须充分认识到学生的双重使命，即不仅要在学习领域成才，还要在人格和成熟度上成为全面发展的个体。需要注意的是，"成才"和"成人"两者之间存在着密切的关系，因为成人的发展是成才的基础。在教育实践中，辅导员要激发和促进学生自主学习和自我发展的能力，为学生的成长打下坚实的基础，使学生具备可持续发展的能力，并且还应提供方法论和认知支持，以帮助学生实现可持续发展，使学生具备实现成功所需的关键技能。正如爱因斯坦曾言："学生离开学校以后，不是成为一个专家，而是成为一个和谐的人。"① 在学生教育和培养过程中，强调塑造向上的精神至关重要。一个拥有积极向上的内心追求的个体，将拥有足够的自信去克服生活中的重重挑战，赋予生活以朝气与激情，并深刻体验到生活中的乐趣。

（三）实效为先的理念

辅导员在开展工作时，应以学生最大利益为出发点，关注学生的全面成长和个体发展，而并非仅考虑如何完成工作。学校的首要职责在于塑造和培养学生的品格，所以辅导员在设计和执行教育活动时，应系统评估活动对学生的实际影响，确保学生在教育过程中获得实质性的锻炼和提高在这一方面，辅导员不能被活动的形式、宣传效果或其他表面现象所迷惑，而应专注于活动的核心目标和对学生的积极影响。

第四节　高校辅导员工作的内容与原则

一、高校辅导员工作内容

（一）思想引导

1.思想引导的地位

在现代高校中，辅导员的核心工作内容就是对大学生进行思想层面的引导，这一引导集中体现在对大学生思想政治方向的教育与价值观的塑造和引导中，该过程不仅关乎学生个人政治立场的确立，亦关系到其价值取向的成熟与健康发展。通过这一过程，学生应学会积极吸纳正能量，理性地辨识是非，并能自如地接受个人的成就与挫败。在这个对成就和胜利报以热烈赞誉的时代，大学生必须要具备的一项能力是：面对失败保持积极的心态。成长旅程中的每一步，无论显著与否都蕴含着知识和智慧，重要的是引导学生

---

① 爱因斯坦.我的世界观 [M].北京：商务印书馆，2023：101.

认识到，错误中蕴藏的学习价值绝不逊色于成功的经验。辅导员在思想教育上的职责，既是建立在科学基础之上的系统工作，也体现为一系列精心设计的方法论，辅导员不仅是简单地聚焦于知识传授，更致力于学生价值观的形成和人格的全面发展，这是辅导员工作的核心所在，且在实践中显得尤为关键。

2.思想引导的目的

思想引导的目的在于以观念形态和思想意识形式为载体，反映社会发展对大学生成长的客观需求，这是辅导员开展思想工作的出发点和终点，更是辅导员进行思想工作的基石和推动力。明确思想工作的目的是进行思想引导工作的基本前提，同时是提升思想引导工作的关键。在实践中，思想引导的目的是多元的。首先，体现了国家和社会对大学生身心成长以及思想发展的方向期许和规范。其次，以中国梦、中国特色社会主义共同理想的实现为核心，坚守马克思主义理论和社会主义核心价值体系，融入爱国主义等，以此来加强对大学生的世界观、人生观、价值观的教育引导，巩固学生的信仰，培养学生的爱国情感和民族自豪感，从而塑造学生的远大理想，使之成为促使学生全面发展的原动力。尽管思想政治教育缺乏方针、政策所具备的权威性，不具备法律所具备的强制性规范，也不拥有组织手段所具备的约束力，但其能够深刻影响并改变个体的立场、思维方式、观念、态度，激发个体内在的自觉行动，其影响是内在的、深远的，其效果具有持久性。开展高校学生思想引导工作的根本目标在于提升高校学生的思想道德素养以及科学文化素质，提高学生理解世界并改造世界的能力，努力培养高校学生为共产主义奋斗终身的信仰。这是一个长期而渐进的目标，其实现需要在不同发展阶段确立具体的目标。总之，高校开展思想引导的目标是激励高校学生为建设一个富强、民主、文明、和谐的中国式现代化国家而不懈奋斗。

3.思想引导的内容与做法

思想引导的过程类似于调整物体的运动方向，它需要通过辅导员与大学生之间的积极互动来实现。这一过程涉及辅导员的引导以及大学生的积极响应，形成了一种双向的知识传递和沟通活动。为了培养全面发展的个体，辅导员在教育内容方面必须严格追求思想性与科学性的融合，以铸就大学生的科学世界观与积极进取的生活观，从而培养其认识世界和改造世界的能力。在这一过程中，辅导员发挥着重要的作用，其任务是将社会主义政治思想和道德要求有机融入学生的思维结构，使其内化为个体的思想观念。随后，学生将这些思想观念转变为自身的道德品质，进一步塑造自身行为习惯，从而完成思想引导从"知"到"行"的逐渐转化过程。尽管理论上认识先行，实际上在学生的思想教育实践中，各要素常常是交织在一起而发挥影响的。面对不断变化且具挑战性的社会环境，大学生展现出各自的独特性。鉴于此，高校辅导员在开展思想教育时，审慎地确定入手点显得尤为关键。在这一过程中，辅导员的工作策略应灵活多变，既要考虑学生的个体差异，也要顾及时代背景的具体要求。

此外，在指导学生思想成型的阶段，辅导员将面临学生思想反馈的重复性特点，因此，辅导员在筹划教育策略时必须做好相应的准备，思想教育策略的实施需辅导员坚定不移地贯彻社会主义核心价值观。为了与此相适应，辅导员还必须考虑学生发展的具体情况，遵循其思想成熟的自然规律，激发学生的积极性，注重采取多样化的教育方法，并且认识到环境因素对学生影响的重要性，通过科学的方式融入学生成长的各个阶段，以保证教育工作的连贯性和有效性。

在学生发展的过程中，思想引导的目标在于塑造学生的世界观、人生观和道德观这三大基石。在具体开展过程中，思想引导注重培养学生的专业技能，致力于其人格的全面发展，强调对当前教育内容的把握，而且还要构筑学生终身教育的坚实基础。此外，辅导员的责任不限于学生的在校学习阶段，更是扩展至关注学生未来教育的持续进步和发展。

（二）事务管理

辅导员丰富的工作内容具体地体现在对学生事务的管理方面，管理离不开规则和规范，教育活动本质上是目标驱动的，并显著地受主体意志的影响，具有一系列明确的原则与标准。辅导员的事务管理主要通过规章制度的建设与执行、课外活动的组织与管理、集体建设管理等三方面实现。

1. 规章制度的建设与执行

事务管理的基本保障是建章立制。教师应确保学生在学习和生活中充分了解各项规章制度。对于教师来说，维护秩序是理所当然的责任，然而对学生而言，可能会视之为外来压迫。只有当学生自觉接受这些规定时，纪律和秩序才能内化为他们的内在需求。需要明确的是，制度建设与尊重个体差异并不是互相排斥的概念。从教育发展的角度来看，尊重和培养个体差异的教育并不应该是无条件、无限制的。

制度对学校具有重要意义。制度在学校中具有重要的作用，其范畴广泛，包含纪律、政策、文化等多个方面。制度本质上是一种刚性规范，而管理的艺术在于科学地贯彻执行规范，以促使学生在行动中实现自律与他律的完美统一。为了达到这一目标，学校可以鼓励学生共同参与制度的制定过程，确保制度反映学生自身发展的需求，维护学生的个人利益。并注意在制度执行过程中实现原则性与灵活性的巧妙结合。通过学生的积极参与，制度不仅能够更好地满足学生的需求，还可以在执行时更具弹性，这样一来学校便能够在教育过程中平衡严格的原则性要求与对学生的人文关怀，激发学生内在的生命活力，使他们在教育环境中茁壮成长。

2. 课外活动的组织与管理

除了制度外，管理在学生的自我管理和教育中也扮演着重要的角色，尤其在辅导员日常工作中，主要体现在课外活动的组织与协调方面。课外活动在教育工作中占据着重要地位，离不开辅导员的引导与支持。对学生活动的有效管理涵盖多个方面，包括学生社团活动的策划与管理、学生业余文体活动的协调与监督、社会实践活动的组织与指导等。

社团活动是学生活动的重要载体，学生社团是由志同道合的学生组成的，经过一定的程序，由学校批准成立，吸引着不同年级、专业、性别和层次的学生加入。社团是自主运作的大众性团体，为学生提供了活动平台。学校的各级团组织和社团联合会负责管理社团，扮演着监督和支持的角色。辅导员在社团活动的科学化和规范化中扮演着关键的角色，共需要在组织和管理社团活动时秉持一系列原则，确保社团活动的有序进行，促进社团成员的全面发展。

文体活动组织管理是指辅导员通过精心规划组织丰富多彩、文雅健康的文娱和体育活动来实施，积极与艺术和体育课程相协调，旨在陶冶学生高尚的情感素养，培养学生健康的审美品位。

参与校内外多种活动，如教学实践、行业实习、民情观察、生产作业、公共服务、科学创制、自主劳动以及"红色之旅""三下乡""四进社区"等，构成了大学生社会实践的广泛内容。在管理此类实践的过程中，辅导员需确保学生深刻理解社会现状、了解国家大局，增强学生的历史担当感与对社会的责任意识；同时需通过细致筹划与严密组织，将社会实践塑造为大学教育中的核心环节，成为学生的必修科目，并依照既定的教案进行执行。综上所述，对学生课外活动的精心引导，实际上是思想政治教育细分出来的实践。辅导员与学生应共同致力于确保活动的规划、监控流程、应对策略及活动收尾的反思等关键环节的高效治理与落实，以此加强思想性、艺术性、趣味性、文化性和科学性的融入。课外活动的有效组织与管理，目的是促进学生自我管理能力与创新能力的持续增长，以及通过这些活动实现教育目标的全面实施。

3. 集体建设管理

对于高校辅导员而言，中心任务是落实党和团体以及班级组织的构建与管理。通过集体建设，使学生的必要能力得到培养，使其人格得到良好。特别是随着高等教育的演进，辅导员面临的挑战日益复杂，既有因传统教育模式带来的困境，也有新兴的外部和内部问题。辅导员必须通过强化党团、班级的结构，确保组织在政治方向上的正确性和约束力，加强班级凝聚力。

（1）党团组织建设

加强党的组织建设，自学生步入大学之际启动，旨在引导学生逐渐与党组织建立紧密的联系，并构筑一支规模宏大且素养卓越的党员后备力量。在积极分子培养过程中，相关教师应当开展广泛的意见征集活动，确保每一位潜在党员的思想动态和品质得到党校等教育渠道的深入了解与评估。需要注意的是，实行严格的选拔机制也是非常必要的，即所谓的"推优制"，这样可以确保每一名推荐至学生党支部的党员发展对象都符合既定的标准，从而保证党的队伍质量。在负责的学生党员队伍中，相关教师应致力于强化包括"党员思想汇报制度""党课制度"及"党员活动制度"在内的多项机制。相关教师应本着教育的系统化、规范化及民主化原则，构筑一套全面的党员评估体系；本着对党组织高度负责的态度，积极上报学生动态，秉承开放态度采纳党组织提供的指导意见与解决方案，以便妥善处理相关问题，确保学生党支部的先进性与纯洁性。

作为学生工作日常方面最直接的管理者，辅导员在党团建设上发挥了重要作用，其工作成果主要通过基层团组织活动的活跃程度和效果显现。为了巩固团支部的领导核心，辅导员需积极开展团支部干部的选拔、培养和管理。通过组织以"主题团日活动"和"争先创优活动"为核心的一系列活动，辅导员可以有效地丰富团员的精神文化生活开展这些强化体质和精神健康的文化体育活动，可以对学生进行坚实的思想政治教育，培养学生历史责任感、激发爱国情怀，将"全民团员"塑造成"全民先进"的集体风貌。

（2）班集体建设

高校辅导员在开展集体建设管理工作时，最基本的一项内容就是班集体建设，其职责范围横跨了诸如班级规章的构建、常规事务的监督、学生委员会的组织、学习氛围的培育以及班级文化的打造等多个领域。通过对班级管理历史沿革的研究和观察，本书发现班级管理这一概念诞生的初衷是确保知识传播的高效性和追求一种规范化的纪律秩序。正如教育家约翰·弗里德里希·赫尔巴特（Johann Friedrich Herbart）所强调："如果不紧紧而灵巧地抓住管理的缰绳，任何课都无法进行。"[①] 当授课规模限于较小的群体时，教师能充分投入精力以实行对学生的个性化管理，并且与学生之间的直接沟通变得

---

① 约翰·弗里德里希·赫尔巴特.赫尔巴特普通教育学[M].王红艳，译.北京：民主与建设出版社，2023：225.

可行。在高等教育大众化和普及化背景下，班级规模的逐步扩大以及分科教学的实施一定程度上促成了多位学科教师对同一班级的共同授课，教师对学生的个性化管理以及人文关怀可谓日渐降低。在这种教育格局中，辅导员的存在变得尤为重要。当班级管理的核心旨在服务学生全面发展时，辅导员方显其在教育领域的关键作用。此时，班级不再仅仅是简单地向学生传授知识的平台，也不再局限于高效率的知识传递架构。在处理诸如"不安分"的学生的挑战时，班级管理展现其价值，同时，班级管理还关注个体生命，为每一位学生的成长营造充满意义的环境。因此，班级管理构成了一个既涉及规范引导又融入生命教育的多维空间，为学生的成长提供支持与培养。

（三）发展辅导

大学的精神价值在于其对"人的发展"的深入探讨和积极追求。促进学生的全面发展是大学存在的核心价值之一。从发展的角度来看，学生的成长（包括学业、道德、品质和社会贡献）不仅仅是为了自身，更是对教师生命意义的明证。

对于辅导员个体而言，最大的动力之一就是能够分享学生的希望与梦想，这比什么都能更好地激发他们的热情。辅导员无论是在引导学生的思维过程中，还是在处理日常事务管理时，都承担着促进学生发展的教育使命。

1. 发展辅导的原则

辅导员在发展辅导方面需遵循一系列基本原则，以确保其工作具备学术性、专业性和著作性。一是在于明确"辅"概念，即辅助性原则，辅导员的角色并非强制性的，而是协助学生解决问题、达到发展目标的过程中的支持者。二是辅导员需契合"导"的原则，指导学生的方法应以问题解决为导向，扮演的是一种方式、一种手段的角色，帮助学生应对各种挑战。三是专业性原则。辅导员在履行教育引导、事务管理和发展辅导的多重职能时，熟练掌握与发展相关的领域知识，以及在实践中灵活运用这些知识来帮助学生实现其个人和职业发展目标。

2. 学习发展辅导

辅导员在进行学习发展辅导时应秉持启发式原则。辅导的重点并非传授具体知识，因为这并非辅导员的职责，而在于引导学生在不同学习阶段明晰并应用不同的学习策略，培养学生的学习自觉性，使其在各个学习阶段都能够自主探索适合自己的学习方式。

（1）入学辅导

辅导员在学生专业素养发展辅导中面临的首要任务是解决学生对于"学习"的认识问题。这一挑战需要辅导员在学生入学教育阶段加以应对，尤其要抓住学生普遍出现困惑和茫然的高发期。这个时机被认为是有利的，因为辅导员可以以学生的专业发展状况作为出发点，对学生未来几年将要进行的专业学习进行全面而有针对性的辅导教育，帮助学生重新审视他们在大学学习中的目标和动力，明确学习的目的。

辅导员在履行其职责时需深入了解学生，全面掌握学生的学习倾向，对学生的学习能力和学习兴趣进行基本评估。值得注意的是，这一过程需要与专任教师进行协作，以确保这一评估基于学生的实际情况。在评估过程中，辅导员要考虑学生的专业学习情况，关注学生的专业发展兴趣以及其他可能存在的潜在才能。通过这样的综合评估，更好地帮助学生解决学习中的困惑，并帮助他们初步建立学习兴趣。基于这一深入了解和评估的基础，辅导员的下一步任务是协助学生树立起对自己专业学习和潜能发展的自信，需要鼓励学生，相信他们有能力取得成功，并在满足学生成才需求方面帮助他们确立学业至上的理念。为此，辅导员还应制定个性化的专业学习计划，以满足每个学生的独特需求和目标。

基于对学生个性特点的深入分析，辅导员可以通过入学前的学习倾向测评，有针对性地解决高中毕业生在高考志愿填报过程中常见的盲目选择问题。在此过程中，辅导员依据学生自身的兴趣特点以及其与各专业的相关性，为他们的专业学习规划提供初步的目标预测。辅导员的角色不仅限于了解所辅导学生的专业设置、学科分类、专业核心课程内容、学分制度、就业前景等基本信息，还需要考虑大学的教学方式和学习模式，并结合学生的家庭背景，包括地理位置和父母的职业等因素。在这一综合考虑的基础上，协助学生制定个性化的专业学习计划，确保学生能够在入学初期就具备良好的学习能力。

需要强调的是，在学生的发展教育中，入学教育和毕业教育起着重要的作用。两者相较而言，新生入学教育具有更为突出的重要性，并且一直以来都受到国内外高等教育机构广泛的关注。具体而言，美国高校采用的"新生定向"和"研讨班"等新生指导方式具有宝贵的借鉴经验。新生定向的定义可概括为：通过提供一系列的服务和支持，帮助新生顺利完成从以前的生活环境到大学生活的过渡，使他们充分融入学校的多样教育机会和社交生活。这一过程以学生的全面发展为核心，立足于实际生活情境，涵盖了广泛的教育元素，是一项多层次、多功能的教育举措。新生定向活动通常包括以下几个主要模式：新生迎新日（周）、新生课程以及注册前活动。这些活动形式多样，包括大众媒体宣传、团体参与活动、个体咨询服务以及课程安排等四种形式。

在面对无法完全满足学生需求的定向日（周）特色活动时，研讨班应运而生。研讨班是一种高水平的学术教育形式，它让学生在教授的指导下进行深入的研究，并通过报告、讨论和交流研究成果来促进学术成长。这种教学模式通常在一个学期甚至一整个学年内展开，其师资队伍由学术部门的教师和管理部门的学生工作人员共同构成。

研讨班的内容层次分为三个部分，这有助于满足不同学生的需求和水平。这三个层次具体如下。

第一层次是提供信息和传授知识。向学生传授各种学科的内容，让学生掌握必要的基础知识，这涉及抽象的思维和理解能力的培养。辅导员需要在教学中采用多样化的方法，以确保学生能够深刻理解并掌握所学知识。

第二层次是关于培养和训练相关技能。教育要注重知识的传授，注重学生的实际能力和技能的培养，包括实验技能、研究方法、沟通能力等，辅导员需要提供机会和资源，让学生在实践中不断发展这些技能。

第三层次是关于指导学生确立生活方式和价值观。教育不仅仅关注知识和技能，还涉及对学生的价值观和道德观的塑造，这是通过教育机构营造的学习环境以及辅导员的示范行为来实现的，只有在教学中注重这一层次，才能培养出有品德、有责任感的公民。

（2）大学四年的辅导

大学生辅导在不同学年中呈现出差异：大一学生强调"养成"，大学二、三年级学生则注重"发展性学习辅导"。尽管大学生们在自由时间方面拥有更多的选择，但这并不意味着他们能够积极高效地利用这些时间，相反，他们的时间利用方式呈现出多样性和分化趋势。在经历了一年的基础课程学习后，学生们逐渐需要将导师的指导融入他们自己的学习体验，并将其转化为自己的自觉行为，这是一个渐进的过程。对于大学二、三年级的学生而言，一旦正式开始专业课程学习，他们对时间管理和专业学习的认识将会发生显著变化。这个阶段的辅导工作需要特别关注学生学习规划的调整和实际应用，包括对大一时制定的个性发展计划的修订和补充，其目的是确保计划的有效实施。此外，辅导工作还需要加强见习和社会实践的指导，以帮助学生逐渐将专业理论学习与实践相结合，为未来的学习选择做好准备。在大二和大三这两个学年中，关键词是"发展"，因为学生正处于自己学术和职业发展的关键时期。大学四年级学生的辅导工作着重于有针对性的学习指导。当学生进入实习阶段时，辅导的核心任务在于协助他们根据前三年的学习经验，明晰未来的职业发展方向。这项工作具有高度选择性，因为它对学生未来的就业道路起着重要的定向作用。在这个过程中，必须全面考虑学生的前三年专业学业成绩、兴趣爱好、家庭状况以及社会发展趋势等因素，以科学合理的方式来帮助他们为未来制定职业规划，并同时为考研、就业或出国深造等方向的具体准备做出相应安排。以学术学习为主线的发展辅导工作，被视为辅导员提升学生就业竞争力的主要途径。在大四学年的辅导过程中，关键词是"选择"。

3. 生命健康发展辅导

（1）要教学生学会健康的生活方式

相较于高中，大学生的日常时间分配较为宽裕。大学生正值身体逐渐成熟的黄金时期，他们可支配的闲暇时间相对较多。然而，值得关注的是，一些学生可能会滥用这些宝贵的时光，甚至不慎损害自身的身心健康。因此，让学生培养健康的生活习惯和规律的生活方式非常重要，要让学生学会合理安排自己的时间表。为了帮助学生养成正确的生活方式，辅导员需要传授健康知识，唤醒学生对身体健康的自觉认知，强调身体健康是未来成功的基石。除了时间管理，饮食习惯也至关重要。为了珍惜生命，辅导员应该引导学生们摒弃吸烟、酗酒、沉迷电子游戏等不良生活习惯。

（2）要关注学生的心理健康，培养良好的处世心态

从健康的角度来看，个体的心理健康常常被认为比身体健康更为重要。因此，高校辅导员肩负着引导学生正确认知自我的责任。个体的自我认知是在个人历程和周遭环境的交互以及与他人的比较中逐渐形成的。合理的自我评价被视为个体发展的首要基石和适应社会的前提条件。适度而准确的自我评价有助于个体培养自信心，发挥优势，在与环境的互动中保持平衡。

培养学生的自我认知，使之辨识其存在的实质——"是一个什么样的人"，是教育过程的核心。学生需了解外界环境，认识到唯有增强个体适应能力，方能在将来实现更优发展。教育的另一要旨在于引导学生学习如何深切地关照自身，这不仅涉及培育他们的自我关怀能力，亦是对其人生观的一种理性塑造。学生应该培育出积极的心理品质，用一种乐观且充满自信的心态去面对人生旅途，勇敢地应对各类逆境和考验。辅导员还应教授学生基础的心理应对策略，以帮助他们管理潜在的情绪困扰和心理障碍，这是支持学生心理健康的重要环节。通过这样的教育方式，不仅可以塑造出能自省与自强的学生，还可以培养学生在复杂社会环境中维持心理平衡与发展的能力。

一般而言，学生普遍可能遭遇数种心理挑战，包括成长的困惑、人际交往的障碍、未来职场的不确定性、学术与经济压力以及情感上的波动，这些困难分布在学业成就、情感交流、职业规划等多个领域。诸如此类的危机往往出现得既突然又难以避免，对学生的个人成长路径造成重大影响。为了应对上述情形，辅导员要帮助学生认识到困境的出现概率及其不可避免性，帮助学生构建一套积极的心理防御体系，引导学生以一种逻辑、科学的方法来

应对生活中的逆境和矛盾，并学会以正面且恰当的手段调节消极情绪，及时释放日常生活中的心理压力，进而使学生理解到新的个人发展阶段不可避免地需要新的适应策略。大学生在某些时期遭遇心理困境是一种常态，而非个人能力不足所致的异常现象。因此，大学生在遭遇心里困境时，寻求专业心理咨询师的协助是一个可行的选择。总之，珍爱生命是心理健康教育的底线。

发展辅导，无论从专业素养教育还是生命健康发展教育来看，其核心宗旨是增强学生在各类社会互动中的适应力，促使他们能够在多样的社会活动场域中自如地与环境共融。辅导员有责任教导学生如何在物质世界内交际，除此之外，还需在数字化的虚拟空间内进行相应的教育，这种教育对于学生来说是不可或缺的。

二、高校辅导员工作原则

（一）民主性原则

民主性原则是指在管理的实践中应当追求对所有事务的客观和公正处理，确保教师与学生在表达观点时享有平等的权利。

坚持民主原则不仅可以加强学生对辅导员的信赖，而且有助于师生之间心理层面的和谐共融。民主管理不只是科学化管理的根基，更构成了辅导员工作的基本需求。这一原则要求辅导员在管理的流程、采用的策略以及实施的手段上都应体现民主化。教育参与者在这一过程中既是被管理的对象，又参与管理的活动，担任主体的角色，而辅导员的任务本质上是进行合理的说服和引导。

（二）全面性原则

全面性原则是指辅导员的管理要涵盖对学生群体无差别的全方位关怀，承担促进学生在道德、智力、生理及心理以及个性等多维度成长的重要责任。全面性原则认为，管理过程应视为一个互联的体系，重点放在各个组成要素的相互作用与协同上。管理工作需基于周密的策略，追求明确的目标和高效的组织执行，目的在于从宏观的角度提升管理效益，实现系统性增长。

（三）系统性原则

系统性原则是指辅导员要关注学生群体的整体性，通过群体互动来对单一学生施加影响。具体来说，辅导员应当以集体活动为纽带管理和培养个体，进而通过对个体的有效指导反哺集体的发展与和谐。此外，辅导员的工作应当朝着一个全面且开放的方向迈进，确立一个新的、全面的学生管理架构，并构建相应的组织机构与职能部门，以促进学生管理工作的专业化和系统化。

（四）导向性原则

导向性原则是指辅导员在学生管理活动中，对其思维及行为的塑造和引导，倡导学生确立基于科学的宇宙观、存在意义及伦理准则，进而发展积极的道德品质与个人特质。在执行管理职能时，尽管行政手段的运用对维持纪律架构是不可或缺的，但辅导人员应避免将之泛化至学生生活的各个层面，实施一种既非刚性压制又非纵容混乱的管理哲学，即追求"管而不死，活而不乱"的教育状态。随着职场结构的转型与学分体系的普及，学生自主性显著增强，这促使辅导员须放弃以往"地毯式"及"消防员式"的管理策略，精确界定管理的刚性边界与灵活余地，确立清晰的管理职责，增强管理的服务导向，激发学生自我调节的能力，尊重学生的主动性，通过对学生团体提供既有政策支持又具体化的指导，可以更好地进行管理工作。辅导员应紧密关注并主动回应学生所关切的焦点问题，为学生提供恰当的方向引领。如此，辅导员的工作不仅能够无障碍进行，还能够促进学生个体的全面发展。

（五）主体性原则

进入 21 世纪，人们迎来了以知识为核心推动经济增长的时代，信息技术的蓬勃发展同时标志着全球经济的整合。在此背景下，学生的创新能力被视作其核心竞争力之一。由于创新力的表征即个体自主性的极致体现，所以辅导员在其管理职责中应积极拥抱这一变革，着力强调和培养学生的独立主体性。

主体性原则是指辅导员在管理学生时，应坚持以学生为中心的教育理念。成人学生作为学习过程中的独立个体，具有明确的自我地位。主体性原则提倡对学生个体差异的肯定及其个性的彰显，赋予学生适度的自决权和选项的多样性。此外，倡导学生积极介入校园的日常管理事务，通过此种参与促进学生自主思考的能力。在这一过程中，辅导员的角色转变为促进学生自我教育的引导者，助力学生实现自我管理与自律，有效培育学生探索未知的勇气与创新的能力。

（六）渗透性原则

渗透性原则是指辅导员在进行学生管理的实践中，通过自身的高素质与深厚爱心对学生进行积极影响，以取得优异的管理成果。此过程中，学生对规范认知的逐渐内化，不是一蹴而就的。辅导员展现出的对规章制度的尊重程度以及其言行表现均能影响学生对规范的理解及其对事物的评价标准。

在学校规定的框架内对学生行为进行监督时，辅导员的行动和执行力在学生的制度意识形态和规范遵循行为中起到关键作用。辅导员需要强化自身形象，同时必须有计划地增强积极影响力，以便有效达成学生行为管理的既定目标。

第二章 高校辅导员的工作方法

第一节 高校辅导员工作方法选择

一、辅导员工作方法选择的必要性

辅导员在教育工作中必须根据大学生的多元特点，有针对性地选择合适的工作方法。为了确保高效的教育管理，辅导员应该始终紧密结合实际情况，精心确定和采用适宜的教育和管理策略。在现实生活中，大学生的思想状况和行为表现呈现出多样性和复杂性。从思想史的角度来看，可以发现各种不同类型的思想，包括正确思想与错误思想、积极思想与消极思想、先进思想与落后思想。从思想量的规定性角度来审视，可以观察到思想的存在和演变在多个维度上呈现差异，包括规模、范围、程度以及深度等，体现在普遍性与个别性、惯性与偶然性、系统性与零散性以及深刻性与肤浅性的对比之中。从思想发展的趋势来看，可以辨别出三种情况：有一类思想尚未完全形成，但即将成型；存在正在积极形成和不断发展的思想；存在一类思想正在经历着深刻的转变和不可避免的衰亡过程。从思想存在的视角考察，存在着多种复杂而广泛分布的思想状态，包括普遍盛行的思想趋势、极端对抗的思想冲突等。思想状态的内容和形式多样，涵盖了政治、哲学、伦理、职业伦理等多个领域，延伸至物质生活、心灵世界、人际互动等多个方面。关于思想产生和演化的原因，既有客观因素的作用，又有主观因素的影响。客观因素的影响源自多个方面，其中包括社会因素、学校教育和家庭教育。社会因素涵盖了文化、政治、经济等多个层面，其对个体的思想产生着深远的影响。学校教育在知识传授和价值观培养方面扮演着关键角色，对个体的思维方式和认知能力产生着重要影响。同时，家庭教育也是塑造个体思想的重要因素，家庭环境、亲子关系等都会在思想形成中起到关键作用。此外，主观因素同样不可忽视。个体的思想基础、个性特征、文化水平、生活经历以及思维习惯等方面都会影响其思维方式和思想内容的塑造。每一种思想形式都具有其独特的内涵和发展路径，因而存在特殊的内在矛盾和本质特征。不同类型的矛盾需要采用不同的方法来解决。这意味着，辅导员需要在教学中灵活运用不同的教育策略和方法，以应对个体思想的多样性和复杂性。只有通过深入理解和应用多元化的教育手段，才能更好地满足不同学生的需求，促进其思维方式的发展与提升。

另外，辅导员的工作方法呈现多样性。因为并非每一种方法都具备普适性，各种方法都受到一定的应用范围和条件限制。当脱离了特定的范围和条件时，特定的方法很难发挥其作用。就像其他职业一样，辅导员的工作方法也受时间、地点和具体情况的制约，需要因地制宜，具体问题具体分析。基于不同的范围和条件，可以将辅导员的工作方法划分为不同类型。根据教育职能的分类，可以将辅导员工作的基本方法分为三大类：理论教育法、实践教育法以及批评与自我批评的方法，这三类方法在辅导员整个工作过程中都具有重要的地位，彼此之间不可互相替代。从教育的角度来分类，可以划分为疏导教育法、对比教育法、典型教育法以及个别教育法，这些方法在不同的教育内容和受教育者群体中有各自的应用，因此成为辅导员常常采用的教育方法。根据受教育者自身的方式来分类，可以分出自我修养法和自我管理法，两种方法一直受到辅导员们的特别关注、鼓励和促进。按照辅导员工作同其他活动（包括文化活动、学习活动等）相结合的方式来划分，可以分为感染教育法、思想渗透法和管理教育法等，这些方法以不同的方式将教育融入学生的日常生活，通过乐趣、实践、文化和理论的方式进行教育，具有其他方法无法替代的优势。除此之外，还存在多种其他教育方法，如预防性教育法、心理咨询法、思想转化法、冲突解决法以及综合教育法等，它们在特定背景下发挥着关键作用。然而，辅导员需要斟酌这些方法的应用范围和条件，因为它们并非适用于所有情境。只有确保所选方法与实际情况相符，才能确保教育工作取得良好效果，满足实际需求。

在工作中，教育方法的选择至关重要，辅导员如果忽视了这一选择，或者在工作过程中盲目地采用教育方法，容易导致教育工作陷入两种极端：一是教条主义，二是经验主义，这会对辅导员的工作产生负面影响，可能导致工作受挫、失败，甚至破坏原本良好的工作局面。因此，为了避免陷入教条主义和经验主义的陷阱，辅导员需要科学地选择教育方法。

二、辅导员工作方法选择的要求

辅导员工作方法的选择，不是随意的，必须遵循一定的准则或要求。这些要求主要有以下几点。

（一）方法的针对性

针对性即基于实际情况，有的放矢地采用不同方法解决各种问题，人们可形象地称之为"对症下药"或"一把一锁"。针对性教育实际上是基于实事求是原则的重要要求。对于辅导员的工作来说，针对性包括多个方面。首先，帮助大学生认识并补足、改正他们的短处和错误。要做到这一点，需要辅导员仔细观察学生的表现，识别出他们的不足之处，并提供相应的支持和建议。其次，鼓励学生发挥自己的优势和特长。辅导员应该帮助学生认识到自己的潜力，并提供机会让学生在自己擅长的领域中进行出色表现。最后，及时引导学生解决思想上的问题，帮助他们朝着正确的方向发展，也是针对性教育的一项重要任务。需要明确的是，针对性不是只关注学生的缺点和错误。相反，针对性是一种综合性的方法，旨在全面了解学生的需求，并提供指导和支持。通常情况下，大学生的不足之处和错误相对容易察觉，而对已经显现的问题进行教育和批评也相对较为直接。然而，如何挖掘大学生的优点和长处，尤其是激发其内在积极性，是一项复杂的任务，因为这种工作要求辅导员在更高层面上引导学生，使学生具有更高的追求。

要想有效开展工作，辅导员首先需要明确大学生面临的问题性质。这些问题可以涵盖政治立场、观点、思想发展与形势的脱节、认识的模糊性等多个方面。同时，问题可能是故意造成的，也可能是偶然导致的；可能是一直没有改善，也可能是在不断进步中反复出现，问题的多样性决定了辅导员在帮助大学生解决问题时需要采取不同的解决方法。其次，需要考虑问题的范围和程度，以确定问题是具有普遍性、共性，还是更加个性化，包括问题是具有持久性，是一个长期存在的挑战，还是一个短期问题，以及问题是否在不断增加，还是逐渐减少。例如，对于一般性和趋势性问题可能需要采取广泛教育和反复教育的方法来解决，而对于个别的偶然问题则需要进行有针对性的个别教育。最后，需要特别关注教育对象的不同特点。辅导员的工作对象是大学生，而每位大学生的性格、兴趣爱好和所学专业又各有不同。因此，在实施教育或管理时，辅导员必须考虑个体差异。只有这样，教育才能取得最佳效果。

（二）方法的现实性

辅导员的职责旨在引导学生的成长，这是一项富有人文关怀的工作，需要完成教育学生、激发学生的潜力、协调学生的活动等多重任务。可以说，辅导员的工作有时候是依靠学生来推动的，是关于教育、激励和组织学生的任务。离开学生，辅导员的工作就会失去其现实性和生命力，沦为一种孤立的学究式活动或缺乏实践基础的理论漫谈。因此，辅导员必须将现实性视作决策工作方法的首要准则，而这一准则也是由辅导员工作的本质所决定的。

在履行辅导员职责时，本质上需遵循现实性原则，该原则强调所采取的策略和方法要能够获得大学生的普遍欢迎，并促进辅导员与学生群体之间的紧密融合。辅导员需深刻洞察学生群体，全面了解学生的需求，与学生携手成长，全心为其提供服务，这一方针构成了辅导员从事辅导工作的根本，并已证明是行之有效的策略，其在任何时间、任何情况下都适用。要想行之有效地履行辅导员的职责，辅导员必须深入学生内部进行实地调研，深入了解学生的思想动向和日常行为，收集学生的反馈，分析学生的情感波动和兴趣点，时刻跟踪学生的思想状态，持续关注学生的学业进展、生活状况和情绪变化等多个层面，确保能够及时发现并满足学生各方面合理需求。这种细致入微的关怀和了解，不仅可以搭建起辅导员与学生之间的桥梁，更可以为双方之间的有效沟通与协作奠定坚实基础。

在教学活动中，辅导员必须把握现实性原则，并掌握使用贴近群众的语言交流方法。作为交换思想与感情的媒介，语言传递知识的作用，同时也是引起师生情感共鸣的桥梁。要想在教育实践中取得成功，辅导员需要的不仅是行动的落实，言辞的艺术同样不可或缺。评判言辞效果的标准，唯有大学生的接纳与反响。辅导员的话语应该逻辑明晰，合情合理，富有内容，且切中需要。大学生群体倾向于实际、简练的交流方式，他们拥有独特的语言表达习惯。辅导员与学生交换思想、进行对话时，使用亲切的语言显得尤为重要，这会让学生感到亲近，从而更易于吸收辅导员所教授的内容。

坚守现实性的同时，辅导员需要展现卓越的组织与动员能力，采用多元方法进行高等教育。大学生正确的世界观、人生观、价值观的塑造，实质上是多重教育要素协同作用的产物。现实情境中，党组织、各级管理机构、群众组织、民主党派，以及家庭、学校、社会等，都以多种方式，从多个角度，对大学生的价值观和教育产生着深刻的影响。在这个过程中，大学生自觉或无意识地接受着各方面的指导和教化。因此，辅导员需要善于调动并组织多元教育资源，采取多渠道、多方式的教育方法，激发学生的积极性，引导他们进行自我教育，以发挥教育资源的协同作用，培养学生进行自我教育的能力。

（三）方法的有效性

辅导员工作的终极目标是获得实际成效。要取得这一实效不仅仅意味着要将正确的思想传达给大学生，还意味着需要将正确的思想转化为实际行动，以避免学生犯下和遭遇不必要的错误和曲折，从而取得卓越的工作成果。因此，辅导员的工作应以实效为导向进行教育管理，而非仅仅为了教育而教育，更不应为了应付或完成上级任务而进行教育管理。有效性原则被视为最重要的原则，针对性和现实性，归根结底都旨在实现工作的有效性。

辅导员工作的效果具有良好与不佳之分。为确保工作取得积极成果，辅导员应积极遵循有效性原则。除了注重工作内容之外，尤其需要根据受教育者的特质采用切实有效的方法。如果辅导员未能自觉根据要求科学选取教育方法，而仅仅盲目从事工作，那么，其工作将因缺乏可行的方法而导致不良后果。对大学生进行辅导工作需要投入时间和资源，若未能取得显著成效，那么就意味着所花费的时间、人力和财务资源被浪费了。因此，辅导员必须树立崭新的价值观念，努力追求科学施教，以确保施教取得积极效果。

辅导员工作的实际成果在数量上存在显著差异，可以分为最佳、一般和低微效果。工作效率是实际工作成果与单位时间的比值。尽管辅导员工作具有独特性，但工作效率也是一个重要问题。在特定的时间和条件下，选择合适的工作方法可以取得出色的成果，相反，不当的方法可能会导致收效甚微。值得一提的是，随着科技进步和社会发展，时间管理和效率已成为每个人都必须认真考

第二节　高校辅导员的基本工作方法

一、疏导教育法

疏通实质上是指辅导员在实际工作中创建一个畅通无阻的对话平台，鼓励学生积极贡献自己的见解和评价。导，即引导，开导，即指辅导员在工作中采取温和而坚定的方法去启发学生，通过教育性的对话促使其思想朝向积极且建设性的方向发展。疏导教育法使得大学生能在表达自己的思想和认识时得到适度辅助，有助于提升学生的认知能力。在大学生思想工作中，"疏"与"导"的关联必须以辩证法的视角来审视。"疏"作为过程的开端，旨在铺平思想沟通的通道，而这一过程为"导"——思想引领的过程，奠定了基础。

缺乏疏通机制，学生的思想世界将无法全面展开，相应地，正确的思想引导亦无从谈起。另外，"导"的实施并非目的本身，它可以确保疏通能够持续发挥其作用，保持思想交流的活力。偏重于疏通而忽视引导，将可能导致错误观念和言论的自由泛滥。因此，疏通与引导互为条件，两者互相依存，构成了一个辩证的整体。在实际操作中，辅导员需要将"疏"与"导"这两个环节无缝地融合，实现在疏通过程中有效地引导，在引导实践中不断地疏通，确保两者的功能得以充分发挥。

（一）分导

分导，就是分而导之。对大学生中存在的问题，可以采用分导的方式进行解决。根据不同的情况，分导可分为分散而导、分步而导、分头而导。

分散而导旨在应对特定群体成员（包括正式群体、非正式群体或自发落后群体等）普遍存在的主要问题。在这种方法下，辅导员采取分散的方式，分别对每个成员进行个性化的教育引导，以解决各自的问题，从而解决整体存在的问题。这种方法的优势在于辅导员能够将大学生普遍面临的情感和思维问题细化处理，减少彼此之间的相互传染。将焦点集中在关键问题上，有效地聚集教育资源，以达到整体教育效果的目标。

分步而导是有针对性地解决个体面临的问题，根据问题的严重程度和紧急性，采用逐步的方式进行教育和引导。有些问题通常是各种矛盾因素的综合体，涉及主观和客观因素。在面对错综复杂、纵横交织的矛盾时，不宜一刀切，而应根据优先级和重要性，采取分步骤、循序渐进的方法来逐步解决问题。辅导员不能指望一次性解决大学生的所有问题。

分头而导是指辅导员调动不同教育力量或教育从业者，有针对性地对大学生面临的严重问题进行个别教育和指导。这一方法可以促使教育资源协同作用，有针对性地应对复杂的问题。

以某高校辅导员李老师的分导工作为例，他在处理大学生宿舍内的集体关系问题时运用了分导策略。李老师面临的问题是：宿舍内部因为个性差异和生活习惯引起的矛盾日益尖锐，传统的集体会议方式已经难以解决问题。

首先，李老师运用"分散而导"的策略，对宿舍内的每个成员进行了一对一的谈话。在谈话过程中，他针对每位学生的特点和问题，给予个性化的建议和辅导，帮助他们认识到集体生活中的责任和个人行为对他人的影响。其次，他采用了"分步而导"的方法，制订了一个宿舍关系改善的阶段性计划。该计划从易到难，分阶段引导学生改善个人行为和相互关系。例如，第一阶段聚焦于建立基本的宿舍规则，第二阶段着重于提升宿舍成员的沟通技巧，第三阶段则旨在通过团队建设活动增强彼此间的团队协作精神。最后，通过"分头而导"的方式，李老师联合学生会、心理咨询中心及其他教师共同关注该宿舍的状况，形成一个跨部门的支持团队。学生会的成员帮助组织集体活动以增进同学间的友谊，心理咨询中心提供专业的情绪管理辅导，其他教师则在课堂上强调团队合作和共处的重要性。通过这种分散、分步、分头的综合导策，宿舍内的氛围得到了明显改善，学生们学会了如何在集体中和谐相处，同时养成了解决冲突和共同生活的能力。

（二）利导

利导，就是因势利导。从军事角度来看，因势利导的方法可以从战争中获得启示。在战场上，争取主动权的关键在于全面了解各种情报，准确评估形势，并抓住有利时机以谋取胜利。因此，古人曾言："擅战者因其势而利导之。"而辅导员在开展工作、解决大学生问题时，道理同样适用。辅导员需要准确分析形势，针对不同大学生的特点和思想发展趋势，选取合适的时机来解决问题。

辅导员在工作中需具备因势利导的能力。第一，辅导员必须深刻理解思想发展的规律和趋势，与社会发展的潮流相契合，引导并促进学生思想朝着正确的方向发展，不能背离思想发展的规律，反其道而行之。第二，辅导员应善于抓住教育的有利时机，把握教育的时机，不可轻易错失，以免导致教育事务因不主动而变得只能被动应对。第三，辅导员需要善于利用教育的有利条件，同时克服不利因素，最大限度地激发和挖掘大学生内在的积极因素，同时要有应对消极因素的策略。综上所述，掌握思想发展趋势、善于抓住教育机会、充分发挥积极因素，是辅导员在工作中进行因势利导的关键方法。

例如，一所大学的新生班级出现了集体凝聚力薄弱的问题，学生间的互动交流不够，导致班级活动参与度低，集体荣誉感缺失。对此，辅导员首先通过调查问卷、小组讨论和个别访谈等方式，全面了解学生的个性差异、兴趣爱好和社交习惯，分析造成班级凝聚力不强的根本原因。在新学期伊始，辅导员抓住学生适应环境、愿意尝试新事物的时机，组织团建活动。如安排户外拓展、班级义工服务或主题文艺晚会等，以促进学生之间的相互了解和信任。通过各类活动，辅导员发现班级中有学生在体育、艺术等方面有特长，便组织这些学生进行专项展示或培训，让他们在班级中担任"小导师"，激发其他学生的参与热情，增强班级的集体荣誉感。对于那些内向或不愿参与集体活动的学生，辅导员采取个别辅导的方式，鼓励他们设立小目标，逐步参与班级事务，同时安排一些能够展示个人特长的活动，使他们能在舒适区域内逐步融入集体。通过这样的工作方法，辅导员不仅促进了学生之间的交流合作，也培养了学生的集体主义精神，增强了班级的凝聚力，有效地引导了学生在集体中发展，体现了因势利导的原则。

（三）引导

引导，又被称作启发诱导，是指辅导员采用方法来引导大学生主动、积极、自觉地提高其思想行为认识，激发大学生的主动性，唤起其思考的积极性，以及增强他们接受教育的自觉性。

辅导员在工作中运用启发诱导方式有多种方式。首先，辅导员可以通过提出问题的方式来启发大学生独立思考，运用正确理论，学会分析和解决问题。其次，开展讨论是另一种重要的启发诱导方式。在开展讨论时，辅导员应鼓励受教育者发表各自的观点，互相启迪，交流思想，达成共识，最终共同得出正确的结论。再次，正面说服也是一种有效的启发诱导方法。辅导员可以运用摆事实讲道理的方式，帮助大学生明辨是非，坚信真理，抵制错误观念。通过提供实际案例和有力的论据，辅导员可以引导大学生深入地理解问题，进而改变他们的观点和态度。最后，辅导员可以运用典型案例来激励大学生，通过将大学生与成功的典型进行比较和对照，鼓励学生仿效成功的模式，可以激发学生的学习动力。

例如，某大学的辅导员发现一位名叫小明的大一新生面临学术挑战和困惑。小明曾在高中表现出色，但在大学，他感到无法适应复杂的课程和挑战性的学术环境。辅导员采取行动，首先与小明单独交谈，倾听了他的感受和问题。小明表达了自己的焦虑和学业不安。辅导员理解了他的处境，并与他一起讨论了学习目标和期望。接下来，辅导员与小明进行了学习风格和学习方式的评估，帮助他了解自己的学习偏好和弱点。辅导员介绍了学习策略，如时间管理、笔记方法和阅读技巧，以帮助他提高学习效果。在了解了小明的兴趣和职业目标后，辅导员帮助他制定了长期的学术和职业计划，包括每学期的课程选择、学习目标和校内活动。辅导员还向小明介绍了学术支持和资源，如图书馆、写作中心和学术辅导中心，并鼓励他主动寻求帮助，与教授讨论问题，参加学习小组等。小明采纳了辅导员的建议和策略，随着时间的推移，他逐渐适应了大学的学术挑战，提高了学术成绩，恢复了信心，并积极参与了校内活动。这个案例展示了辅导员在指导和支持学生学术成长方面的关键作用。

二、对比教育法

对比教育法是通过比较和鉴别两种不同现象或事物的属性和特点，从而引导出正确的结论，这是辅导员工作中经常采用的一种方法。"马克思主义必须在斗争中才能发展，不但过去是这样，现在是这样，将来也必然还是这样。正确的东西总是在同错误的东西作斗争的过程中发展起来的。真的、善的、美的东西总是在同假的、恶的、丑的东西相比较而存在，相斗争而发展的。"当将两个事物或不同思想之间的差异进行深入剖析时，矛盾的本质就会更加清晰地显现出来，这有助于大学生更好地理解事物或思想的实质，并采用更为实际的方式解决矛盾，可以帮助大学生鉴别是非，区分优劣，审视认知的准确性。这使得比较教育方法胜出于其他教育方法。

在辅导员工作中，常用的对比教育方式主要有以下几种。

（一）比较鉴别法

比较鉴别法是一种用于提高大学生思想认识的方法，通过比较对照来辨别真伪、是非以及正确与错误，该方法被广泛应用于整理和分类思想信息，分析和判断不同性质的思想、思潮之间的异同点，还用于考察各种政治理论和思想观念的变化趋势，以及比较各种教育方法的利弊、效果和条件。比较鉴别法有助于辅导员从不同角度全面、准确、深刻地分析思想信息，包括正面和反面、相异和相同、对立和统一等方面。通过使用这种方法，辅导员能够更好地掌握学生思想发展变化的特点和思想教育的规律。同时，也有助于被教育者在明显而强烈的比较中辨别是非，辨别真伪，判断正确与错误，从而能够更自觉、更坚定地接受正确的思想观念，并对错误的思想持批判态度。某大学的一位辅导员在工作中遇到了一个学生小李，小李在一个社会学课程中陷入了困境，他在学习社会学时，对不同社会理论的理解感到困惑，无法有效比较和区分它们之间的不同之处。辅导员决定运用比较鉴别法来帮助小李。首先，辅导员为小李提供了一系列不同的社会理论文献和材料，包括马克思主义、功能主义、符号互动主义等。然后，与小李一起讨论这些理论的核心概念，强调它们各自的独特性质以及在社会学领域的应用。接下来，辅导员要求小李选择两种社会理论，并详细比较它们的观点、方法和理论假设，通过比较，小李逐渐开始理解这些理论的异同点，并能够准确地分辨它们。经过辅导员的教导，在课堂上，小李开始积极参与讨论，并能够就不同的社会理论提出深入见解。他的学术表现逐渐改善，成绩有所提高，最重要的是小李对社会学的兴趣明显增加，他开始积极参与研究项目和社会学社团，表现出更强的学术自信和批判性思维能力。这个案例展示了辅导员是如何有效地应用比较鉴别法来帮助学生提高思想认识的。

（二）回忆对比法

回忆对比法涉及回顾过去、对比现在，以便从中汲取有益的教训，以提高大学生的政治觉悟和思想认识水平，这一方法也一直是辅导员开展工作的传统手段之一。在当前新的历史背景下，回忆对比法仍然在辅导员的工作中被广泛应用。比如，一个大学生在入学初期，可能在学习方面遇到困难，学习成绩不佳，社交能力不强，自我认知有限。然而，经过四年的大学生活，他通过坚持不懈的努力，克服了学术难题，逐渐提高了学习成绩。同时，他积极参与社团活动，主动与同学交流，提升了社交能力。通过反思自己的过去和现在，他认识到自己的成长和进步，变得自信和自律。这个案例可以用来说明回忆对比法是如何帮助大学生认识到自己的变化，激励他们继续努力成长的。

（三）类比法

类比法是一种推理方法，通过比较具有相似属性的两类教育对象或两类现象，以推断它们在其他属性上是否相似。该方法在辅导员的工作中具有广泛的应用，可以用于同类集体或学生之间的相互比较、竞争和激励。以大学生招生为例，每一届学生的经历、年龄、文化水平等通常具有基本相似性，他们在大学学习和生活经历方面也存在相似之处。因此，不同届次的学生常常具有许多相似的特点。通过以高年级或已毕业学生作为参照，与低年级学生进行比较，辅导员可以预测或推断低年级学生的思想和行为发展趋势，从而采取有针对性的教育措施。

三、个别教育法

个别教育法是根据不同大学生的思想认知差异和心理特质，采用差异化的教育策略来进行个性化教学的方法，现已成为辅导员工作中的常用方法，被广泛认可为一种高效的教育手段。对于每一位辅导员而言，善于开展个别教育工作已经成为一项必备的基本素质。在辅导员的工作中，个别教育与普遍教育形成了对比。在特定时间段内，如某一学校或某一部门，根据国内外形势的演变以及国家中心任务的需求，辅导员需要有针对性地处理大学生普遍面临的共性思想认知问题，从而进行全面的教育工作。与此同时，辅导员需针对大学生所面临的特定认知问题，依据学生独特的心理特质和个性特点，进行个别教育干预，以确保问题得到有效解决。普遍教育与个别教育相辅相成，相互关联，前者对后者产生影响并推动其发展，后者则为前者提供丰富和深化的内容。因此，辅导员需要巧妙地将普遍教育与个别教育有机结合，以实现它们之间的相互促进。

个别教育的具体方法很多，通常辅导员可采用谈话法和家庭访问法。

（一）谈话法

谈话法，又称为谈心法或问答法，是一种辅导员采用交谈方式引导大学生分析和解决思想问题以及实际问题的方法。通过这种个别交谈的方式，辅导员能够与学生建立沟通和信任，从而消除他们的思想顾虑，这有助于辅导员深入了解大学生的思想状况，有利于集中学生的注意力，鼓励学生积极思考和进行思想斗争，同时有助于聚焦问题，提高教育的针对性，从而提高教育效果。

谈话法分为讲解式谈话、问答式谈话和启发式谈话。

1. 讲解式谈话

讲解式谈话是一种以辅导员为主导讲述，围绕特定思想问题展开的对话方式。在讲解式谈话中，辅导员扮演了知识传授者的角色，其通过专业知识和经验来详细解释和阐述特定思想问题，使学生清晰地理解问题的本质和相关概念，使谈话深入、有针对性，从而提高学生对问题的认识水平。此外，辅导员可以通过讲解式谈话强调重点，确保关键信息得到充分传达，以提高谈话的质量。值得一提的是，辅导员需要注意在谈话中保持互动，鼓励学生提出问题和观点，以确保谈话不会过于单向和单调。

以下是一个高校辅导员讲解式谈话的案例，该案例可以清晰地展示这种对话方式的应用。

学生：辅导员，我在我的研究课题中遇到了一些困难，不太明白如何深入探讨问题。能否给我一些建议？

辅导员：当然，我很乐意帮助你。首先，让我们聚焦在你的研究课题上。你能告诉我你的课题是什么吗？

学生：我的课题是关于可持续城市发展的，特别是在环境可持续性方面有一些挑战。我不确定如何深入分析这个问题。

辅导员：这是一个重要的课题。首先，你需要明确你的研究目标是什么，你希望从研究中获得什么样的见解。这有助于定义你的研究问题。其次，了解相关文献是重要的，这将帮助你了解已有的研究和观点，以及你的研究如何填补现有知识的空白。

学生：我确实已经查阅了一些文献，但仍然感到有些迷茫。

辅导员：没问题，这是正常的。接下来，你可以尝试构建一个框架，将你的课题分解成具体的研究问题或假设。这有助于你在研究过程中有条理地进行工作。同时，考虑采用哪些研究方法和数据收集方式，以支持你的研究。

学生：我明白了，我可以开始制订一个具体的计划。

辅导员：很好，制定计划是迈向成功的第一步。记住，在研究过程中不断反思和修正你的方法，根据新的发现和结果进行调整。同时，随时来找我，如果你有更多的问题或需要进一步的指导。我们可以继续讲解式谈话，深入讨论你的研究进展。

通过这个案例，可以看到辅导员在讲解式谈话中充当了知识传授者的角色，帮助学生清晰地理解问题，并提供了指导和建议。与此同时，强调了互动和学生的主动参与，以确保谈话不变得单向和单调。

2. 问答式谈话

问答式谈话是一种辅导员根据大学生提出的问题或存在的问题，以回答问题的方式展开的对话形式。在问答式谈话中，大学生可以主动提出问题或表达疑虑，而辅导员负责给予详细的回答和解释，这种双向的沟通有助于满足学生的特定需求，确保问题得到及时解决，激发学生思考，引导他们自行提出问题，促进批判性思维和自主学习。

下面是一个高校辅导员和一位大学生之间的问答式谈话案例。

学生（S）：老师，我在学习上遇到了一些问题，不知道如何提高我的学术表现。

辅导员（C）：好的，我很高兴你愿意分享这个问题。首先，你可以告诉我你目前面临的具体困难是什么吗？

S：我感到时间管理困难，总是拖延，然后在考试前夕才匆忙复习，导致成绩不佳。

C：明白了，时间管理确实是一个常见的问题。有没有尝试过制定学习计划或使用时间管理工具来帮助你更好地组织学习时间？

S：我试过，但总是无法坚持下来。

C：那么，你对自己的学习习惯有了清晰认识，这是一步向前的重要进展。我们可以一起探讨一些方法，帮助你建立更好的时间管理技巧。你是否考虑过每天制定一个详细的学习计划，将学习任务分解成小步骤，以便更容易管理？

S：这听起来像是一个好主意，我可以尝试一下。

C：另外，你还可以考虑建立学习伙伴关系，与同学一起学习，相互监督和激励。这有助于保持学习的动力和纪律。

S：谢谢，老师，我会试着改进我的学习方法。

C：不客气，随时向我提问，如果你需要更多的建议或支持。记住，问答式谈话是一个很好的方式，通过交流解决问题，促进学术和个人发展。希望你能在学习上取得更好的成绩！

3. 启发性谈话

启发性谈话是辅导员根据教育目标和学生的实际思想状态，提出一系列逻辑严密而具有启发性的问题，以引导学生沿着正确的思维路径积极思考，得出正确结论，纠正错误观念。这种谈话方式具有潜移默化的作用，能够在不引人注目的情况下引导学生进行自我教育。

当辅导员需要与一名大学生进行启发性谈话时，可以参考以下案例。

辅导员：你好，我注意到你最近在课堂上的表现有些不太正常，你是否愿意和我分享一下你的想法和困惑？

学生：嗯，是的，我觉得最近有点困惑。我感到有些课程很难，有时候觉得很无助。

辅导员：谢谢你分享这些感受。首先，我想问一下，你对这门课程的学习目标和重要性有清晰的认识吗？

学生：我知道这门课对我的专业很重要，但有时候内容太难了，我觉得自己跟不上。

辅导员：我理解你的担忧。但我想提醒你，学习困难是正常的，它们是成长的机会。你是否尝试过寻求额外的帮助，比如与教授或同学讨论课程内容？

学生：嗯，有时候我和同学讨论，但仍然感到困惑。

辅导员：那么，你是否考虑过参加课程辅导或学术支持服务，他们可以提供额外的学习资源和指导？

学生：没有，我没有考虑过。

辅导员：我建议你尝试一下，这可能会有助于你更好地理解课程内容。另外，也许你可以制定一个学习计划，将学习任务分解成小块，每天逐步完成，这样可以更有条理地学习。

学生：这听起来不错，我会试试的。

辅导员：最重要的是，不要害怕提出问题或请求帮助，学习是一个持续成长的过程，你有权利获取支持。我们的谈话是为了帮助你更好地应对学术挑战，希望你能积极思考并采取行动，纠正错误观念，实现自我教育。

这个案例中，辅导员使用了启发性问题和建议，引导学生思考解决问题的方式，并鼓励学生主动寻求帮助和制订学习计划，以提高学术成就和自我教育能力。

（二）家庭访问法

家庭，作为大学生情感联系的纽带，扮演着重要的角色。大学生常常发现他们的思想情感以及实际问题与家庭密切相关。大学生家庭中发生的事情反应常常在学习和生活中显现出来，而大学生在学习和生活方面的问题也会在家庭中得到回响。在大学生完全独立之前，家庭对他们的影响是显而易见的。因此，在适当的情况下，采用家庭访问作为辅导员工作的重要方式，对于满足个别教育需求至关重要。家庭访问的核心特点在于通过情感联络，以亲密的家庭氛围交流意见，加强友情。家庭访问法旨在尊重、了解和关心学生，是解开思想疙瘩、消除思想疑虑，促进人际关系协调，化解矛盾冲突的有效途径。家庭访问的形式通常有两种：定期和不定期，在实际应用中，辅导员较多采用后者。在某大学的心理辅导部门中，一位辅导员负责着一名名叫小李的大一新生的情感辅导。小李一开始表现出明显的适应困难，她在学校生活中感到孤独和压力，成绩也有所下滑。辅导员意识到家庭可能在小李的情感和学业问题中扮演了关键角色，于是决定进行不定期的家庭访问。辅导员首先与小李建立了亲近的关系，通过定期的个别心理咨询会话来了解她的情感状况和学业进展。在与小李的深入交流中，辅导员得知她与家人之间的沟通存在问题，她很少与家人分享自己在学校的经历和感受。为了帮助小李解决这一问题，辅导员决定进行家庭访问。在不定期的某一周末，辅导员与小李一同前往她的家乡，并与小李的父母进行面对面的交流。辅导员通过这次访问，向小李的家人介绍了她在学校的情况，以及她所面临的挑战。同时，辅导员鼓励家人提供更多的支持和理解，以帮助小李更好地适应大学生活。这个案例表明，不定期的家庭访问可以在帮助大学生解决情感和学业问题方面发挥关键作用，促进家庭和学校之间的协作与理解。

四、典型教育法

典型教育法又称"示范教育"，是一种用以提高大学生思想认识的教育方法，其核心在于通过展示典型的人物或事件来示范所要传达的思想。典型教育方法的关键在于将抽象的理念转化为具体而生动的案例，以激发大学生的思想共鸣，引导他们学习、对照和仿效。典型教育法的独特之处在于它呈现出形象、具体和生动的特点，相较于纯粹的理论教育，更具感染力和可接受性。因此，典型教育法一直被视为辅导员工作的传统方法之一。

唯物辩证法强调客观事物存在着内在的矛盾，其发展过程常伴随着不均衡和差异。大学生在思想政治觉悟方面高低不一，实际表现各异，才能水平参差不齐，难以完全一致。因此，在大学中，辅导员会见到多种多样的代表性个体，而这些个体既具有独特性，又存在共性特征，尤其是先进代表性个体，其内含普遍共性，代表着事物发展的正确方向和普适规律。因此，辅导员的职责之一是善于发现、确立、宣传和推广那些先进代表性个体，帮助那些相对落后的个体迈向先进的阵营，使大学生可以在学习和成长过程中有榜样可循，有对照参考，有明确的目标指引，只有这样才能促使落后者与先进者共同前进。

典型教育的具体形式呈现多样性。从性质角度划分，可以分为正面典型和反面典型；从类型角度看，有单项典型、综合典型和全面典型；而就构成而言，可区分为集体典型和个人典型。接下来，本研究将着重探讨正面典型和反面典型。

（一）正面典型

"正面典型"，或称为"先进典型"，代表着具备先进且正确思想的典型示范，具有在各领域起到榜样作用的特质，与"反面典型"相对应，为大学生提供了积极的学习参考。正面典型的价值在于其能够充当榜样，具有一种极具启发性的功能。榜样的力量不容小觑，因为榜样所展示的先进事迹和英勇行为以具体的形象呈现，容易为人所接受和效仿，能引起强烈的情感共鸣，能够积极鼓舞他人。同时，榜样所代表的先进思想融入了具体案例，易于被学习和理解，具有强大的说服力，可以引导人们迈向积极的方向。因此，树立正面典型已经成为辅导员在工作中频繁采用的方法之一。正面典型教育方法不仅与我国社会生活的实际相契合，而且有助于倡导和贯彻正面教育的核心理念。正面教育的核心理念包括对受教育者的尊重、信任和理解，以及建立教育者与受教育者之间的平等和民主关系，也反映了马克思主义理论和先进思想的力量所在。在这一背景下，表扬先进、树立榜样，已经成为贯彻正面教育原则的一种重要方式。辅导员通过采用具体而实际的手段，如宣传先进事迹和先进思想，能够有效地传达正面教育的原则，进而在教育实践中更好地发挥先进事迹和先进思想的作用。

（二）反面典型

"反面典型"可被理解为那些反应滞后和错误思维和行为，其是对社会产生了负面和破坏性影响的典型案例，是相对于"正面典型"而言的，当辅导员在教育环境中遇到反面典型的人或事物时，如果不采取干预措施，可能会使那些思维基础薄弱、判断能力不足的学生受到不良影响，同时可能导致班级内部的分裂和破坏。需要注意的是，反面典型不仅有可能逐渐扩大影响，还有可能直接削弱正面教育和正面典型所带来的积极效果。因此，在教育工作中，辅导员要有意识地运用"反面典型"作为教育工具，以防止其不受控制地蔓延。

辅导员在教育实践中运用反面典型时，需遵循一系列关键步骤，以确保大学生能够深刻理解、正确评估并有力抵制这些反面典型。首先，使学生能够辨认出反面典型，并对其进行准确的判断，明确其存在的错误，理解导致错误出现的根本原因。其次，引导学生深入分析反面典型，揭示其中所反映的社会、文化或思想上的滞后和错误之处，包括对反面典型产生的根本原因以及潜在危害的综合考察。通过这一步骤，能够帮助学生更好地理解和评估负面典型，从而增强学生接受正面教育的积极性和主动性，使他们更具抵制力。应用反面典型进行教育可以为大学生提供一个有利的比较基础。通过与正面典型的对比，学生们能够明确倡导的思想和行为的正确性，同时对反对的错误思想和行为保持警惕，并采取积极防范和抵制措施。因此，运用反面典型进行教育不仅能够有效消除这些负面典型的不良影响，还能够强化正面教育的力量和深度。

第三节　高校辅导员的其他工作方法

一、感染教育法

（一）概念

所谓感染式教育，指的是受教育者在毫无察觉或自觉的情况下，被特定的感染体（即具象、生动的情境、事例、现象等）所渗透、塑造、启发而接受教育的方法。与理性说理教育相对而言，感染式教育具备鲜明的特质。说理教育是基于主体的有意识和自觉状态进行的，主要透过理性手段来影响受教者。然而，感染式教育通常在受教者非自觉或不经意的状态下展开，其主要手段是通过情感来影响受教育者。

因此，相较于说理教育法，感染教育法具有形象、生动、具体、自然的特点，同时富含浓烈的情感成分。在感染教育中，受教育者可以受到两种不同性质的感染，即正向感染和负向感染。正向感染指的是当受教育者与感染源建立情感共鸣，愿意接受感染源的内容；负向感染则表示受教育者与感染源的情感产生冲突，拒绝接受感染源的观点，甚至对感染源持鄙视和排斥的态度。辅导员的工作任务在于促使受教育者与教育者所提供的感染教育产生情感上的共鸣，努力促使正向感染的发生，同时防止负向感染的出现。

（二）种类

感染教育按不同的活动方式和感染内容划分，主要有以下几种。

1. 形象感染

形象感染，又称为"形象教育"，其通过生动、直观的艺术作品或深刻反映社会现实的文学作品来影响大学生的情感，启发学生理解和接受抽象概念，这种教育活动包括多种形式，例如身临其境的体验、参观访问、实地考察等。在这些生动的情境中，学生可以感受到形象感染的力量，所以形象感染也可以被称为情境感染。此外，观察现象、接触实物、浏览图片等方式也可以引发直观感染，让学生通过具体形象的呈现而受到启发。需要强调的是，形象感染并不依赖于传统的讲授方式，而是依赖于形象的内在感染力，这种教育方法具有直观和具体的特点，可以使辅导员的工作变得生动活泼，并可以取得良好的教育效果。

2. 艺术感染

艺术感染，也被称为艺术教育，指的是一种通过文学、美术、音乐、舞蹈、戏剧、电影、电视等文艺作品的欣赏、评论和创作活动来影响和启发个体的过程。实际上，它是美育的一种重要组成部分，以愉悦的方式传递知识。艺术感染有助于培养个体的想象力和创造性思维，通过让大学生欣赏艺术之美，可以提升他们的鉴赏能力和审美能力，陶冶他们的道德情操，丰富他们的精神生活，帮助他们建立正确的世界观和人生观。

3. 群体感染

群体感染，又称为交互感染，是指在一个群体内，感染体相互作用并相互影响的现象。在群体中，个体感染程度的强弱取决于个体与群体的感染方向是否一致。若群体感染与个体感染具有相同性质和方向，那么群体将增强个体的感染程度；相反，若不一致，则会减弱个体的感染程度，甚至可能导致个体感染程度朝相反方向发展。

在现实生活中，个体并非处于孤立状态，而是必然融入各式群体。鉴于此，个人对某种感染体的感染强度，无疑会受到所在群体对该感染体感染强度的共同影响。于是，辅导员在施行感染方法时，需巧妙地培育学生群体中的共同情感倾向，进而影响大学生，既增进其积极情绪，又抑制消极情感。辅导员的目标是帮助学生尽量将消极情绪转变为积极态度辅导员通过这一机制，能够在积极与健康的群体氛围中，无形中引导学生内化的价值观和行为准则，以实现既定的教育与管理目标。

二、管理教育法

（一）概念

管理教育法是一种将教育与管理活动相互融合的策略，指的是辅导员利用既定的组织纪律和行政措施，以规范、引导以及协调大学生的行为，以培养他们良好的思想习惯和道德品质。实施管理教育的关键在于建立、完善、执行各项规章制度。为了确保管理教育的有效性，辅导员必须紧密融合管理与教育。大学生正确的世界观和人生观的树立，以及良好的思想品质和行为习惯的培养，不仅需要辅导员的长期辛勤工作，还需要必要的管理手段的支持。在建立和完善必要的规章制度、进行必要的管理过程中，深入而细致的辅导员工作是不可或缺的。只有将教育与管理有机地融合在一起，将辅导员工作贯穿于管理的整个过程，才能够使各项规章制度的贯彻执行成为大学生的自觉行为。同时，管理也可用来巩固辅导员工作的成果，逐步培养大学生良好的思想品德和行为习惯。

（二）种类

管理教育的具体方法很多，这里介绍几种。

1. 养成教育法

辅导员在养成教育中承担着两方面的主要任务。一方面，是政治行为的养成，包括帮助学生自觉遵守政治规范，确保他们在政治活动中严格遵守法律法规和道德准则；通过提供政治教育、组织政治讨论和激发政治参与等方式，激发学生对政治事务的兴趣，使他们积极参与选举、政策制定和社会事务，从而培养出具有良好政治素养的学生。另一方面，是文明行为习惯的培养，涵盖礼貌、守纪、卫生、尊老爱幼等各方面的习惯养成。具体而言，辅导员应鼓励学生养成礼貌习惯，包括尊重他人的言辞和行为、遵守社交礼仪、采用文明的沟通方式等；遵守学校和社会的规章制度、维护秩序、不作弊和不违法等；教导学生养成卫生习惯，如个人卫生、公共场所的卫生维护、环保意识等；鼓励尊重老年人和关心年幼者，促进家庭和社会的和谐。辅导员应通过教育和社会参与项目，激发学生对社会公益和志愿服务的兴趣，从而培养他们的社会责任感。

2. 管理育人法

所谓管理育人法，即辅导员在履行规章制度并进行管理活动时，采用一套工作方法对大学生进行教育，以培养学生良好的思想品德和道德行为。管理育人的核心理念在于将管理与教育有机融合，实现管理与教育的双向互动，而非单一偏重，是在教育过程中嵌入管理要素，在管理实践中融入教育元素，以实现综合而有力的引导。管理育人的本质在于强调管理与教育的协同发展。单纯的管理不足以培养大学生对规章制度的理解和自觉遵守，甚至可能导致机械执行，而不是深刻领悟。反之，纯粹的教育忽视了规范约束，容易导致大学生自由放任，缺乏应有的纪律。因此，只有将管理与教育相结合，方能达到理想的效果，特别是在高校，辅导员更需要紧密契合学校教育的需求，将教育贯穿于管理活动之中。

3.奖惩教育法

奖惩教育法是通过奖励和惩罚的方式对待学生，以达到教育目标。奖励着重于肯定和表彰班级或个别学生的卓越思想和行为，惩罚则是对于集体或个别学生的错误行为给予适当的处罚，奖惩教育法在辅导员工作中发挥着重要作用，其效果体现在多个方面。

首先，奖励和惩罚可以激发大学生的荣誉感或羞耻心。学生被奖励时，会感受到认可和鼓励，从而增强积极性和自信心。相反，学生受到惩罚时，可能会感到羞耻和自责，从而促使自己反思和改进。

其次，奖励和惩罚有助于大学生明确是非、好坏和优劣。通过奖励，学生可以明白什么样的行为是值得提倡的，从而形成积极的行为模式。而通过惩罚，学生可以认识到错误的后果，从而避免重复犯错，培养出良好的道德观念。

奖励和惩罚有助于巩固成绩，改正错误，明确努力方向。学生在获得奖励后会更有动力继续努力，提高自己的学术成绩。而在经历惩罚后，学生可以通过反思和改进来避免再次犯错。

三、预防教育法

（一）概念

预防教育法是一种面向大学生思想问题和行为方向的预测性和防范性方法，旨在尽力减少潜在风险，积极主动地引导其发展。预防教育的核心在于在思想问题尚未显现或者仅在初期阶段时，有针对性地进行教育，具备一定的前瞻性。辅导员努力在思想问题尚未显现或者在初期阶段时，有针对性地进行教育，不仅能防止问题恶化，而且能够在一定程度上提高自身的主动性。

（二）种类

在辅导员工作中，预防教育的形式多样，方法很多，在实际工作中常用而行之有效的主要有明示法、启示法和暗示法。

1. 明示法

明示法是辅导员向大学生明确阐述道理和提出要求的教育方法，通常在事态明朗或情况紧急时采用。

明示法包括两个主要形式。

一是书面明示法，即辅导员通过文件、条例、规章、通知等书面形式来确立大学生的教育要求和行为规范，通过重申校纪校规、道德规范、规章制度、奖惩措施等方式，以明确要求和限制大学生的思想和行为，这种书面明示法的目的在于明确传达教育意图，确保大学生了解应遵守的规则和准则。

另一种形式是口头明示法，即辅导员通过召开会议、进行谈心等口头方式提前向大学生阐明道理和提出要求，俗称为"打招呼"，用来明确传达大学生的思想要求，并引导他们调整行为。通过召开会议、分析形势、通报情况等方式，辅导员可以提前警示大学生可能出现的思想偏向和行为偏差，表明态度，以确保大学生明白应遵循的教育要求。此外，通过谈心、交流思想、解决矛盾等方式，辅导员可以明确提醒大学生可能出现的思想问题，深入剖析利害关系，有针对性地预防问题的发生，使大学生的言行与教育意图符合，从而防止出现不应发生的错误，造成不必要的损失。

2. 启迪法

启迪法是辅导员采用间接、侧面的方式，以引导大学生思考和觉悟，以及提示学生避免错误的方法。通常，启迪法被应用于情境相对明晰或学生的思维和觉悟状态较为健康的情况下。鉴于教育的时机、内容和对象的多样性，启迪法主要采取以下几种形式。

第一，提问设悬式。通过提出发人深思的问题，激发学生的好奇心和求知欲，引导他们积极参与课堂讨论，从而更好地吸收知识和培养批判性思维能力。

第二，旁敲侧引式。正面教育策略的有效性不佳，因此需要采用侧面引导方法。有时，问题可能无法立即解决，辅导员需要采取耐心等待的策略。这样做的好处在于：可以避免辅导员与大学生之间发生直接冲突，减少思想矛盾的升级和激化。

第三，投石问路式。在大学生的潜在问题尚未明确表现出来之前，辅导员可以采用一种谈话和引导的方式，以抛砖引玉的方法与学生交流。通过与学生进行轻松的对话和探讨，辅导员可以试探了解学生的状况，并逐渐摸清他们的心理状态。这种方法可以创造出启发和引导的条件，帮助学生自发地提出问题和需求，从而为辅导员提供有针对性的支持和建议打下基础。

3. 暗示法

暗示法指的是辅导员以委婉、含蓄的方式对大学生进行影响，以促使他们的思想和行为与教育目标相一致的方法。在大学生群体中，辅导员通常采用暗示方法，基于大学生的自我意识，以及问题可能在早期阶段就开始显现并可能蔓延的认识，避免直接批评，鼓励自觉行为。在辅导员的工作中，常见的暗示方法包括以下几种。

首先是目标暗示，通过设立明确的目标来引导大学生规范自己的思想和行为，纠正可能偏离目标的行为。

其次是舆论暗示，辅导员可以通过组织会议、讨论、宣传等方式，创造正面的舆论环境，抑制负面因素，使大学生在不知不觉中受到舆论的影响，从而塑造积极的思想和行为。

最后是典型暗示，也称为典型引路。具体指发现、培养和树立先进的典型人物，并通过生动的实例展示他们的先进思想、高尚品质和感人行为，引起大学生思想上的共鸣，并鼓励他们模仿典型人物的行动，以抵消与这些典型人物的先进思想不一致的错误观念和消极情绪。

四、冲突缓解法

（一）概念

在探究大学生思维范畴中所呈现的思想矛盾及其激化所引致的紧张局面时，冲突缓解法应运而生，其核心在于构建一个完备的约束体系与发泄路径，旨在减轻因矛盾累积而形成的紧张气氛，从而降低冲突可能引发的动荡及其所可能造成的破坏。此应对策略被视为一项紧急措施。涉及大学生的日常与学术追求各个层面的冲突，可以从多维度进行划分和解析：根据冲突的表现形式，分为个体内部的冲突、个体与外界环境之间的冲突；根据冲突的激烈程度，分为普遍性和剧烈性的冲突；而从冲突发生的时间跨度来看，又可以将其归类为短暂性、阶段性以及长期性的冲突；根据冲突的根源，可将其细分为源于直接原因的冲突与因情绪或问题转移产生的冲突；根据冲突的具体内容，可分为政治性与非政治性的冲突。

（二）种类

根据冲突的不同性质、不同程度，辅导员工作实际中可采取的方法主要有以下几种。

1."热处理"法

"热处理"指的是辅导员在遭遇纷争时采取的一系列果决措施，这些措施旨在快速应对，以尽可能降低纷争可能引发的不良后果。实施此策略时，辅导员需明确表达其立场，即对所支持与所反对的事项，态度明确且区分清晰。该策略的核心在于其明晰的是非判断与迅捷的决策能力，特别适合处理那些性质严重且有蔓延趋势的纠纷。

2."冷处理"法

"冷处理"指辅导员在情况不明朗、争议复杂、矛盾激化时采取临时干预措施。其主要目的是通过初步的冷静与缓解来避免问题扩大，并在随后的工作中采用精心设计的策略来有效解决冲突。"冷处理"方法通常适用于因感情不和、情绪冲突、相互卷入等而引发的冲突，这类冲突往往受情感因素影响较大，事情的是非曲直不明朗，只有在冲突双方冷静下来后才能进行妥善处理。对于这种冲突，辅导员如果过于急躁或处理不当，可能会导致对立情绪激化，甚至可能会引发意外事件。

"冷处理"的具体实施包括以下几个步骤：第一，采用侧面引导的方式，避免直接正面冲突；第二，引入权威调解人员，以掌控事态的发展方向；第三，考虑妥协与让步，以缓解极端情绪；第四，可以请亲友介入，以增强冲突处理的效果。

3. 隔离法

所谓隔离法，是一种辅导员在处理与冲突有关的人员和信息时采用的策略。特别是当冲突的主体情感激烈，可能导致冲突升级，或者不健康的舆论可能扩散时，隔离法是一种很好地处理方法。这种方法的核心思想是将冲突主体与外部干扰隔离开来，以便辅导员可以有足够的时间和空间来逐步化解矛盾。

具体而言，隔离法的实施包括以下步骤。首先，辅导员需要迅速控制冲突相关的消息传播，以防止情绪升级，同时防止不健康的信息传播。接着，辅导员应迅速介入，与冲突主体建立有效的沟通渠道，并采取适当的方法来平复他们的情绪，以恢复正常沟通和合作。

4. 转移法

所谓"转移法"，是指在冲突解决过程中，辅导员通过采取一系列有效的措施，引导冲突参与者将注意力、情绪以及行为活动有序地转移到其他方面，以达到冲突缓解的目的。该方法的具体实施包括三个重要步骤：首先转移注意力，其次转移情绪，最后转移行为活动。需要指出的是，转移注意力和情绪在很大程度上依赖于辅导员对行为活动的巧妙引导和调控。研究表明，在冲突解决过程中，将大学生的注意力从冲突焦点转移到其他方面，有效地减轻他们对主要矛盾的过度关注，可以实现整体方向的转移。

第三章　高校辅导员的工作技巧

第一节　辅导员语言技巧

一、辅导员语言技巧概述

（一）辅导员语言技巧的作用

语言如同一根魔法指令棒，赋予其使用者特别的势能。在辅导领域，辅导员通过使用各种语言表达方法，能够显著提升工作效率，这无疑是迈向成功的有效捷径。专业的辅导员掌握并运用精湛的语言技巧，具有以下几个作用。

1.沟通信息，增进相互理解

为了确保语言表达能够作为一种有效的工具在辅导过程中传授知识、沟通交流思想及教育启迪学生，辅导员传达的信息需具备准确性、简洁性、生动性以及清晰性。同时，信息的传递还应与学生的认知能力保持一致。基于此，辅导员有责任适时地调整其语言表达的复杂度，确保学生能够充分理解其所教授的内容，并在学习过程中体验到愉悦。

2. 和谐关系，影响学生态度

大学生在认知、情感、意志和性格等各方面的变革与发展，在很大程度上受到师生间互动质量的影响，其中宽松、融洽与和谐的师生关系尤为关键。因此，辅导员需精通语音、语调及面部表情等语言表达技巧，以此提升话语的传染力，进而优化与学生的互动，并积极塑造其态度。此外，辅导员还应运用灵活机智与充满关心关怀的语言策略，以直接的方式促进学生态度的正向转变。

3. 鼓舞人心，激发正确行为

在评估辅导员的语言运用是否精湛时，关键不在其辞藻是否华丽或深奥，而在于辅导员语言能否精准地映照大学生的思想实际、化解他们的心里纠结，并能激励他们采取正面行动。如果达到了预期效果，即在激励和启发学生方面发挥了最佳作用，就可以视为辅导员具备了所需的技巧，不仅表面上解决了问题，更在深层次上促进了学生的自我发展。

4. 沟通心灵，改变学生心理

合理使用语言艺术是一种心灵交流的技巧。当大学生对于辅导员所使用的语言产生误解或感到难以接受时，他们可能会选择封闭内心，不愿表达真实想法，这种防御机制一旦形成，将使师生之间的关系变得紧张，进而增大问题解决的难度。

在教育领域，要想取得成功，辅导员需要运用全部智慧，充分发挥语言的威力，并遵循艺术原则，将理性思考与道德价值相结合，从而使真理变得如春雨一般滋润大学生的心灵。

（二）辅导员语言运用原则

1. 规范性原则

语言规范作为一种语言的标准，涵盖语音、词汇和语法等多个方面。在教育领域，特别是在辅导员的教学工作中，维护语言规范至关重要。首先，辅导员需要在语音方面注重标准普通话的发音。其次，在词汇使用上，辅导员应避免或极少使用方言和古语词汇，不应随意创造新词汇。最后，在语法方面，辅导员的句子和语段应符合普通话的语法结构，包括句子结构和词语搭配。如果辅导员在上述方面存在问题，比如发音不准确、语言存在错误或口头禅较多，不仅会对大学生的语言规范产生负面影响，还会严重减弱信息传递的效果，降低辅导员在学生中的信誉和威信。

2. 针对性原则

辅导员与大学生交流，不仅是为实现心理沟通，更重要的是要启迪大学生思维、传授知识、阐明事理等。辅导员的语言表达作为一种特定用意的信息传递活动，无论是日常对话，还是开会动员讲话，都应该具有针对性。具体应该做到：内容充实新鲜，言之有理、言之有物；语意明确完整，给大学生留有思考余地；要求具体明确、难易适度、针对性强、合乎情理。

3. 灵活性原则

辅导员语言的交际语境是灵活多变的，所以语言表达也不能按固定模式进行。辅导员必须根据特定的教育内容、教育方式、教育场合等语境因素的要求选择词语及表达方式。在遵守语言规范的前提下，灵活变通地运用语言，创造性地适情、适境地使用语言。用词可以灵活，语法结构的安排亦可灵活。

（三）辅导员语言运用的形式

1. 有声语言

有声语言是一种主要以说和听为表达形式的口头语言，包含交谈和独白两种基本形式。交谈是一种社交互动，涉及两人或多人之间的对话、讨论和寒暄等活动。

在大学生辅导员的工作中，交谈具有重要的作用。通过交谈。辅导员可以了解学生的个人情况，促进思想和情感的交流，以实现更深层次的教育目标。交谈作为一种直接而广泛的沟通方式，具有很高的灵活性，是口头表达能力的重要锻炼工具。

独白是一种单向传递语言信息的沟通方式，指的是一个人发言，而众多观众静听。对于大学辅导员而言，独白的方式可以用以公开评价、表扬、发表观点，阐述事实，逻辑分析，并提供建议。在课堂教学环境中，辅导员通过个人言辞表达，能够全面展示其思想和情感，且能在相对有限的时间内传达丰富的信息。独白的信息反馈通常以听众的笑声、掌声、评论或者寂静无声等形式体现。

2. 无声语言

无声语言是一种借助不发声的语言来传递信息的广义角度的特殊语言，它主要依靠知觉的积极参与来传递信息。可以分为书面语言、默语和体态语。

（1）书面语言

书面语言作为一种以文字符号为信息传递媒介的语言形式，具备明确的语言对象、真挚的表达以及言简意赅的特点。在高等教育中，辅导员有效运用书面语言可以促使大学生反复阅读文本，深入理解其内涵，明确相关事理。书面语言的具体形式包括书信、便条、班级日志、赠言等多种形式。

①书信

书信是一种正式的书面交流方式，通常书写或打印在纸张上，并包括寄信人和收信人的地址、日期、称呼、内容主体和签名等要素。书信常用于个人、职业、学术和商务通信。它的特点包括以下几点。

正式性：书信通常采用正式的格式和语言，例如使用尊敬的称呼和礼貌的表达方式。

深入交流：书信可以用于详细、深入地探讨各种主题，包括个人关系、建议、感谢、道歉、邀请等。

文风多样：书信的文风可以根据通信的目的和关系选择，可以是亲切友好、正式礼貌、感情充沛或严肃专业。

②便条

便条是一种简短的书面通信方式，通常用于传递简要信息或留言。便条的特点包括以下几点。

简洁：便条通常只包括必要的信息，以保持简洁和明了。

直接：便条的内容直截了当，不需要正式的称呼和开头，通常以亲切的方式写下。

方便：便条易于传递，可以放在适当的地方，如办公桌、冰箱、门口等。

③班级日志

班级日志是学校教育中的一种记录和交流工具，通常由班主任或老师撰写。它的特点包括以下几点。

记录性：班级日志用于记录学生的学习表现、出勤情况、行为问题和其他相关信息，以供学生和家长查阅。

沟通工具：班级日志可以用于教师和家长之间的沟通，让家长了解孩子在学校的情况。

目标导向：班级日志通常包括学生的目标和改进建议，以帮助学生提高自己的学业表现。

④赠言

赠言是一种特殊的书面表达方式，通常用于礼物或奖品的附言，以表达祝愿或感谢之情。赠言的特点包括以下几点。

祝愿和感激：赠言通常包括对接收者的祝愿、感激或赞美之词，以增加礼物的意义。

个性化：赠言可以根据接收者的个性和关系进行定制，使其特别和有意义。

简短：赠言通常附在礼物上或卡片上，语音简短，但富有情感。

（2）默语

默语是一种通过利用特定时间段内的话语停顿或间隙来传递信息的沟通形式，通常通过言谈中的停顿和沉默来表达，这种交流方式具有几个显著特点，包括信息传达的明确性、对时间的敏感性以及对语境的高度依赖。因此，要有效使用默语，不仅需要注意语音停顿，还需要在特定的语境中运用它，这对于教学和沟通至关重要。

（3）体态语

体态语是一种在有声语言表述中以人的动作、表情和服饰等无声方式辅助有效表达的语言形式。具体而言，包括肢体语言，如点头、摇头、手势等，以及表情语言，如眼神、微笑、服装选择等。在教育领域，体态语是被广泛应用的一种信息传递工具，能够高效地吸引大学生的注意力，并充分利用他们的视觉感知。

辅导员在与大学生互动时，应表现出敏锐、亲切、柔和的目光，不论是站立、行走，还是使用手势，都应展现出举止端庄、大方、自如的特质。这种表现能激发大学生的视觉心理活动，有助于减少因分散注意力而引发的违纪行为。此外，辅导员还可以通过点头、微笑、竖起拇指以及赞许的目光等方式来激励大学生的积极行为，为他们树立榜样；也可以运用目光和动作来进行暗示，以制止和批评大学生的违纪行为，减少他们的违纪行为，从而为教育工作的顺利进行提供有力支持。

3. 类语言

类语言指的是一种具有声音特征但不具备特定语义的语言表达方式，包括语言交流中的语气、语调、语速、重音等声音特征，以及非语言声音表达如哭声、笑声、叹息和掌声等。

（1）语气

语气是通过声音和气息的不同表达方式，传达多样的语义和情感。在教育环境中，辅导员运用多种语气，有助于传递不同层次的思维和情感体验，对大学生的影响显著。

（2）语调

语调即说话的调式，作为言语表达的一种关键要素，包括语音的升降变化、节奏的迅缓交错、语速的停顿与连贯性。辅导员在与大学生的交流中，其语调的多样性直接影响了信息的传递和接受效果。比如，在大学课堂上，一位教授可能以平稳、连贯的语调讲解课程内容，这种语调表现出权威性，有助于学生更好地理解和接受知识。然而，如果同一位教授在交流时语调不稳定，声音高低起伏较大，可能会让学生感到困惑或失去注意力。

（3）重音

重音与音强、音高密切相关。为了帮助大学生更好地理解关键语义，辅导员通常采用增强关键词的音量来引起他们的注意。重音的位置完全由辅导员来掌握，它在表达内容时扮演着重要的角色。不同的重音位置会导致语义上的差异。

在日常工作中，辅导员在许多情况下需要运用重音来强调关键信息。

在指导学生进行学术研究时，辅导员可能会使用重音来强调正确的研究方法或重要的文献资料。例如，辅导员可能会说："你的研究方法必须合理，以确保你的实验结果可靠。"

辅导员还可以在与学生讨论职业规划和求职技巧时使用重音，以强调关键的职业建议。例如，辅导员可能会强调："在面试中，自信是至关重要的，因为它可以影响你的表现。"

在心理辅导会话中，辅导员可能会使用重音来强调情感表达或自我认知方面的问题。例如，可以说："你需要更加关注自己的情感健康，以应对压力。"

（4）掌声

掌声常常具有多重语义，既可以表达支持、鼓励、赞成、欢迎等积极含义，也能传递提醒、引起重视等信息。辅导员在与学生互动时，选择以掌声代替口头语言来表达鼓励和支持，往往能够取得良好的效果。

二、辅导员的具体语言技巧

（一）亲近的语言

辅导员在与大学生交流思想、沟通情感的过程中，首要面临的挑战在于如何以亲切的方式接近大学生，以便让学生在心理上愿意与辅导员建立联系，从而消除学生的潜在心理障碍，建立良好的师生关系。这种亲近关系需要以一种得体而合适的方式来建立，以融合师生双方的情感，为后续深入的信息交流创造有利条件。要掌握建立亲近关系的语言技巧，关键在于迅速实现师生之间的沟通，建立一种密切的情感联系，营造出亲密而舒适的对话氛围，然后巧妙地引导话题进入正式的教育内容。

辅导员可以采用以下方法与大学生主动接近。

1. 寒暄交谈法

寒暄是一种友好交际的方式，在师生之间建立亲近关系中具有重要的地位。寒暄交流可通过多种方式实现，包括问候式、赞美式以及触景式寒暄。

问候式寒暄是一种关心学生实际情况的方式，表现出对学生的关切和关爱。赞美式寒暄着重于赞美大学生的优点和成就，可以给学生以积极的形象。触景式寒暄则通过与学生共同的经历和情感触点，自然而流畅地建立交流的桥梁，增进交谈的亲切感。

2. 关心亲近法

辅导员在开启与大学生的对话时，第一句应当针对大学生感兴趣的议题或以大学生的个人情况作为起始点，以引起他们的兴趣。为了激发大学生的参与积极性，辅导员应该以涉及大学生切身利益的主题作为开端，巧妙选择话题，以确保能有效引导学生开口表达自己的观点和问题。

3. 认弱接近法

大学生常常对辅导员怀有一定的敬畏情感。为了建立与大学生亲近的关系，并消除他们可能存在的心理防线，辅导员需要积极促使大学生树立自信心。在这个过程中，辅导员可以故意示弱，以引发大学生对辅导员的同情和理解。

4. 短谈频见法

为了赢得大学生的喜爱和引起他们的关注，辅导员通常需要积极参与教育过程，定期亲自走进教室或宿舍，与学生建立个人联系，或者进行短暂但有意义的交流。这不仅仅是一种社交举措，更是在塑造学生的心理和情感上具有深远影响的教育策略。通过与学生亲密互动，辅导员有机会逐渐改变学生的态度和情感，使学生对辅导员产生积极印象，并建立亲近感。

5. 抚慰情绪法

委屈、愤怒的大学生常常以发泄不满情绪的方式来表达自己的情感，可能会倾向于抱怨、哭泣或选择保持沉默。针对这种情况辅导员不必深究问题的来龙去脉，而是应该表现出同情，并进行适当的安抚。这种关怀和理解的态度有助于逐渐平息大学生的情绪，同时也能够赢得他们的尊敬。

（二）说服的语言

辅导员的日常任务之一是劝导大学生，激发他们积极的心理行为。辅导员需要以巧妙的方式与大学生进行交流，创建一个和谐的对话环境，然后通过有序和耐心的引导、启发，使大学生心甘情愿地接受建议，并做出积极反应。为实现这一目标，辅导员可以采用多种方法。

1. 先疏后劝法

在与大学生进行沟通时，如果学生表现出坚定且强硬的态度，以及对自己的观点固执己见，那么辅导员应采用心理疏导的方法，而不应急于强迫他们改变立场。相反，可以先退一步，表达对大学生某一观点的认同，建立积极良好的师生关系。在这个基础上，辅导员可以逐渐引导学生接受自己的观点。运用这种方法时，辅导员需要具备宽容和忍耐的品质，同时表现出对大学生的关怀和爱护，而不是急于求成或者有意为难学生，更不要采取驳斥学生的态度。

2. 替换角色法

辅导员应通过一系列策略来引导大学生，促使学生站在辅导员的视角来审视问题并表达见解，这样不仅有助于激发大学生自我说服的能力，同时可以为辅导员提供有力的说服依据，加强沟通的效果。

3. 设身处地法

在大学生拒绝辅导员的要求时，通常不会坦率地表明其真正的拒绝理由。此时，如果辅导员采用强硬的语言，很容易引发大学生的心理抵触情绪。在这种情况下，要成功地说服大学生，辅导员需要采取一种截然不同的策略。即当大学生拒绝后，辅导员不应坚持强硬的要求，而是应该尝试理解大学生的真实意图，寻找拒绝的真正原因。辅导员可以设身处地地站在大学生的立场上，思考如果自己面临同样的请求会有何感受，以此来推断大学生的拒绝动机和原因。一旦了解了大学生的拒绝动机，辅导员可以重新提出合理的要求，以获得大学生的合作承诺。

4. 圈内暗示法

对于大学生的要求，根据内外不同立场观点，可呈现出不同态度。内部人士普遍认为大学生更易于接受这些要求，而外部人士倾向于看到大学生可能会拒绝。所以辅导员在与大学生交流时，可以采用一种内部人士的口吻来提出要求，能够传达一种潜在的信息：辅导员与大学生是一体的，而不是彼此对立的，这种沟通方式赋予了大学生一种安全感，让他们更愿意积极响应这些要求。

5. 言辞激将法

辅导员的角色在大学教育中具有重要地位，其任务不仅是传授知识，而且也包括引导学生的成长。在这一过程中，辅导员有时候可能会采用引导性的对话方法，以激发大学生表达自己的想法和感受。然而，辅导员在运用这种方法时，必须慎重考虑，避免言辞上的刺激过分或伤害到学生的自尊心和人格。

6. 利益对比法

为了促使大学生接受某一特定事实，教育者有时采用反衬的策略，将其与更不利或更令人为难的情境进行对比，以使所要求的接受变得更加有力，从而激发接受者的兴趣和动力。举例来说，如果想要一位家住昆明的大学生前往大理参加假期社会调查活动，可以采用如下表述："原本打算安排你前往滇东北，但考虑到你的实际情况以及你一直以来的出色表现，我们决定让你前往大理。"在这种情况下，由于只有两种选择，大学生会更愿意选择前往大理。

（三）推拒的语言

在大学环境中，辅导员经常面对学生的各种请求，即便某些要求似乎超出了合理范畴，但也必须考虑维护学生的感情。在这种情况下，辅导员必须精通一些策略，以婉转地拒绝这些请求，同时让学生满意地接受自己的建议。

1. 托词推延法

托词拖延式法主要采用策略性拖延，寻找适当的理由，以争取更多的时间，不仅不容易激怒对方，而且有助于维护对方的面子，同时能有效地促使对方理解拒绝的理由。

2. 诱导否定法

当大学生提出棘手的请求时，辅导员并不立即给予明确回应，而是首先通过提出问题或陈述一些前提条件，引导大学生做出积极的回应。然后，辅导员可以基于大学生的积极回应来否定最初的要求，从而鼓励大学生主动放弃他们的要求。

3. 态势回绝法

大学生提出不合理的要求，往往并非出于无知，而是试图测试辅导员的容忍度。在这种情况下，辅导员无需过多解释，可以采取得体的方式拒绝，这是一种明智的策略。有两种具体方法可以采用：反向阻止法和自言自语法。

（1）反向阻止法。当大学生激动地提出他们的要求时，辅导员不必阻止，反而可以表示同意。这样一来，大学生可能会感到意外，因为通常他们预想中辅导员会反对他们的请求。这种出乎意料的接受可能会使他们产生犹豫，因为学生明白自己的行为不太可能得到辅导员的认可，心理上的震撼可能会导致学生重新考虑自己的要求。

（2）自言自语法。辅导员可能因为面子问题而不愿意当面拒绝大学生的要求。在这种情况下，辅导员可以装作自言自语地表达自己的疑虑，譬如说："可能我现在太忙了，无法应付这个要求。"这样一来，大学生通常会自觉而退，因为他们不想给辅导员增加压力或不便。

在一些非原则性的问题上，辅导员通常不会当面拒绝大学生的要求。因此，采用以上方法可以巧妙地回应这些请求，而不伤害到双方的关系。

（四）评价的语言

评价，乃是一门高度精湛的艺术。巧妙而合理的评估手段，能够帮助大学生深刻洞察自身的学业表现，明辨个人长处和不足之处。同时，这一过程也有助于辅导员避免主观臆断，正确把握大学生的长处和短处。评价技巧的高低，直接关系着大学生的自我认知和学业进步速度。

在教育实践中，辅导员应灵活运用多种手段，如表扬、鼓励、评论、批评等方式来进行评价。

1. 意外赞美法

出乎意料的措辞通常能够带来出奇制胜的表达效果。当辅导员对大学生进行意外的赞美时，这种表现往往会让学生感到愉快且充满信心。因此，在表扬大学生时，辅导员应当尽量减少对其明显优点的赞美，即便有必要，也应抑制住赞美的程度，不必过分渲染。然而，如果在那些大学生自己可能没有意识到的领域中，以中肯的方式表达对其的赞赏，将能够引发大学生的意外欣喜之情。

2. 具体评述法

当涉及评述大学生的优缺点时，辅导员需要避免使用抽象和绝对化的言辞，因为这种表达不仅会让大学生感到难以理解，还可能引起他们的抵触情绪。因此，在进行这一评述时，辅导员应该充分基于客观事实，用具体而清晰的语言进行表达。

3. 态势责备法

有时候，过于强烈地批评大学生的错误可能反而导致他们不愿意承认自己的过错。相反，用非语言方式表达批评态度，可以促使大学生深刻地反省自己的行为。具体而言，辅导员可以通过手势、眼神和面部表情来传递批评信息，利用视觉刺激影响大学生的心理，使他们明白辅导员的真实感受是不满意，只是出于保留面子的考虑，没有明言表达而已。

4. 批评优点法

骄傲的学生往往自认为具备引以为豪的资质，内心萌生一种优越感。面对外界对其瑕疵的指摘，常常用自己的长处来抵消这些批评，甚至不惜用"人无完人"来排斥任何形式的质疑。针对这种自视甚高的学生群体，辅导员在进行批评时，可以考虑从学生自认为值得骄傲的优势着手，以便有效地进行教导。

5. 目标评价法

在对大学生进行正面激励或提出批评性意见的过程中，设定并传达清晰的目标极为关键，这一策略常常能够促使学生增强自信并巩固其决心。诚然，并非辅导员设定的每一个目标评估都会产生较大的影响，然而，为大学生提供一个可望并值得追求的目标，在指导大学生时，可以构成一种教育策略。

6. 赞赏错误法

辅导员在处理学生过失时，采取非传统手段——在错误中寻找并肯定积极元素，往往对犯错与未犯错的学生均能产生深远影响。此种教育策略实质上应用了辩证法，意在促使辅导员深度探究并公正评估各种情况下可能存在的合理性。通过这种方法，学生被引导去理解所犯错误中蕴含的正面价值，从而在"错误"概念中发现并欣赏其中的"积极因素"。

第二节　辅导员表扬与批评技巧

一、辅导员的表扬技巧

（一）辅导员表扬的基本原则

1. 鼓励为主的原则

高校辅导员在进行表扬时，遵循的基本原则之一是"以鼓励为主"，该原则强调的是在评价和表扬学生时，应着重于激发学生的积极性、主动性和创造力。这意味着在具体实践中，辅导员应关注每个学生的独特特质和成就，给予有针对性的正面反馈。如果一个学生在公共演讲中取得进步，辅导员可以说："我注意到你在演讲中更加自信了，你的进步非常明显。"也可以在班级或学校公共区域展示学生的作品或成就，例如，将学生在艺术或学术竞赛中获奖的作品展示在学校的展览板上。值得一提的是，辅导员要强调学生的努力和持续进步，而不仅仅是他们的天赋或智力。对于成绩提高的学生，辅导员可以说："你在这个学期的努力真的很明显，你的进步是你努力学习的结果。"并且还要引导学生自我评估，从而认识到自己的进步和成长，如在学期结束时，辅导员可以让学生回顾自己的学习和发展，然后让他们分享自己认为最自豪的成就。

2. 客观公正的原则

高校辅导员在实行表扬时，应遵循客观公正的原则。一是建立一套清晰、具体的标准来评估学生的表现。例如，如果评价学生的学术成就，应参考成绩、参与课堂讨论的积极程度等具体指标。二是在表扬之前，辅导员应从多个渠道收集关于学生的信息，包括教师的观察、同学的反馈以及学生自己的自我评价。例如，对于团队项目表现出色的学生，辅导员可以参考教师评价、同组成员的反馈和项目成果等。三是在表扬过程中，辅导员应避免任何形式的偏见，确保所有学生都有平等的被表扬机会。例如，在表扬学生的领导能力时，辅导员应考虑不同性别、背景的学生，而不仅仅是注意那些一直表现优秀的学生。四是根据学生的个人特点和成就的性质，选择合适的表扬方式。例如，对于在艺术比赛中获奖的学生，可以在学校的艺术展览中特别展出其作品。通过这些具体方法，辅导员可以确保表扬的过程既公平又客观，从而增强表扬的有效性和学生的接受度。

3. 适时适度的原则

适时适度的原则是指在表扬学生时，高校辅导员需根据情况的具体性质、时机的恰当性以及表扬的程度来做出恰当选择，在表扬过程中既要考虑到表扬的时机，确保其在学生取得成就或展现积极行为后立即进行，又要注意表扬的分寸，避免夸大或频繁，以确保表扬的效果和学生的积极响应。具体可以参考以下两种方法。

（1）根据具体情况进行个性化表扬。如果一名学生在课程项目中表现出色，辅导员可以在项目完成后立即对该学生进行表扬，如在班级会议中公开赞扬或颁发一份小奖状，及时和有针对性的表扬能够强化学生的正面行为，激励他们继续努力。

（2）控制表扬的频率和强度，避免产生依赖。当一名通常表现平平的学生在某个活动中展现了领导才能，辅导员可以选择在活动结束后私下表扬该学生，而不是频繁地在公开场合进行赞扬。这种方式可以鼓励学生继续提升自己，同时避免他们因为频繁的公开赞扬而产生依赖或自满。

（二）辅导员表扬的基本途径

1. 班（团队）会上表扬

班会通常是学生较为熟悉且轻松的环境，适合表扬那些在日常学习、生活中表现出色的学生。辅导员在班会上进行表扬时，要事先了解被表扬学生的具体成就，准备相应的表扬词，确保班会氛围正面且具有鼓励性，以便学生能够在轻松的环境中接受表扬。在表扬时，辅导员应明确指出学生的具体成就或优秀行为，避免笼统表扬。通过表扬个别学生的行为，激励其他同学学习其优点。

2. 总结会上表扬

总结会往往是正式的，涉及整个学院或学校的大型活动，在此场合表扬的学生通常是在某个重要项目或活动中表现突出的，涉及学生在学术、艺术、体育、社会服务等方面的杰出表现。对此，辅导员应强调这些成就对学校或社区的积极影响，以此来凸显学生的贡献和努力。在表扬过程中，辅导员会公开赞扬学生的成绩，还可能会颁发证书或奖品作为对其成就的认可，给予学生应得的荣誉，为其他学生树立积极的榜样，鼓励他们在未来的学习和活动中努力表现。此外，总结会上的表扬还会创造一个让学生分享自己成功经验的机会，增强学生间的互动，有助于营造一种积极向上的学习氛围。

3. 申报奖励表彰

对于在学习或社会活动中展现杰出能力、贡献突出或拥有特别成就的学生，辅导员应向校方或相关高级管理部门提出申请，争取对这些学生进行正式的认可与奖赏。特别是当学生的成就获得社会媒体和公众的广泛认可时，辅导员有责任将此类特殊事迹提交至教育主管机关，进而推荐至各级人民政府，以寻求更高层次的表彰。此外，为了鼓励学生的学习和个人发展，学校或各班级应当在每个学期或学年结束时，根据学生的成绩和进步，给予物质奖励或精神上的表彰。

二、辅导员的批评技巧

对于大学生的不适宜行为及想法施加的批判性评估旨在否认其正当性。此种批评，与表扬并行，构成辅导员施行思想和道德教育的手段之一。批评的核心意图在于唤醒学生的自我警觉性，诱发学生对错误的深刻反省，并激发学生修正缺陷与过失的动力。批评的立足点在于必须对学生的个体尊严予以最高程度的重视，同时维护其尊严与自信，辅助学生在面对批评时保持正确的态度，并激发学生认错与自我改正的勇气、信心与决心。

（一）辅导员批评的基本原则

在对大学生进行批评时，辅导员必须坚持事实为本、理性分析的原则，争取以逻辑和事实的力量说服学生，以求真务实的态度促使学生心甘情愿地采纳建议。批评与表扬的手段相辅相成，均属于辅导员指导学生的常用策略，表扬所遵循的核心原则同样适用于批评的场合。然而，在应用批评策略时，辅导员还需坚持一些要求。

1. 正面肯定为主

辅导员对大学生的批评应以教育为宗旨，协助学生克服消极倾向并充分发挥其潜在的积极性。因此，辅导员指导过程中应频繁地采用启发性、肯定性和引导性的措辞与语调，避免使用绝对禁止的词语如"不准""不行""不要"。一味地无建设性批评或对学生能力的全面贬低，将对其自发性和积极性产生不良影响，也不利于激发学生自我驱动的精神。

2. 说服教育为主

在大学环境中，辅导员对学生的批评应当深思熟虑，反映辅导员自身对学生的深厚情感、关切以及期望，其是师生关系中思想与情感交流的桥梁，亦是彼此协助的途径，而绝非出于消极情绪的发泄或是使学生自惭形秽的工具。为此，辅导员需秉持团结、教化学生的宗旨，与学生们进行实事求是的对话，通过合理的论证以达成共识。在此过程中，应严禁无端斥责、过度批评，或是使用带有讽刺和侮辱性质的言辞，这些行为无疑会激起师生之间的对抗情绪。

3. 考虑大学生个体特点

当高校辅导员进行批评时，必须充分考虑到大学生个体的特点，将学生的感受、个性和成长需求放在首位，确保批评既有效果又不损害学生的自尊心。在实际操作中，辅导员首先需要确保批评是基于事实的，针对的是学生的具体行为而非人格。这一点至关重要，因为针对行为的批评更容易被接受，而不会引发个人的抵触情绪。批评之前，辅导员应该充分收集相关信息和证据，确保批评是公正和客观的。接下来，辅导员需要选择适当的时机和环境进行批评。通常，私下进行的批评比公开场合更易被接受，因为它可以减少学生的尴尬和防御心理。在对话开始时，辅导员可以首先指出学生的优点或之前的成就，然后逐渐引入批评的内容，这样可以减少学生的抵触情绪。在具体批评时，辅导员应使用建设性的语言，明确指出问题所在，并提供改进的建议。这些建议应具体、实际，鼓励学生从错误中学习和成长。同时，辅导员也应该倾听学生的观点和解释，给予他们表达自己的机会。批评过后，辅导员需要关注学生的情绪和反应，为他们提供必要的支持和引导，帮助他们理解批评是为了他们的成长。此外，辅导员还应跟踪学生的改进进程，及时给予正面反馈，鼓励他们持续进步。

（二）辅导员批评的主要方式

批评的方式有很多，其选择与应用取决于具体情况。辅导员的批评方式可以总结为以下几种。

1. 点名批评与不点名批评

在高校环境中，辅导员进行批评的方式通常分为点名批评和不点名批评两种。点名批评是直接指出特定学生的名字，并针对其特定行为或表现进行批评，这种方式的直接性使得批评的对象明确，但同时可能引发学生的尴尬或防御性反应。不点名批评则是指在不特指任何一个学生的情况下，对某一行为或问题进行批评值得一提的是，不点名批评虽然减少了直接冲突，但可能导致信息传达不够明确，导致学生不知道批评是否针对自己。

点名批评的案例可以是这样的：假设有一名学生在课堂上反复迟到，影响了课堂秩序。在这种情况下，辅导员可能会选择在课后私下找到该学生，明确指出其迟到的行为，详细讨论这种行为对课堂秩序和个人学习的影响。在这个过程中，辅导员会直接点名这名学生，同时会给予其改正的机会和方法。

不点名批评的案例则有所不同：如果辅导员发现有几名学生在图书馆讲话，影响了他人学习，但他并不清楚具体是哪些学生。在这种情况下，辅导员可能会选择在班会上提出这一问题，强调图书馆是一个需要保持安静的学习环境，并提醒全体学生注意在公共场合的行为规范。这样做不仅不会让具体的学生感到尴尬，而且能让全体学生对这一行为规范有所认识。

在实施批评时，辅导员需要考虑多种因素，包括批评的目的、学生的个性以及可能产生的影响。例如，对于性格内向或较为敏感的学生，辅导员可能会倾向于使用不点名批评，以减轻其心理压力。而对于一些较为自信或可能需要直接提醒的学生，点名批评可能更为有效。无论是点名批评还是不点名批评，辅导员都应确保批评是建设性的，旨在促进学生的成长和改进，而非简单地指责。批评后，辅导员还应提供相应的支持和帮助，引导学生从错误中学习，鼓励他们积极改进，避免重复同样的错误。此外，辅导员还应关注学生的反应，确保批评达到了预期的教育效果。

2. 批评与提醒

在处理大学生错误的问题上，通常采取轻微提醒的方式即可。如果一次提醒无效，可以尝试多次提醒。然而，辅导员应谨慎使用提醒，换句话说，辅导员应该根据情况灵活调整刺激的强度，尽量避免过度刺激，以免使受批评者产生抗体，降低刺激的效果。

相对于批评，提醒是一种较轻的刺激方式。但是，辅导员需要以诚恳的态度进行提醒，这样大学生会更容易接受并认识到自己的错误。相比之下，过度的批评可能会引起学生的反感和抵触情绪，不利于问题的解决。

因此，辅导员在处理学生问题时，应该根据具体情况选择适当的刺激方式，并注意态度诚恳，以取得更好的效果。

3. "暗示"批评

暗示批评是一种高校辅导员常用的批评方式，其核心在于通过间接的方式对学生进行指导和纠正，而不是直接明说其错误和不足，通常委婉、温和的方式，在不伤害学生自尊心的情况下，使他们意识到问题所在，鼓励他们自我改进。暗示批评的关键在于辅导员的沟通技巧，辅导员需要在言语中巧妙地包含批评意图，同时给予学生足够的空间，让他们自行领会和反思。暗示批评的有效性在于其非直接性，允许学生从辅导员的话语中自主地察觉到问题，从而避免了直接批评可能带来的尴尬和对立。在实际应用中，暗示批评可以通过多种方式实现，如通过讲述类似情况下的故事、引用名言警句、提出反问或者使用比喻等。例如，假设有一名学生在团队项目中表现出团队合作能力不足。辅导员可能不会直接告诉学生要改善团队合作能力，而是选择讲述一个关于团队合作的成功故事，并强调团队协作的重要性。再比如，如果一名学生因为缺乏自律而在学习上表现不佳，辅导员可能会选择引用一些关于自律和成功的名言，来暗示学生自律对成功的重要性。辅导员也可以在与学生的交谈中，轻描淡写地提及其他学生如何通过增强自律提高了学习成绩，从而激发学生自发地思考和改变。在使用暗示批评时，辅导员需要注意措辞和语气，确保批评既不太过隐晦以致学生无法理解，也不太过明显以免让学生感到被批评。此外，辅导员应该随时关注学生的反应，以确保信息被正确理解，并根据需要进行适当的调整。

4.对比式批评

对比式批评是通过对比他人他事的表现，来衬托和突出被批评者的不足或错误。这种批评方式借助客观上的压力，使被批评者深刻认识到自身的缺点和错误。对于那些经验尚浅、自我觉悟和自我意识稍差、理智感较弱、易受感动的大学生来说，对比式批评是一种非常适用的批评方式。

第三节　辅导员人际协调技巧

一、辅导员人际协调技巧概述

（一）辅导员人际协调作用

为了确保辅导工作的顺利进行，辅导员需要充分关注与大学生教育管理相关的各种关系，并对其进行妥善协调。这里所说的"协调关系"，是指辅导员在实现教育目标的过程中，需要与班集体和大学生形成校内外的主要关系，并能够对班集体和大学生教育产生重要影响的相应关系进行协调。通过融洽的沟通，辅导员可以与大学生建立起相互配合、相互合作、相互信任和平等和谐的关系，这对大学生的健康成长具有重要的作用。

1. 有利于形成教育整体合力

辅导员与教师、学生以及其他教育工作者进行协调合作，有助于构建一个协同工作的教育环境。在这样的环境中，各方都能够共享资源、信息，以及教育理念和方法，从而共同促进学生的全面发展。例如，辅导员可以与学科教师共同设计课程活动，使之既有学术深度，又能够培养学生的实际技能。此外，辅导员还可以通过组织多方面的交流和讨论会，促进教师之间的相互学习和经验分享。这种跨领域的合作有助于形成一个全面、多元化的教育环境，使得教育工作更加高效。

2. 有利于发挥辅导员的主导作用

辅导员的主导作用体现在多个方面，包括学生个人发展的引导、教育目标的实现以及维护校园环境的稳定。首先，辅导员在引导学生的个人成长和发展方面起着决定性作用。他们通过了解学生的个性、兴趣和需求，为学生提供个性化的指导和建议，这不仅涉及学术成就，更包括职业规划、心理健康、价值观塑造等方面。辅导员的这种引导有助于学生在大学期间形成正确的世界观、人生观和价值观，为未来的社会生活打下坚实的基础。其次，辅导员在实现教育目标方面起着桥梁作用。他们不仅传达学校的教育政策和理念，还监督这些政策的实施情况，确保教育目标得以有效达成。例如，在新的教育政策推行时，辅导员需要向学生解释这些政策的意图和意义，同时收集学生的反馈，确保政策能够顺利实施并达到预期效果。最后，辅导员在维护校园环境的稳定和和谐方面也发挥着重要作用。他们通过监督学生的行为、处理纪律问题，维护校园的秩序和安全。例如，面对学生纪律问题，辅导员不仅要采取必要的管理措施，还要找出问题的根源，帮助学生改正错误，预防问题的再次出现。在执行这些职责时，辅导员需要具备强大的专业知识、沟通能力和敏锐的洞察力。他们必须能够准确理解学生的需求，有效地沟通和解决问题，同时保持对教育动态的敏锐感知和洞察。

3. 有利于发挥大学生主体创造性

辅导员在提升学生创造性方面也发挥着关键作用，辅导员可以通过提供多样化的学习和实践机会，鼓励学生探索新知，挑战传统思维，从而激发学生的创新思维和创造能力。例如，辅导员可以鼓励学生参与科研项目、创业竞赛等活动，并提供必要的指导和支持。这些活动不仅能够激发学生的学术兴趣，还能够培养他们的独立思考能力和解决实际问题的能力。同时，辅导员还可以通过鼓励学生进行跨学科学习和合作，帮助他们打破知识界限，培养他们的综合素质。

（二）辅导员人际协调原则

1. 尊重理解原则

尊重理解原则强调辅导员在与学生交流和处理问题时，必须始终保持对学生的尊重和理解。这意味着辅导员应该努力理解学生的个人背景、需求、观点和感受。在人际协调中，这种理解和尊重可以帮助辅导员更好地评估和解决学生之间或学生与教师之间的矛盾和问题。例如，在处理学生冲突时，辅导员应客观中立地倾听各方的观点，避免偏袒任何一方，同时寻找解决冲突的方法，以缓解现有的矛盾，培养学生间的相互理解和尊重。

2. 心理相容原则

心理相容原则要求辅导员对学生的个性差异、心理状态和行为模式有深入的了解。每位学生都有独特的性格特征、成长背景和生活经历，这些因素共同影响着他们的心理特征和行为方式。一些学生可能在人际交往中外向和自信，而另一些学生可能内向和敏感。辅导员需要识别这些差异，并在日常工作中考虑到这些特点，以便有效地与学生沟通和互动。

心理相容原则还涉及辅导员在处理学生问题和冲突时，要考虑到学生的情感需求和心理承受能力。在协调学生之间的关系时，辅导员不仅要解决表面的冲突，更重要的是要理解和解决这些冲突背后的心理因素。例如，在处理学生团队中的矛盾时，辅导员不仅要调解争议，更要理解各方的心理状态和动机，试图找到双方都能接受的解决方案。

此外，心理相容原则还要求辅导员在组织活动和项目时，考虑到不同学生的心理相容性，在安排团队成员或分配任务时，要考虑到学生之间的性格相容性和工作风格的匹配。在组织学习小组时，辅导员可以根据学生的性格特点和学习风格来分配小组成员，以提高小组的协作效率和学习效果。

3. 加强信息交流原则

强信息交流原则要求辅导员在工作中积极促进开放、坦诚和及时的信息交流。这不仅包括辅导员与学生之间的沟通，也包括鼓励学生之间的有效沟通。例如，辅导员可以通过组织定期的班会、研讨会或团队建设活动来促进信息的交流和分享。在这些活动中，辅导员可以引导学生表达自己的想法和感受，同时倾听并回应其他学生的观点。这样的交流有助于增进理解，减少误解和冲突。

二、辅导员人际协调技巧运用

（一）协调与学校领导关系的技巧

1. 正确沟通

在协调与学校领导的关系时，高校辅导员必须掌握正确的沟通技巧，这对于促进学校管理的有效性和提高工作效率至关重要。首先，辅导员需要明确自己的沟通目的和需要传达的信息内容。在与领导沟通时，信息应该是准确无误的，避免模糊不清。如果辅导员需要向学校领导报告某个学生事件，那么就应该提供详细而准确的事件描述，包括发生的时间、地点、涉及的人员以及事件的具体情况。其次，辅导员在与领导沟通时应该采取积极主动的态度。这意味着在遇到问题时，辅导员应该主动寻求与领导的沟通，及时报告问题，并提出可能的解决方案。如果学生社团活动中出现了组织上的问题，辅导员不仅要及时向领导报告问题，还要提出改进方案，以便领导能够快速了解情况并作出决策。此外，有效的沟通还需要辅导员具备良好的倾听能力。在与领导交流时，辅导员应该注意倾听领导的意见和建议，并在此基础上进行讨论和协调。比如，当学校领导提出对学生活动的不同意见时，辅导员应该耐心倾听，理解领导的立场和考虑，然后基于这些信息进行沟通和协调。最后，辅导员在与领导沟通时还应注意维护良好的职业关系。这包括在沟通过程中保持礼貌、尊重和专业，以及在必要时展现灵活和适应性。例如，如果学校领导提出的建议与辅导员的计划不符合，那么辅导员应该展现出合作和理解的态度，尝试找到双方都能接受的解决方案。

2. 换位思考

辅导员和学校领导分别扮演着各自的社会角色，他们的职责、地位和任务各不相同。作为学校领导，其视角更加关注学校的整体发展，制定全面的工作计划和决策。然而，对于某个班级的具体教育管理，领导无法做到面面俱到。辅导员则主要关注班级的工作，从实际需要出发，对班级情况有深入的了解和掌握，但可能缺乏对学校整体情况的了解。

因此，由于角色定位的不同，辅导员和领导在处理问题时可能会有不同的观点和角度，这可能导致矛盾或冲突的产生。为了解决这个问题，辅导员需要具备全局意识，尝试从领导的视角看待问题，这样能够避免心理不平衡和情绪低落，有利于更好地开展工作。同时，辅导员应以热情、宽广的胸怀理解和支持领导的决定，并积极寻找班级工作的解决方案。

3. 主动交往

与学校领导之间的关系协调是辅导员的一项重要任务，它直接影响着辅导员的工作效率和学校整体的运行效果。为了有效协调这种关系，辅导员需要学会主动交往，采取积极的方法来构建和维护与学校领导的良好关系。主动交往的关键在于辅导员必须采取积极的态度和策略来主动与领导沟通和互动，而不是被动地等待领导的指示或反馈。这种主动性不仅体现在日常工作中的沟通上，还包括在遇到问题和机遇时能够主动提出解决方案和建议。具体来说，辅导员可以通过定期安排与领导的会面来实现主动交往。在这些会面中，辅导员不仅可以及时报告自己工作的进展和成果，还可以主动提出自己在工作中遇到的问题和挑战，并寻求领导的指导和支持。例如，如果辅导员在处理学生事务时遇到特别复杂的问题，他们可以主动安排与相关领导的会谈，详细介绍问题的背景、自己的处理方法以及遇到的困难。在这种交流中，辅导员不仅能够获得领导的支持和指导，还能表现出自己的专业能力和对工作的认真态度。

（二）协调与大学生关系的技巧

1.贴近大学生

为了有效地协调与大学生的关系，辅导员需要深入了解大学生的心理状态，并采取相应的措施来缩短师生之间的心理距离。营造良好的心理氛围，发挥教育的心理效应，是促进教育教学互动的重要条件。辅导员通过实现师生间的心理相容，可以为大学生创造一个积极、健康的学习环境，为大学生的健康成长打下坚实的基础。为了缩短师生间的心理距离，辅导员需要全面、及时地了解和掌握大学生的基本情况，包括个性、性格、爱好、兴趣及特长等方面。通过深入了解大学生的特点和需求，辅导员可以更好地与大学生沟通，并提供有针对性的指导和支持。尊重大学生的人格和满足他们的合理需求是实现师生心理相容的关键。辅导员要能够巧妙地把自己对大学生的关爱和期待传递给他们，以激发他们的积极性和自信心。同时，辅导员要注意避免揭大学生的"伤疤"，以免刺伤他们的感情，要避免缺乏人情味的批评和表扬。通过以上措施，辅导员可以有效地协调与大学生的关系，创造良好的心理氛围和教育环境，提高教育教学的效果和质量，促进大学生的健康成长。

2.情感交流

辅导员与班级大学生朝夕相处，相互间的接触和交流的日益深入使他们建立了一种特殊的情感关系。这种情感关系是建立在互相信任、互相尊重的基础上的，它包含着深厚的师生情谊，展现了真挚的情感交流和情感体验。在辅导员与大学生之间的情感交流中，他们不仅分享彼此的喜怒哀乐，还通过这种交流传递着彼此的期望和信任。特殊的情感关系是辅导员工作的重要基础，为辅导员提供了工作的动力和信心，辅导员应该善于把握这种情感互动关系，更好地服务于大学生。

3. 完善人格

教师的人格形象是指教师在整体精神风貌上所呈现出的个性倾向和心理特征的组合，包括需要、动机、理想、信念、兴趣等个性倾向和气质、性格等个性心理特征。辅导员应具备健全的人格特征，这包括良好的个性心理特征和人格品质。大量事实表明，这种人格品质（或称之为人格力量）对于促进大学生的人格健康发展具有积极作用，并能调动他们学习的积极性和主动性。辅导员的人格特征实际上起到一种"身教"的作用，是一种潜在的教育力量。

（三）协调与专业课教师关系的技巧

大学生教育是辅导员与全体教师共同的责任，而专业课教师在其中扮演者不可或缺角色。通过日常教学活动，专业课教师对大学生的政治思想、学习态度、学习爱好、行为品质等产生深远影响。因此，辅导员应当认识到专业课教师的重要性，并与他们建立良好的合作关系，将各个专业课教师的教育力量汇聚成有机统一的整体，共同为大学生提供全面的教育服务。

辅导员在开展班级工作时，需要关注许多问题，以确保全班学生在德、智、体、美、劳各方面得到全面发展。然而，其中关键的一点是，作为班级工作的核心人物，辅导员需要与班上的其他专业课教师保持良好的关系。建立和睦相处、齐心协力的工作环境，对班级工作的顺利开展至关重要。为了协调与专业课教师之间的关系，辅导员需要注重以下几方面的工作技巧。

1. 主动交流

为了确保专业课教师在思想政治教育方向上保持一致，教育要求统一，以及教育活动有序进行，辅导员需要主动向专业课教师介绍班级学生的情况以及班集体建设的目标和活动安排。同时，辅导员也应认真听取专业课教师对学生的反馈和对班级工作的看法与建议，与专业课教师相互沟通信息，达成对学生教育的共识，统一对学生的要求和教育的步调，形成一个互相支持、密切配合的教师集体。如此一来，各专业课教师的影响和教育力量就能统一起来，形成一种强大的教育力量，从而共同搞好班级工作，为学生的成长贡献力量。

2. 尊重同行

辅导员要教育大学生尊重专业课教师，树立专业课教师威信，并且自己也要尊重专业课教师。首先，要教导大学生对所有的专业课教师都应该有礼貌，认真听课，按时完成作业。其次，要严禁大学生中出现不尊重专业课教师的言行。作为辅导员，如果只重视自身对专业课教师的态度，而忽视大学生对专业课教师的不礼貌言行，那结果只能是前功尽弃。最后，要主动协助专业课教师处理教学教育中出现的问题。专业课教师在教学教育中经常会遇到有待解决的许多问题。作为辅导员老师，不能把专业课教师在教学教育中遇到或发生的问题简单而又片面地归为他们自己的事，应由他们自己去解决，与己无关，或袖手旁观，或有意回避。要认识到协助专业课教师解决教学教育中出现和遇到的困难，与解决班级工作中存在的问题是密切相关的。

3. 营造氛围

一个优越的教育氛围，不仅对学生的成长极为有利，还能够帮助教师维护一种健康的情绪状态，进而提升教学质量，同时，这样的氛围对于教师与学生之间的互动具有显著的正向效应，为师生双方的沟通与学习搭建了一个良好的平台。在构建这样的教育环境时，辅导员的角色不可或缺，其应当督促大学生遵循课堂规则，确保学生情绪高昂、精力充沛、专注课堂、思维活跃，并且鼓励其积极参与课堂讨论，以保持一种积极向上的学习状态。另外，辅导员需通过建立和谐的人际关系网络，促使专业课教师对学生予以尊重，并且自身也应具备积极健康的心态，以身作则，树立良好的榜样。此外，辅导员还应确保学生能够维护教室的整洁与卫生，创造一个美观、舒适且富有文化气息的学习环境，为教师提供一个和谐、洁净且宜人的教学空间。

第四节　辅导员网络运用技巧

一、辅导员网络运用技巧概述

（一）网络信息技术对高校大学生的影响

随着网络技术的飞速进步，网络信息以其鲜明的特性广泛渗透到人们的日常生活和学习中。网络信息技术不仅数量庞大、增长迅速，而且内容丰富、覆盖面广，其共享程度高且使用成本低。网络信息传播消息迅速，具有时效性和便捷性，而且可以隐匿身份，。需要注意的是，网络信息质量参差不齐，无序与有序并存。高校大学生作为接受新技术、新思想迅速的群体，他们深受网络信息技术发展的影响，这种影响在他们学习生活中表现得尤为突出。具体来说，这种影响主要表现在以下几个方面。

网络拥有巨大的信息量和迅速的信息传递交流能力。大学生可以通过网络浏览世界，认识世界，并获取世界最新的新闻信息和科技动态。网络可以开阔大学生的视野，提供广泛的知识来源。通过搜索网络，大学生可以轻松获得所需的信息。因此，网络提供了一个广阔的平台，让人们能够开阔视野并获得丰富的知识。

网络为学生提供了一个广阔无垠的虚拟世界。在这个世界里，学生可以摆脱现实中的时间和空间限制，借助眼前的计算机进行方便快捷的对外交流。网络上的交流和交友方式自由且多元化，不会因为观点冲突而引发摩擦和伤害，从而为人们情感需求的满足和信息获取提供了崭新的、安全的交流场所。并且，从某种程度来看，上网可以扩展人们对外交流的时空领域，实现真正意义上的全球交流和交友的自由化。

互联网构成了一个信息化的枢纽，它呈现了无尽的发展潜能。利用这一平台，人们进行学习、研究并推动创新，汲取了网络提供的资源与发展的助力。此外，互联网上丰富的资源能够协助学生筛选出适宜的学习材料。

在当代教育领域，互联网扮演了一种扩展教学空间的关键角色。因特网得益于其庞大的信息库和迅速的交流能力，在这个不断进步的时代中吸引了众多用户。对于学习而言，网络教学的兴起，使得学生们可以随时随地获取所需的知识和信息。在线课程、远程教育、MOOC 等新型教学方式的出现，打破了传统的课堂教学模式，使得学生们可以根据自己的时间和进度来安排学习，这些资源包括各种在线课程、学术论文、电子书以及互动学习工具等。此外，网络还为学生们提供了一个互动交流的平台，他们可以通过在线讨论、协作学习等方式，与老师和同学们进行互动交流，共同解决问题和学习。学生可以通过网络查找课程资料，了解最新的学术研究动态，甚至与同行和专家进行交流和讨论。除了在线学习，网络还成为学生们社交和娱乐的重要场所。网络上丰富的资源不仅有助于提高学生的学习效率，还能够激发他们的学习兴趣和创新精神。社交平台和交流工具的出现，让学生们可以随时与朋友、家人和同学保持联系，分享自己的生活和经验。同时，网络上的音乐、电影、游戏等娱乐资源也为学生们的休闲娱乐提供了便利和乐趣。

而在生活方面，社交平台和交流工具的普及，使得人们不再受地理限制，可以随时随地与他人进行交流和分享。如 BBS 论坛、微博、QQ、微信等，无论你在哪个城市，只要有网络，就可以通过这些平台和工具与朋友、家人、同学等进行实时沟通。在这些社交平台上，人们可以自由地表达自己的观点，分享自己的生活和经验。通过浏览他人的分享，人们可以了解不同人的生活态度和价值观，拓宽自己的视野。同时，这些社交平台也为人们提供了便捷的学习资源，无论是知识科普、艺术文化还是专业技能，都可以通过这些平台进行学习和交流。此外，社交平台和交流工具也为人们提供了更多的娱乐方式。例如，你可以通过微博参与话题互动，与明星近距离互动；可以在 QQ 空间里发表说说，分享自己的心情和动态；可以在微信朋友圈里晒照片，记录生活的点滴。

在当今的数字时代，网络环境下的信息共享已达到了前所未有的高度，且其使用成本低廉。这一现象得益于信息存储和数据结构的普适性、开放性以及标准化，这些特征共同作用于网络信息的存储、处理和交换，从而实现了信息的广泛共享与利用。特别是在教育领域，这种共享模式得到了极大的发展和推广，使得大学生能够高效地访问和利用各类教育资源，有效降低了他们在学习过程中的成本。除此之外，这种信息共享机制还极大地促进了知识的传播与交流，对提高整体的教育水平起着重要的作用。

需要注意的是，网络信息化虽然为人们带来了诸多便利，但其信息质量参差不齐，有序与无序并存。由于互联网的开放性和自由性，网络信息的发布常常缺乏有效的质量控制和管理机制，这导致大量网络资源未经审核即发布。这些网络信息数量庞大，质量却参差不齐，给大学生的思想观念带来了巨大冲击。

在当代的高等教育环境中，对网络技术的娴熟运用成为高校辅导员的必备技能其掌握情况不仅体现在利用网络技术的熟练程度上，还体现在如何最大化地发挥网络在教育领域内的潜能上。在对于大学生的辅导和引导方面，网络技术的有效应用被认为是现代辅导员的职责之一。

（二）网络时代给辅导员工作的挑战和机遇

1. 网络给高校学生工作带来了新的挑战

在当今信息技术飞速发展的时代，信息交流方式变得便捷。对于辅导员而言，掌握现代化的育人、管理与教育策略显得尤为重要。在高度网络化的时代背景下，传统的辅导员工作模式，如会议和面对面谈话，正逐渐被网络工作模式所取代，这导致了辅导员职责的履行方式发生了根本性的转变。

网络资源的丰富性和信息的海量性带来了双重影响。虽然网络提供了便利，但大学生的思想领域也因此受到了不良思想的侵袭这不仅对学生的安全构成了潜在的威胁，而且对辅导员的工作带来了额外的挑战。网上琳琅满目的诱惑以及非法分子在网站上散布的西方激进思想对大学生的心理造成了极大冲击。随着学生对电子设备依赖的日益加深，家长们亦反映孩子沉迷于游戏。这种现象导致部分学生在面对现实学习生活中的挑战时，表现出消极回避的态度，甚至在现实生活中遇到挫折时，更倾向于在网络世界中寻求刺激和心理慰藉。因此，在这样的背景下，传统的辅导模式很难取得效果，这无疑增加了辅导员的工作负担，并对他们未来的工作重点提出了更高的要求。

2. 客观认知网络，抓住高校网络思想教育主阵地

在这个信息高度发达的时代，信息交流的便利性日益凸显。对于每位辅导员来说，掌握并运用现代化的育人、管理及教育策略显得尤为关键。在传统的高校教育中，辅导员主要依赖会议和交谈等传统手段来开展工作。与然而，随着网络技术的飞速发展，辅导员的工作模式发生了根本性的转变，网络平台相关的新方法带来了逐渐取代了传统的方法。这种转变虽然为辅导员开展工作带来了新的可能性，但同时也带来了挑战。网络空间的信息泛滥和复杂性给辅导员的工作带来了全新的挑战。

3. 积极运用网络，充分利用网络资源抓住机遇

高校辅导员可以充分利用网络信息的特性，采取互动式、引导式的思想政治教育模式，以提高思想政治教育的有效性。网络的发展为辅导员开展工作带来了巨大的机遇。

（1）网络使得辅导员工作形式多样化。在网络的浩瀚海洋中，辅导员得以更自由地探索学生的内心世界，从而更好地履行教育引导的职责。辅导员可以通过 BBS、微博、微信公众号、QQ 空间等多样化的网络交流平台，了解学生的所思所想，把握他们的关注焦点，及时捕捉到他们的兴趣点和需求；也可以借助网络平台发布通知、公告，提高工作效率；还可以为学生提供各种学习资料的下载，满足他们的学习需求。此外，辅导员还可以利用微博这一强大的网络工具，通过发布具有教育意义的内容，引导学生思考人生观、价值观等问题，帮助他们建立正确的思想观念。而 QQ、微信等即时通信工具为辅导员提供了与学生进行平等、无障碍沟通的渠道。通过这些工具，辅导员可以深入学生的内心世界，了解他们的真实想法和需求，从而为他们提供有针对性的指导和帮助，从而拉进与学生之间的关系，这有利于开展思想政治教育工作。

（2）网络使得辅导员工作资源多样化。网络资源丰富多样，除了文字之外，还包括图像、语音、视频、动画等，这些是传统媒体无法比拟的。辅导员可以通过网络，利用搜索引擎在网上的图书馆搜索资料，方便快捷地获取所需信息。同时，辅导员也可以通过 BBS、博客、网页等多元化的方式，及时地了解时事政治、学生思想动态等信息。辅导员还可以通过学校的办公自动化系统和首页，快速地了解学校的各项行政事务、教学动态、学生活动等信息，从而更好地为学生服务。网络也为辅导员提供了便捷的沟通渠道。例如，通过在线心理咨询平台，辅导员可以与学生进行面对面的交流，及时解决学生的心理问题。同时，辅导员还可以通过电子邮件、即时通信工具等，与学生进行实时沟通，及时解答学生的疑问和困惑。除此之外，网络还为辅导员提供了丰富的学习资源。例如，通过在线教育平台，辅导员可以学习各种专业知识和技能，提升自身的素质，提高自己的工作能力。综上所述，网络资源为辅导员的工作带来了诸多便利和优势，通过合理地利用网络资源，辅导员可以更好地履行职责，提高工作效率和质量，同时也可以更好地服务于学生和社会。

（3）网络使辅导员工作效率化。辅导员可利用网络工具，迅速、准确地向下传达各类信息，避免了传统口述方式中的重复及信息失真的问题。同时，通过学生信息管理系统，辅导员可以实时、准确地查询到学生的成绩、家庭等各类信息，提高工作的效率。此外，该系统也有助于促进各相关部门间的信息交流和资源共享，使各类资源得到合理分配和利用。

（4）网络使辅导员工作专一化。在数字时代，网络平台的应用不仅限于交流和了解情况，更是为辅导员提供了丰富的德育工作资源。通过网络平台，辅导员可以随时随地查阅各种德育资料，了解最新的德育理论和实践成果，不断提升自身的德育素养。同时，网络平台还为辅导员提供了多样化的工作手段和方法，如在线教育、网络课程、心理测试等，辅导员可以通过使用这些手段和方法，更好地满足学生的个性化需求，提高德育工作的针对性和实效性。除了在线交流和心理支持，网络平台还可以为辅导员提供全面的学生信息管理系统。通过这个系统，辅导员可以随时了解学生的学习情况、生活状态、社会交往等各种信息，更好地把握学生的思想动态和心理变化。同时学生可以通过这个系统了解辅导员的工作内容和职责，增加双方的沟通和信任。

（三）辅导员提升网络运用技能的现实意义

随着网络的普及和网络利用率的提高，网络已成为师生们进行教育和学习的不可或缺的工具，为高校师生带来了诸多便利和帮助。基于此，辅导员作为对学生进行政治教育和素质培养的重要角色，不能忽视网络对自身和学生的影响。

1.服务管理能力

网络为各高校的辅导员提供了一个学生信息管理系统的平台，使得辅导员可以从繁杂的学生工作中系统地对学生进行日常管理以及工作管理。运用这个平台，可以大地减轻辅导员的工作负担，提高其工作效率。通过这个平台，辅导员可以随时查看学生的基本信息，了解学生的学习情况、生活情况、思想动态等，从而更好地指导学生，帮助学生解决各种问题。同时，培养高校辅导员的网络运用能力，能够帮助辅导员完成一些网络上的互动，沟通协调好各项工作，并能够实现平台的信息化、效率化。辅导员可以通过网络与学生进行互动交流，及时了解学生的需求和反馈，从而更好地指导学生，帮助学生解决问题。此外，辅导员还可以通过挖掘出网络的潜在功能，更好地服务并管理学生。网络具有巨大的潜力，可以为学生提供更多的服务和支持。例如，辅导员可以通过网络平台，为学生提供在线学习资源、心理咨询、就业指导等服务。辅导员通过网络平台还可以更好地管理学生，例如对学生的考勤、考试、作业等进行管理，从而提高管理效率。

2.就业指导能力

在当今社会，大学生就业难题成为一个日益受到关注的问题，尤其是在网络时代背景下。为此，众多网络平台，如微博、微信和 QQ 等，已成为传播就业指导信息的重要渠道，反映了社会对高等教育就业指导的重视程度不断提升。大学辅导员的职责也随之演变。基于此,大学生辅导员不仅要掌握就业市场的动态,还需精通网络资源的应用,以便提供高质量的就业指导服务。对高校辅导员而言,掌握并利用网络就业指导资源变得至关重要,通过这些现代化的手段,他们能够打破传统教育模式中的单向说教局限,实现互动、多元的就业指导,助力学生顺利步入职场。

3. 心理辅导能力

在现代大学环境中,辅导员扮演着为学生提供包括学术指导、生活建议及心理咨询在内的多元服务的角色。在这种背景下,辅导员的存在不仅是必要的,而且是尤为重要的,他们不仅在学生寻求帮助之际提供支持,更是以正确的方式引导学生。因为大多数学生离家在外,父母并不在身边,所以辅导员成为学生的教育者和心理疏导者,以及学生与学校、社会之间沟通的重要桥梁。此外,网络的特性,如交互性、匿名性、虚拟性和和平性,使得学生更倾向于通过这一平台与辅导员进行交流和谈话,且这种方式往往效果更佳。

因此,高校辅导员通过网络开展工作和对学生进行网络辅导,应该坚持客观公正的信息理念,坚持调查研究、实事求是的工作作风,追求真理的职业精神,不追求轰动效应,不哗众取宠;应该树立正确政治意识、大局意识、责任意识,坚持正确的舆论导向,营造良好的高校大学生网络文化环境;应该尊重公民权利、不带有任何歧视观点;应该严格区分信息的真伪,不传播含有恐怖、暴力、色情、封建迷信和伪科学的信息内容;应该建立在对网络的充分认识的基础之上对网络运用技能熟练掌握,把握最佳时机,从理论素养实践经验、沟通艺术和创新思维等方面不断地提高自身的综合素质与能力,从而使学生获得潜移默化的影响。

二、辅导员网络运用技巧提升

"磨刀不误砍柴工",辅导员若想在思想教育方面取得良好的效果,必须首先利用好网络这一工具。辅导员应当积极占领网络思想教育的新阵地,以主动的姿态对学生进行引导和教育。在校园生活中,辅导员既是教师,又是朋友，这种双重身份使得辅导员在传统岗位职责的基础上，通过网络的应用拓展了工作范围和深度。因此，辅导员应该积极适应网络时代的要求，不断提高自己的网络素养，更好地履行辅导员的职责。

首先，作为网络平台的使用者，辅导员应该以平等的身份进入，积极关心学生群体，与他们建立良好的关系，并尽辅导员所能去引导、帮助学生解决现实生活中的问题。网络辅导员可以利用网络资源的即时交互特性，通过论坛、聊天等方式，借助网络语言轻松的风格进入学生们的日常生活。其次，教育模式随着时代的进步也在不断变化，从传统的单一书本形式发展到现在丰富的电子课件的应用，知识的传承方式正在不断发展。因此，辅导员需要紧跟时代的发展，建立适应教育发展的思维模式。作为新时代的学生的引领者，辅导员应该调整心态，努力提高工作效率。最后，在面临学生所遇到的问题时，辅导员应充分利用信息，并发挥辅导员所承担的培育学生成长的教育责任。在当今网络信息化的时代，辅导员应积极指导学生在使用网络时采取合理有效的方式，并避免形成错误的观念。

（一）大学生思想政治教育网站的特点

大学生思想政治教育网站展现了独特的特质。一是思想政治教育网站以鲜明的主题和积极的教育内容为核心，灵活适应大学生思想教育的现实需求，采取与时俱进的策略，利用时势进行有效引导；二是网站提供了详尽准确的内容，通过呈现多样化的信息，为学生们提供了全面的服务；三是网站深植于本校的地理环境和办学特色之中，展示了学校的独特优势；四是它推崇资源的共享理念；五是该网站还整合了众多高校思想政治教育网站的资源优势，形成了一个如"中国大学生在线联盟"这样的强大平台。因此，辅导员要有效地运用大学生思想政治教育网站的独特优势，要坚守网络舆论宣传的正确方向，积极采用马克思主义的理论来主导网络舆论空间，从而将思想政治教育网站转化为连接党和政府与当代大学生的新型桥梁，成为当代大学生交流思想政治工作经验的新平台，以及党的基层组织建设的新阵地。

当然，大学生思想政治教育网站还存在很多不足之处，主要体现在网站建设不平衡、网站的功能定位存在误区、网站内容优化不及时、网站形式单调、网站技术不先进、网站宣传工作不到位等问题。基于此，强化大学生思想政治教育主题网站建设，不断构建网络思想政治教育平台并发挥其作用，成为人员面临的紧迫问题。

（二）当代辅导员如何利用大学生思想政治教育网站

首先，相关人员需要以科学的方式定位和建设网站，以确保其符合大学生的需求和利益。为此，相关人员应该积极提供精神产品，以增强教育的有效性和优势，还需要做好网站设计，更新内容等工作，以确保网站的长期发展和有效运行。其次，相关人员要在科学定位的基础上注重特色建设。因为该网站是以大学生为主要服务对象的思想政治教育网站，所以相关人员应该依托思想政治教育工作的传统优势，结合实际情况，建立具有鲜明特色的思想教育平台，加强沟通协调，实现资源共享，提高工作效率。最后，相关人员加强内容的时效性和信息量，从而增强吸引力。此外，以下几个方面也需要特别注意。形式方面，应不断创新，以保持网站的吸引力和影响力。制度层面，应当着重强化制度建设，以实现网络工作的实质性成效。技术应用方面，则应侧重于先进技术的运用，这不仅有助于增强大学生对思想政治教育网站的归属感和认同感，而且也是确保网站稳定运行和安全的关键因素。此举意在占据舆论主战场，通过加大宣传力度和提升网站知名度，借助多种渠道促进其可持续发展。需要注意的是，为了满足大学生思想政治教育网站建设的各项要求，强化网站团队的培养尤为重要，相关单位应保证拥有一支既具备深厚思想素养、又具有较强业务能力的政工队伍，专注于网站的建设与发展，以推动高校网络思想政治教育的全面进步。

1. 关注和引导——BBS 论坛的管理

BBS，全称为 Bulletin Board System，也可称为电子公告牌系统或电子布告栏系统，是一种电子信息服务系统。该系统向用户提供了一块公共电子白板，每个用户都可以在此发布信息或提出自己的看法。在 BBS 上，用户可以自由地分享和交流各种信息、观点和意见。BBS 的诞生可以追溯到 20 世纪末，当时计算机技术和网络技术刚刚兴起，人们开始尝试利用计算机和网络来实现一些新的应用。BBS 就是其中的一种应用，它利用了计算机和网络的技术，提供了一个电子信息服务系统，使得用户可以在上面发布信息或提出看法。BBS 的出现，使得人们可以在一个集中的平台上交流信息、分享观点，并且可以针对某个主题展开讨论。同时，BBS 还具有匿名性，用户可以在上面发表自己真实的想法和意见，而不用担心自己的身份被暴露。随着计算机和网络技术的不断发展，BBS 也逐渐演变出不同的形式和特点。例如，早期的 BBS 一般是基于文本的，用户只能通过文字来交流和发布信息。后来，随着图形用户界面技术的发展，BBS 也开始支持图形化界面，用户可以通过图形化的方式来浏览和发布信息。

　　BBS 论坛作为一个多功能的网络平台，对于高校辅导员的工作具有显著的促进作用。第一，通过 BBS 论坛，辅导员可以有效地发布和共享各种网络资源，这包括教育资料、课程信息、积极向上的心理健康和职业发展等内容，这些资源的共享对于辅导员指导和帮助学生具有积极的影响。第二，在 BBS 论坛上，辅导员可以发布积极向上的帖子，以引导学生形成正确的价值观和人生观，帖子可以包括时事评论、学术讨论、心理健康指导、职业规划建议等，涉及学生生活的各个方面。第三，利用 BBS 论坛的搜索引擎，辅导员可以快速找到与教育相关的新闻和资料，及时更新教育内容和方法，使其更具时效性和针对性。第四，BBS 论坛的图片论坛和社区通讯录功能，使辅导员能够与学生保持紧密的联系，通过图片分享、社区互动等方式，辅导员可以直观、生动地传达信息，也能更好地了解学生的兴趣和需求，从而提供贴切的指导和帮助。第五，用户的参与度是 BBS 论坛的一个重要特点。学生们可以在论坛上自由表达观点，对他人的见解进行讨论和反馈。辅导员可以通过这种互动方式，了解学生的思想动态，及时对学生的疑惑和问题进行解答和引导。第六，BBS 论坛的多功能消息系统为辅导员提供了一个私密的沟通渠道。通过私聊功能，辅导员可以与学生进行一对一的交流，这对于处理一些敏感问题或私人问题尤为重要。在这一功能的帮助下，辅导员可以在保护学生隐私的同时，深入地了解学生的个人情况，从而提供个性化和细致地指导。

2. 充分利用网上邮箱、QQ 等即时通信工具便捷工作

通过电子邮件进行一对一的深入交流，对于某些网络工作来说，其作用重要且难以被其他网络工具所替代。

作为学生群体普遍使用的主要聊天平台，QQ 聊天工具的普及率极高，学生都拥有独特的 QQ 号码。这一工具的优势在于能够提供即时通信服务、方便快捷的图像分享以及实时在线文件传输。此外，其强大的信息发布功能对于辅导员来说非常重要，它使得日常文件和通知的发布变得便捷。通过群共享与群邮件等多样化的功能，辅导员能够高效地将信息推送至群组中，使得学生能及时接收和下载相关内容。在学生就业服务领域，这种信息发布功能发挥着重要作用。此外，对于学生们常提出的问题，辅导员也可以在群内提供全面解答，这可以极大地节约辅导员的时间和精力。

高校辅导员可以使用互联网技术，特别是建立专门的 QQ 群作为一个专业的工作交流平台，通过这个平台分享和推广学生工作的经验。QQ 群的建立对于应对教育过程中遇到的复杂挑战也是极为有益的。当面对棘手的问题时，辅导员可以在这个平台上集中智慧，进行深入的讨论和分析，从而找到有效的解决方案。QQ 群还可以促进高校辅导员之间的相互了解，加强了不同高校间的联系，辅导员之间可以相互学习、吸收对方的长处，共同实现专业成长。辅导员加入由学生建立的 QQ 群，能够及时了解和掌握班级的思想动态，从而高效地进行教育工作。班级团体的负责人也可以利用这一平台进行"多对多"的交流和讨论，共享有价值的教育资源，这种资源不仅可以被临时共享，还可以被保存在公共邮箱中，长期保存，为未来的教育活动提供资源支持。

当然，网络上存在的那些恶意的广告和信息也不能忽视。作为辅导员，有责任创建一个"绿色"且"安全"的交流平台。

3. 让网络成为"交心"的驿站——博客建设

网络日志，通常称作博客、部落格或部落阁等，构成了一种特殊的网站形式。这类网站通常由个体管理，并且以不规律的间隔更新文章。众多博客聚焦于特定主题，围绕该主题提供观点评论和最新消息。同时，也存在一批博客，其内容更接近于个人日记的形式。一个标准的博客通常将文本、图片、其他博客或网站的链接，以及与主题紧密相关的其他媒介材料，融合成一个互动性强的整体。这种互动性，通过允许读者留下反馈，而读者反馈构成了众多博客的核心要素。尽管大多数博客以文字作为主要内容形式，但也有部分博客专注于不同的领域，如艺术、摄影、视频、音乐、播客等。

网络的快速发展催生了各种互动平台推动了沟通方式的日益演化。博客，作为信息时代的产物，具备共享性和个性化特质，深受高校学生的喜爱。通过积极搜集精彩文章和有益信息，学生获得很多有用的资源，这可以为他们的学术、职业和社交生活提供有力的启示和指导。博客已逐渐成为实现共享的精选信息与资源平台。辅导员可利用微博在学习方面协助学生，同时，通过在博客上书写日志，与学生分享自身的真实体验、感悟、亲身经历和经验，进行有效的沟通。辅导员发布的博客应具备现实性，教育学生时应当注重以理服人、以情动人，书写生活中的细腻点滴，引导学生善于发现生活的美好，关注社会、关爱他人，成为有责任感、有担当的人，使学生看到一个与生活中的你与众不同的你，从而拉近彼此的距离。但是，不可否认的是，由于辅导员的工作繁杂，他们能够自由支配的时间并不充分，因此辅导员对网络平台的运用动力相对不足。目前，辅导员运用平台的方式较为单一，缺乏多样性。尽管学生在社交网络上非常活跃，但辅导员与学生之间的相互关注度较低，这导致辅导员无法及时关注学生的动态。因此，辅导员需要兼顾网上和网下的工作，并给予同等重视，以确保能够统筹兼顾。综上所述，上述内容都是辅导员提升网络工作技巧的诀窍和策略，然而，这一切离不开辅导员具备的整合信息的技巧和能力。辅导员从纷繁复杂的信息源中筛选并整合信息，既要注意信息的实用性和科学性，也要使信息内容丰富、新颖、感人。

（三）高校大学生思想政治教育网络预警机制

充分挖掘网络的潜能，避免其潜在风险，及时并准确地掌握学生的思想动态，进而提高思想政治教育的前瞻性和针对性，把握大学生网络思想政治教育的主动权，已成为当前思想政治教育工作中亟须解决的课题。

高等院校思想政治教育的预警机制，涵盖了一系列机构、体制、网络以及方法等元素，旨在系统性地监测和警示高校思想政治教育的运行状况。当教育活动趋向混乱或失序的临界状态出现时，该机制将发出信号，引起相关人员的密切关注和深入分析，以便及时采取有效措施，以避免不良现象扩大和恶化。建立网络预警机制，可以及时发现并处理不良信息，保护学生的思想健康，提高思想政治教育的效果。建立网络预警机制也是新时期管理育人工作任务的必要需求。随着社会的发展和教育的改革，管理育人已经成为高校的重要任务之一。在这个过程中，网络预警机制可以发挥重要作用。例如，通过监测网络舆情，可以及时发现学生的思想动态和行为倾向，为管理者提供决策依据；通过分析网络数据，可以评估学生的心理健康状况和学习状态，为心理辅导提供依据；通过网络预警机制，还可以及时发现和解决学生在网络上的违法违纪行为，维护校园的安全稳定。

构建高校思想政治教育预警机制的有效途径主要有以下几点。

第一，强化组织领导。高校领导应高度重视思想政治教育工作，将其纳入学校整体规划，制定相关政策和措施，确保预警机制的建立和实施。

第二，完善制度建设。高校应制定完善的预警机制管理制度，明确预警机制的各项职责、工作流程、考核标准等，为预警机制的有效运行提供制度保障。

第三，加强队伍建设。高校应建立一支由辅导员、班主任、教师等组成的预警机制工作团队，加强团队培训和管理，提高团队专业素质和执行力。

第四，完善信息收集与反馈机制。高校应通过多种渠道收集学生思想动态、行为表现等信息，及时发现和反馈问题，为预警机制提供准确依据。

第五，建立快速反应机制。高校应针对收集到的信息，建立快速反应机制，制定相应的应对措施和预案，确保问题得到及时妥善处理。

　　第六，加强宣传教育。高校应通过多种形式加强对学生和教师的宣传教育，提高其对预警机制的认知度和参与度，以营造良好的教育氛围。

　　第七，定期评估与调整。高校应定期对预警机制进行评估和总结，针对存在的问题和不足进行调整，从而不断提高预警机制的效果和质量。

工作实务篇

第四章 高校辅导员开展大学生教育工作的实务研究

第一节 大学生人文素质教育

一、人文素质教育的理论阐述

（一）人文素质的内涵

1. 人文素质的定义

在中国古典文献中，"人文"这一术语最初见于《易经》中的贲卦象辞，其表述为："刚柔交错，即为天文；文明而止，则属人文。"此处的"人文"涉及人际关系的规则、礼乐教育等文化层面。① 《后汉书》亦提及"舍诸天运，征乎人文"，强调人类文化与社会教化的重要性。② 而《辞源》与《辞海》对"人文"的定义广泛涵盖人类社会的各种文化现象。归纳而言，中国古代的"人文"概念主要指向文物制度和社会教化等文化现象，是对人类文化多样性的一种深刻认知与体现。

在西方，"人文"一词（通常指的是"Humanities"）涉及广泛的学术领

---

① 姬昌. 易经 [M]. 呼和浩特：内蒙古人民出版社，2008：237.
② 班固，范晔. 后汉书 [M]. 延吉：延边人民出版社，1995：191.

116

域，主要关注人类的文化、历史、文学、艺术、哲学等方面。人文学科的核心在于探索、理解和表达人类的多样性、复杂性和创造力。它们致力于解读人类文化的多种表现形式，包括语言、文学作品、历史事件、宗教信仰、哲学思想、艺术作品等。人文学科的教育目标不仅是让学生积累知识，更重要的是培养学生的批判性思维、道德判断、审美鉴赏力和跨文化理解能力。这些能力被认为是理解复杂世界、促使社会进步和培养全面发展个体的关键。在历史上，西方的人文主义传统起源于古希腊和罗马的文学与哲学，后来在文艺复兴时期获得重生并进一步发展。当时的思想家和学者重视古典文化的研究，强调人的理性和个性的价值。西塞罗，古罗马时期的哲学家、政治家和雄辩家，对人文的理解深刻地影响了后世。在西塞罗看来，人文学科（或拉丁语中的"humanitas"）是关乎培养个人品德、智慧和公共责任感的学问。他认为，人文教育不仅仅是关于文学、历史、哲学和艺术的学习，更是关于对一个人的道德品质、批判性思维和公民意识的培养。西塞罗强调修辞和雄辩的艺术，认为它们是表达思想、说服他人和在公共生活中取得成功的重要工具。他的作品展示了对言语的精确、有力运用，以及对道德和哲学问题的深刻见解。在西塞罗的著作中可以看到他对于理想政治家的描述：不仅要有深厚的知识和智慧，还应具备良好的道德品质和为公众利益服务的承诺。西塞罗还强调了人类共通的理性和道德感。在他的作品中，他经常探讨如何通过道德和理性生活来实现最高的人类价值和目标。他视理性为人类的核心特征，认为通过理性和教育，人可以提升自己的道德品质和智慧。[①]

通过对中西方有关"人文"一词的深入分析发现，人文即"人之所以为人"的各种属性。而人之所以为人，是因为人具备的理性和意识，人能够在反思之后，遵循社会法则和交际准则。并且随着历代的演化，人类积累了丰富的文化遗产，体现了人类的智慧，见证了人类的"性本善"，即对真理的追求和对美好事物的热爱。

关于"素质"一词，其字面意义源于未经加工的白丝，象征着纯净未加工染的状态。在心理学与教育学领域，该词被赋予了多重含义，其中心理学

---

① 西塞罗.理性、美德和灵魂的声音[M].武汉：长江文艺出版社，2015：211.

的解释强调了先天遗传特征的重要性，认为天赋或天资是人与生俱来的，并且涵盖生理和解剖学方面的特征，如大脑和神经系统的结构与功能、感觉器官、身体构造等，这些特性主要由遗传因素决定，但也受到胎儿在母体内的环境影响。相反，教育学中对"素质"的理解则强调了后天因素的作用。在这个视角下，"素质"被定义为"人在先天的生理基础上，经过后天教育和社会环境的影响，通过个体自身的认识与社会实践，养成的比较稳定的身心发展的基本品质或素养"。综合而言，"素质是以人的遗传天赋为基础，在环境和教育影响下形成和发展起来的相对稳定的身心组织要素、结构及其质量水平"，既包含了先天的生理特征，也融合了后天通过教育和培养所塑造的多元素质，涉及身体、心理、文化以及思想道德等多个维度。

因此，在本研究框架下，"人文素质"这一术语被阐释为个人的基础属性和心态，它关乎一个人与他人、群体、社会、国家、自然以及国际社会之间的互动方式。此概念认为人文素质作为一种深刻的内在品格，不是由遗传因素所决定，而是在外部环境的作用下，通过一个"内化"的过程逐渐形成。这种品质被视为是通过后天培养而获得的，它是个人独特性格、风度和吸引力的关键组成部分。人文素质表现在很多方面，如言辞表达、情感反应、思维方式、行为举止、日常行动以及文艺创造力等，并且这一素质是可以通过持续的努力加以培育和提高的。因此，人文素质是一个人个性化特征的集大成者，它既是个人与社会互动的桥梁，也是个人发展和成长的重要基石。

在社会学领域，人文素质的概念被划分为两种类型：广义上的人文素质和狭义上的人文素质。广义上的人文素质，涉及个体对文化、社会、历史和艺术等方面的广泛理解和所具备的相关知识。这不仅包括对文学、哲学、历史学等传统人文学科的掌握，也涵盖了对社会多样性、文化差异和国际视野的认识。在这个层面上，人文素质体现为一个人对人类经验和社会现象的深入理解，以及在这一基础上进行批判性思考和有意义交流的能力。狭义上的人文素质，则更侧重于个体层面的品德、道德观、审美情趣和人际交往能力。这种理解下的人文素质强调个人的内在品格，如诚信、同情、责任感和对美的感知能力。它还包括了良好的社交技能和情感智力，即个体在人际交往中展现的同理心、沟通技巧和冲突解决能力。

2.人文素质的主要内容

结合前面对人文素质的理解，笔者提出了一个核心观点，即高度的人文素质是通过后天教育而逐渐形成的。这种人文素质涵盖了四个关键方面。

第一，要熟悉和掌握丰富的人文历史常识。人文历史常识的范畴极为广泛，涉及精神文明的各个层面。例如，历史经验、民族文化、文学基础、政治理论、法律知识、艺术修为、哲学推理以及宗教信仰等。

第二，要深刻理解和接受各种人文思想。人文思想深受民族文化的影响，各种文化背景催生出独特的人文理念。人文思想显现出鲜明的个性特征，即个体的性格差异能够塑造各异的人文观念。此外，人文思想还紧密联系特定的意识形态，在不同的社会体制与文明发展阶段中，会衍生出多样的人文理念。

第三，要熟悉和运用人文方法。人文方法的实践与创新对人文思想的发展至关重要，人们通过灵活运用人文方法来思考和处理问题，从而显现出个人人文素质的深度与广度。人文方法重视经验和体验，而非追求极端的精确性或普遍适用性。其侧重于在特定的文化背景下进行定性分析，进而在实践中发挥其独特的作用。

第四，要遵循人文精神。人文精神作为人文思想和人文的基石，构成了一套关于世界观和价值观的根本框架，人文精神不仅是人文思考和人文方法的核心，更体现了人们对人类精神文化现象的深刻敬重，还是对理想人格全面发展的肯定与塑造。此外，人文精神代表着人类努力实现自我完善、扩展视野和提升品质的顶峰。作为人文素质的顶层，人文精神的存在与否，是衡量人文素质教育成败的关键指标。

人文素质作为一个多维度的概念，包括了熟悉和掌握丰富的人文历史常识、深刻理解和接受各种人文思想、熟悉和运用人文方法以及遵循人文精神四个主要内容，这些内容共同构成了一个全面的人文素质框架，对于个人的综合发展和社会的文化进步具有重要意义。首先，熟悉和掌握丰富的人文历史常识是人文素质的基础，包括对世界历史、不同文化、文学作品、哲学理论、艺术流派等的广泛了解。掌握这些知识能够使个体更好地理解人类社会的发展脉络，认识到不同文化和历史背景下的人类活动和思想。例如，了解古希腊哲学、文艺复兴时期的艺术创作和现代科技对社会的影响，可以帮助个体形成对人类社会多样性和复杂性的全面认识。其次，深刻理解和接受各种人文思想是人文素质的核心，个体不仅要知道不同的人文思想，更要能够理解其深层含义和价值，包括对各种哲学观念、道德伦理、社会理论等的深入探究。例如，理解伦理哲学中的道德原则、政治哲学中的正义理念以及美学中的审美标准，这些思想不仅是抽象理论，更与个人的日常生活和社会实践密切相关。通过深入理解这些人文思想，个体能够形成更加成熟和全面的世界观，从而促进个人道德和智慧的发展。再次，熟悉和运用人文方法是实践人文素质的重要途径。人文方法包括批判性思维、逻辑分析、文本解读、历史考证等一系列分析和解释人类文化和社会现象的方法。例如，运用批判性思维分析一部文学作品，不仅能够理解作品的表面意义，还能深入探讨其背后的社会背景、作者意图和文化意义。通过运用这些方法，个体不仅能够更深入地理解人文学科的知识，还能够在日常生活中更有效地分析和解决问题。最后，遵循人文精神是实现人文素质的终极目标。人文精神包括对人的尊重、对知识的追求、对美的欣赏和对真理的探索。这种精神促使个体在日常生活中展现出高尚的道德品质、对他人的同情和理解、对知识的热爱和对美好事物的欣赏。例如，遵循人文精神的个体在面对社会问题时，会展现出更多的同理心和责任感，会积极参与社会公益活动，对促进社会正义和进步做出贡献。

（二）人文素质教育的意义

首先，从促进大学生全面自由的发展角度来看，人文素质教育在高校中的实施至关重要。人文素质教育涵盖了文学、历史、哲学、艺术等多个领域，这些领域的学习使学生能够深入了解人类社会的历史和文化，加深对世界的理解。在这个过程中，学生能够培养出全面的世界观和价值观，形成独立的思考能力和批判性分析能力。通过对人类社会及其文化成就的研究，学生能够理解不同文化和历史背景下的人类行为和思想，从而培养出广泛的同情心和包容性。这种教育不仅仅涉及知识的传授，更关乎智慧和品格的培养。

其次，人文素质教育还能够激发学生的创造力和想象力。在研究不同的艺术作品和文学作品时，学生需要运用自己的想象力来理解和解释这些作品背后的深层含义。这不仅丰富了学生的情感世界，还激发了他们的创造力。通过这样的教育，学生能够学会以创造性的方式思考问题，提出创新的解决方案。

再次，人文素质教育能够促进学生的道德发展和自我实现。在学习不同的哲学思想和道德理论时，学生被鼓励去思考什么是正确的、什么是公正的，以及如何做一个有责任感的公民。这有助于学生形成自己的道德观和价值观，成为更有社会责任感的人。通过这种方式，人文素质教育不仅培养了学生的知识和技能，更重要的是培养了他们的个人品质。

最后，从促进社会进步和人类文明不断前进的角度来看，人文素质教育同样发挥着重要的作用。在全球化和快速变化的现代社会中，对人文知识的理解和尊重变得尤为重要。人文素质教育能够培养出能够理解和尊重多样性的个体，这对于建立和谐的多元化社会至关重要。在这种教育的影响下，学生可以学会如何理解和接受不同的文化和观点，这对于促进不同文化和社群之间的对话和理解具有重要意义。

二、高校辅导员在大学生人文素质教育中的作用

以一般大学为研究对象，通常情况下大学生的年龄在 18 至 22 岁。这一时期正是他们的心理断乳期，大脑的功能逐渐趋向稳定，皮层内的神经细胞已经完全成熟，感知和理解能力显著增强，思维逐渐成熟。同时，自尊心在这个时期变得敏感而脆弱，对未来充满不确定性，对当前状况感到不满意，对过去存在疑虑，并开始逐渐脱离父母，学会独立思考、自主解决新问题。然而，尽管大学生们在这一阶段已经开始培养自己的判断力，但他们的知识和经验仍然有限，世界观、人生观和价值观尚未完全形成。因此，大学生需要参考和借鉴一定的指导和榜样，以更好地发展自己。

高校辅导员作为辅导员，肩负着引导学生思想和行为的重要使命。因此，辅导员需时刻敏锐地捕捉学生思想的动态变化，并采取正确的引导策略引导学生走向正确的发展轨迹，提醒学生切勿疏忽，坚决指出学生的错误和不足之处，并巧妙地提示改进之道。高校辅导员在这个过程中，需要充分运用循循善诱、因势利导的方法，以打动学生的内心，塑造学生的品格，用温暖和真诚对待每一位学生，借助自身的人格魅力，引领他们踏上通向美好未来的道路。此外，高校辅导员还应时刻注重学生的成长和进步，及时发现并肯定学生的优点和努力，与学生保持密切接触，通过自己的信仰、追求和言行，潜移默化地影响学生的思想和行为。由于与学生的亲近性，辅导员容易被学生接受和理解，因此，辅导员的示范能够积极有效地塑造学生的行为举止和思维方式。辅导员的工作有助于学生培养良好的行为习惯、民主科学的思维方式以及优秀的品德品质，他们的言传身教深刻地影响着学生。

综上所述，高校辅导员的工作不仅仅是教育，更是一种艺术和责任。他们通过亲切、理性和真诚的引导，以及自身的示范作用，引导学生朝着正确的方向前进，为学生的美好未来奠定坚实的基础。辅导员的言传身教，是高校人文素质教育中不可或缺的重要组成部分。

三、高校辅导员做好大学生人文素质教育的方法

（一）优化高校辅导员职业队伍

1.把好高校辅导员队伍的入口关

高校辅导员岗位看似平凡，实则承载着重大责任，即传授学生人生道义，因此不是任何人都能够胜任该职务。在确保高校辅导员队伍能够履行其使命、不断提高素质的前提下，高校必须精选具备德才兼备、志愿献身的专业人才，为提高高校辅导员队伍质量打下坚实的基础。因此，高校在选择辅导员时必须建立全面而切实可行的选拔标准和程序，以持续优化队伍，培养合格的专业人才。除了确保候选人具备"德才兼备"的特质，即品德高尚、综合素质卓越，还要充分兼顾其他因素，如应注重选拔那些具备较高人文素

养和人文关怀的个体。需要明确的是，高校辅导员岗位并非人们追求财富和名誉的工具，相反，应该用"人梯"和"园丁"来形容才贴切。

2. 建立辅导员队伍的选拔及用人标准，完善学习提高机制

高校辅导员的选拔和任用是高等教育人事管理中的重要环节，不容忽视，也不应存在制度空白和短板。因此，高校应在当前的教师选拔体系基础上，有针对性地调整辅导员的选拔标准，以确保选拔出具备卓越职业道德素养的资深专业人士。高校辅导员的选拔需要更多关注以下方面。第一，候选人必须表现出对辅导员工作的热爱和执着，具备强烈的事业心。第二，他们需要展现出对人民、国家和社会的高度责任感，并能将这份责任贯穿于工作之中。第三，候选人还应具备严谨的科学态度和务实的工作风格，以确保他们能够有效地履行辅导员的职责。第四，高校辅导员必须对学生怀有深厚的情感，具备高度修养，以身作则，愿意无私奉献。第五，辅导员必须重视并不断优化其心理素质建设，维持积极向上、热情待人、乐观豁达的情感状态，以确保其在教学工作中能够保持良好的情绪状态。第六，辅导员还应当具备高尚的人格魅力，这体现在他们的情感、智慧、气质、能力和综合素质等各个方面。教育家苏霍姆林斯基曾说：只有人格才能够影响到人格的发展和规定。大学生思想政治教育中，辅导员的人格魅力具有巨大而不可低估的影响力，其高尚的品格与卓越的管理才干相结合，能够确保教育工作达到预期效果。[①]相比于单纯的灌输式教育或盲目的批评指责，辅导员的人格力量更为强大且感染力十足。因此，高校辅导员应注重培养和展现自身的高尚品德、理想信念、情感修养、智慧素养、才艺技能，以及得体的言谈举止和仪表仪态。

大学教育的主要特点之一在于持续创新，因此，辅导员必须具备强烈的创新意识和探索能力。为了在这个领域取得成功，辅导员需要不断增强自己的创新意识，敢于摆脱过时观念和习惯的束缚，善于在实践中发现新问题，探索新方法，寻找新思路，辅导员要增强创新意识可以通过多种方式来实现，如何进行创造性的学习，以了解学生的思想和心理变化规律，并采取有

针对性的工作方法。同时，辅导员还需要采用创新的工作方式，以体现时代特点，与时俱进，有针对性地开展工作。高校辅导员需要具有协调、组织和管理这些重要素质，要善于进行协调和有效沟通，具备信息收集和情况了解的能力，并能够顺畅传递信息，充当有效的沟通桥梁。为了建立一个高效的辅导员队伍，高校必须建立合理的用人机制，以确保适合岗位的人员能够进入，不适合的人员能够有机会退出。只有制订适当的奖惩机制，才能激发辅导员队伍的活力和竞争力。此外，高校应该为辅导员制定完善的培训计划和继续教育体系，以促进他们的个人成长，并为他们提供更多的培训机会和广阔的发展空间。

（二）提高高校辅导员自身人文素养

1. 不断加强对高校辅导员人文素质的培养和提高

提高高校辅导员的人文素质是一个系统工程，需要从多个方面入手采用综合性的策略和路径。第一，持续教育和专业培训。高校应定期为辅导员提供人文学科的专业培训和继续教育机会，具体应覆盖传统的人文学科如历史、哲学、文学和艺术，还应包括当前社会热点和跨文化交流等内容，通过参与这些培训，辅导员能够不断更新和扩展自己的人文知识储备。第二，学术交流和研讨。鼓励辅导员参与学术研讨会、研究项目和学术交流活动，不仅能增进他们的专业知识，还能够拓展他们的视野，使其与来自不同背景的教育工作者交流思想，从而提高其人文素质。第三，跨学科学习和实践。鼓励辅导员跨越自己的专业领域，学习其他学科的知识，特别是人文学科。可以通过设置跨学科课程、工作坊或者项目合作等方式实现。跨学科的学习和实践有助于辅导员全面发展，可以提升其人文素质。第四，自我学习和阅读。鼓励辅导员进行自我学习，定期阅读相关的人文学科图书、期刊。自我学习的过程有助于辅导员持续地扩充知识和深化理解。第五，文化参与和体验。鼓励辅导员积极参与文化活动，如参观博物馆、艺术展览，参加文学和哲学讲座等。亲身体验不同的文化活动能够让辅导员直观地感受人文知识，从而可以提高其人文素养。

2.完善大学生人文素质培养工作激励机制

完善大学生人文素质培养工作的激励机制是提升学生人文素质的关键环节，其核心在于构建一个多维度的激励体系，旨在全面促进学生的人文素养发展。此体系应基于客观和科学的激励理念，同时遵循学生身心发展规律，并在精神激励与物质激励之间找到恰当的平衡，最终营造一个公开、公平的竞争环境。首先，树立客观、科学的激励理念意味着激励措施需要基于对学生真实需求和兴趣的深入理解。这涉及对学生的人文素质现状和潜能的准确评估，以及对激励效果的科学测量。在这个过程中，关键是要摒弃一刀切的激励方法，转而采用更加个性化和差异化的策略，确保激励措施能够真正触及学生的内在动力，激发他们的学习热情和创造力。其次，"以学生为本"的教育理念强调在激励机制设计中须充分考虑学生的身心发展规律。这意味着激励措施不仅要关注学生的知识获取，更要关注他们的情感、价值观和人格发展。在这一理念下，激励策略应当鼓励学生探索和发展个人兴趣，支持他们在人文素质培养过程中的自主学习和创造。另外，涉及精神激励与物质激励的结合，强调以精神激励为主。精神激励包括对学生在人文素质方面成就的认可、赞誉以及提供发展的机会和平台。与此同时，适当的物质激励，如奖学金、研究资助或实习机会等，也能起到积极的辅助作用。有效运用精神激励和物质激励的关键在于找到二者之间的平衡点，确保激励机制既能满足学生的内在需求，又能为其有助于提供外在的支持和认可。最后，构建一个公开、公平的竞争环境对于激励机制的有效实施至关重要。这种环境能够确保所有学生在人文素质培养中享有平等的机会和资源，同时也有助于健康的竞争氛围的营造。公开透明的评价标准和程序有助于学生明确目标，能激励其积极参与和努力提升自己的人文素养。

第二节　大学生爱国主义教育

一、爱国主义教育的理论阐述

（一）爱国主义教育的内涵

爱国主义教育是一种重要的教育理念和实践，旨在培养和传承爱国主义精神，激发个体对祖国的深厚情感，引导他们为国家的繁荣和进步做出积极贡献。其内涵丰富多维，包括以下几个方面。一是国家意识和国家认同。爱国主义教育首先包括培养个体的国家意识和国家认同。这意味着个体要了解自己所属国家的历史、文化、地理和政治体制，认同国家的价值观和法律制度。国家意识和认同是爱国主义的基础，它们使个体能够与国家产生深厚的情感联系。二是社会责任和参与意识。爱国主义教育鼓励个体承担社会责任，积极参与国家和社会事务，包括参与公益活动、志愿者工作、社会事务的讨论和决策等。通过参与，个体能够体验到自己的行动对国家和社会的影响，从而增强社会责任感。三是民族团结和文化传承。爱国主义教育强调民族团结和文化传承的重要性。个体需要尊重和理解不同民族和文化的多样性，同时保护和传承本民族的文化遗产，这有助于构建和谐社会，促进不同群体之间的互相理解和合作。四是国家安全和国防观念。爱国主义教育也包括培养个体注重国家安全和国防。个体需要了解国家的安全挑战和威胁，认识到国家安全对个体和社会的重要性，积极支持国防建设和维护国家安全。五是公民道德和法治观念。爱国主义教育强调公民道德和法治观念的培养。个体需要遵守国家的法律法规，尊重他人的权利，维护社会的公平正义，以行动践行爱国主义精神。六是国际视野和全球责任。爱国主义教育也应包括培养个体的国际视野和全球责任感。个体需要了解国际事务和全球挑战，认识到国际合作对国家的重要性，积极参与国际事务，为维护全球和平与发展做出贡献。

（二）爱国主义教育的历史发展

1995 年 3 月，民政部确定了首批 100 个爱国主义教育基地。1995 年 5 月，中宣部、国家教委、文化部、新闻出版署和共青团中央共同发布了《关于向全国中小学推荐百种爱国主义教育图书的通知》。

在 1996 年 10 月 10 日的中共十四届六中全会上，江泽民发表了一项关键讲话，强调了深化爱国主义教育在我国社会，尤其是在青少年群体中的迫切必要性。他明确指出："为了把我们的事业继续推向前进，必须在全国人民特别是青少年中进一步加强爱国主义教育。""要通过各种生动活泼的形式，广泛、深入、持久地加强爱国主义教育和宣传提高全国人民的民族自尊心和自豪感，在全社会进一步发扬以热爱祖国、贡献全部力量建设祖国为最大光荣，以损害祖国利益和尊严为最大耻辱的良好风尚。"在 1997 年 7 月，中宣部向社会公布了一百个示范性爱国主义教育基地，此举旨在促进并激励全国范围内爱国主义教育基地的发展。这些示范基地的选定反映了多元化的历史和文化维度：其中 19 个基地展现了中华民族深厚的历史文化遗产；9 个基地聚焦于近代中国面临帝国主义侵略的挑战及中国人民的抵抗与奋斗；而余下的基地专注于展示中国人民在现代革命斗争和社会主义建设时期的重大历史事件和成就。

2001 年 6 月 11 日，中宣部确定了第二批新的爱国主义教育示范基地，基地的核心任务是展示中国共产党辉煌的历史。2005 年 11 月 20 日，中宣部再次公布了第三批共计 66 个全国范围内的爱国主义教育示范基地。2009 年 5 月，中宣部公布了第四批共 87 个全国爱国主义教育示范基地。连续的措施加强了爱国主义教育基地的建设，优化了其在开展爱国主义教育活动中的作用，并且从某种程度上提升了群众参与爱国主义教育热情，激发了群众的爱国情感，汇聚了群众的力量，培育并加强群众的民族精神。2019 年，中共中央、国务院印发的《新时代爱国主义教育实施纲要》（简称《纲要》），是在既有《爱国主义教育实施纲要》的基础上做出的更新。《纲要》强调了激发广泛民众的积极性和主动性在爱国主义教育中的重要性，认为爱国主义教育应普及全民，其群众性应当得到特别强调。为此，包括工会、共青团、妇联、文联、作协、科协、侨联、残联及关工委在内的各级人民团体和群众组织被呼吁发挥各自的优势，针对不同领域和群体广泛开展爱国主义教育。此外，《纲要》特别指出，退休干部、老兵、资深专家、资深教师、模范人物等应被动员，以他们的亲身经历向公众特别是青少年传承爱国传统。该文档强调将爱国热情深植于基层和群众之中，将爱国主义教育与新时代文明实践中心建设、学习雷锋志愿服务、精神文明建设等紧密结合。此外，还提倡通过百姓宣讲、广场舞、文艺演出、邻里节等群众性活动，将爱国主义教育融入人们的日常生活，以此引导人们自发地进行宣传、教育和自我提升。2022年11月12日，中共中央、国务院印发的《爱国主义教育实施纲要》强调要着眼培养担当民族复兴大任的时代新人，始终高扬爱国主义旗帜，着力培养爱国之情，砥砺强国之志，实践报国之行，使爱国主义成为全体中国人民的坚定信念、精神力量和自觉行动。

（三）高校学生爱国主义教育的重要性

目前，中华民族伟大复兴正处于关键时期，为了注入更强大的精神动力，促进这一伟大复兴的实现，高校学生们需要积极拥抱爱国主义，将其深深植入心中，并努力传承爱国主义精神，集结起民族的强大力量。高校在这个过程中扮演着重要的角色，高校需要强化对学生的爱国主义教育，努力弘扬民族精神。随着经济全球化的深入发展和世界范围内动荡变革的日益加剧，当今时代正经历重大的变革。在这种背景下，高校必须加强对学生思想意识的引导，提高学生对所处形势的理解和认知，帮助学生科学、清晰地认识到爱国主义的价值。学生们只有正确理解爱国主义并积极践行爱国主义精神，才能更好地助力中华民族伟大复兴的实现。我国的青年一代一旦具有挑重担的决心、克难闯关的勇气和一往无前的精神，那么中国特色社会主义将更加充满活力，国家的发展将更加有后劲，国家的未来也将更加充满希望。

二、辅导员在高校爱国主义教育中的角色定位

（一）强化辅导员一线优势的主导作用

辅导员在高校爱国主义教育中担任着重要的主导作用。他们应该成为爱国主义知识和情感的传播者和引导者。首先，辅导员应具备深厚的爱国主义情感和知识储备。他们需要不断充实自己的爱国主义知识，了解国家的历史、文化、社会发展等方面的信息，以便能够向学生传递正确的爱国主义观念。其次，辅导员可以通过组织各类爱国主义教育活动来引导学生。这些活动可以包括主题讲座、座谈会、纪念活动等，旨在向学生传达爱国主义思想和情感，激发他们的爱国情感。辅导员还可以组织学生参观国家历史遗迹、博物馆、纪念馆等地，使学生亲身感受国家历史的底蕴和文化的魅力。最后，辅导员需要与学生建立亲近的关系，倾听他们的声音，了解他们的需求，引导他们积极参与爱国主义教育，培养他们的爱国主义情感。

（二）调动学生发挥自我教育的主体作用

辅导员在爱国主义教育中的角色还包括调动学生发挥自我教育的主体作用。辅导员应该激发学生的自主学习兴趣，培养其自我教育的能力。辅导员可以通过指导学生开展独立研究项目，鼓励他们参与志愿服务活动，以及组织学生进行社会调查等方式，让学生深度参与爱国主义教育的过程。此外，辅导员还可以设立学生论坛或研究小组，让学生自主选择感兴趣的爱国主义主题进行讨论和研究，从而提高他们的自我教育能力。

（三）构建校内外配合的联动机制

爱国主义教育需要校内外各方的合作与支持。辅导员应积极与其他教育管理部门、学科教师、社会组织等建立紧密联系，形成校内外的联动机制。在校内，辅导员可以与相关部门合作，共同策划和实施爱国主义教育活动，确保资源得到充分利用。同时，辅导员还可以借助校外资源，如社会组织、

企业合作等，为学生提供广泛的参与机会和实践平台。这种校内外协同合作有助于丰富爱国主义教育的内容和形式，提高教育效果。

三、高校辅导员在爱国主义教育中的自觉行动

（一）挖掘教育资源，抓好课堂教学主阵地

辅导员在爱国主义教育中的自觉行动之一是挖掘教育资源，充分发挥课堂教学的主阵地作用。为实现这一目标，辅导员可以与相关学科教师合作，将爱国主义教育内容融入课程。例如，在历史课程中深入讲解国家历史事件，或在文化课程中引导学生了解国家文化传统。辅导员可以通过这种方式，使爱国主义教育与学术教育相互融合，让学生深入地理解国家文化和历史。与此同时，辅导员还可以组织专题讲座和研讨会，邀请专家学者就爱国主义话题进行授课和讨论，例如，某高校辅导员在国庆节前邀请历史学家举办专题讲座，讲述了国家成立和发展的历史，吸引了众多学生参与。讲座结束后，学生们的爱国情感得到了激发，对国家历史有了深刻认识。

（二）拓展参与渠道，打造高质量活动品牌

拓展参与渠道和打造高质量活动品牌是辅导员在高校爱国主义教育中的重要任务。对此，辅导员一方面需要积极寻找新的渠道，另一方面需要创造有吸引力和影响力的活动品牌。辅导员可以组织学生参与各类校园活动，如社会实践、志愿服务等。这些活动为学生提供了与社会互动的机会，可以让他们深入地了解国家和社会的现实问题。例如，学生可以参与社区建设、环保活动，体验国家的发展进程。辅导员还可以鼓励学生参与学术研究和课外项目，开展与国家发展相关的研究和实践活动，让学生深入思考国家面临的挑战和机遇，培养他们的创新能力和问题解决能力。除此之外，辅导员要积极推动学生参与国际交流和合作项目，与国外学生和机构的合作，从而使学生可以更好地了解国际事务，提高国际交往能力。

为了吸引学生积极参与，辅导员可以打造高质量的活动品牌。如上海交

通大学每年举办"国旗下讲话"比赛，该比赛以国旗升旗仪式为背景，要求参赛学生在国旗下进行演讲，表达对国家的热爱、对未来的期许以及对社会问题的思考。比赛在国旗升旗仪式上举行，庄重而庄严，为学生提供了一个特殊的背景，让他们的演讲更具仪式感和感染力。比赛的主题是爱国主义，这与国家发展和社会进步紧密相关。学生参赛时需要关注国家的重大问题，这有助于引导他们进行思考和表达。比赛鼓励学生用自己的声音表达爱国情感和思考，不仅强调知识传递，更注重个性和情感的表达。比赛的录像和演讲稿件会在校内外传播，从而可以吸引更多学生积极参与，并使更多人受到爱国主义教育的影响。

（三）发挥宣传媒介作用，搭建网络教育平台

在现代社会，宣传媒介和网络平台具有广泛的传播渠道和强大的影响力，因此，辅导员可以通过这些媒介和平台，有效地传达爱国主义教育的理念和内容，以实现广泛覆盖和参与。

（1）利用学校官方网站传播爱国主义教育内容。学校官方网站是高校信息发布的重要渠道，辅导员可以借助学校官方网站，创建专门的爱国主义教育页面或栏目。这个页面可以包含国家历史、文化、政策等方面的文章、视频、图片等多种形式的信息，以便学生随时浏览和学习。例如，该页面可以发布国家重大节庆活动的通知，介绍国家文化遗产，报道学校组织的爱国主义教育活动等。

（2）利用社交媒体扩大传播范围。社交媒体是年轻一代学生常用的信息获取渠道，辅导员可以在社交媒体平台上创建官方账号，定期发布与爱国主义教育相关的内容。这些内容可以包括国家历史知识小贴士、国旗下讲话比赛的宣传、学生参与爱国主义实践活动的报道等。通过社交媒体，辅导员可以与学生建立紧密的互动关系，激发他们的兴趣，引导他们深入了解和参与爱国主义教育。

（3）建立专门的网络教育平台。为了系统地传授爱国主义教育内容，一些高校已经建立了专门的网络教育平台。例如，浙江大学的"浙大爱国主义演

教育网"平台就为学生提供了丰富的在线课程和教育资源。这些课程涵盖国家历史、文化、社会发展等多个方面的内容，学生可以根据自己的兴趣和时间自由选择学习。

（4）借助多媒体技术和互动性教育工具增强教育效果。在网络教育平台上，辅导员可以结合多媒体技术和互动性教育工具，提高教育效果。例如，可以制作教育视频，通过动画、音乐、影像等方式生动呈现国家历史和文化，使学生易于理解和记忆。此外，可以设计在线问答、测验、讨论等互动环节，促使学生积极参与，巩固所学知识。

第三节　大学生理想信念教育

一、大学生理想信念教育理论阐述

（一）大学生理想信念教育的内涵与特点

1. 理想信念的内涵

"理想信念"由"理想"和"信念"两个词组成。为了深入理解"理想信念"的内涵，有必要对"理想"和"信念"这两个要素进行深入分析。其中，"理想"是指个体在实践和生活中所确立的发展和奋斗的目标，代表了个人的人生追求，是人类生命活动的最终归宿。正如弗里德里希·威廉·赫歇尔（Friedrich Wilhelm Herschel）所说："人从来就不是纯粹的一种存在，总会关系到意义。"从哲学的视角来看，可以将"理想"视为个人生命中的至高准则。一旦确立了理想，个体便会积极地投身于实现自身价值和达成理想的奋斗之中。在这个过程中，"信念"扮演着重要的角色，它代表了人们在认知的基础上形成的某一思想或事物的坚定信仰，以及这一信仰付诸实践的决心。在马克思主义中，这种心理态度和精神状态通常指的是宗教信仰。也有一些学者将"信念"视为人类的一种精神现象，是人们基于特定认知基础对某种思想或事物深信不疑的坚定精神状态，并通过实际行动体现出来。在"信念"的鼓舞下，个体将充满热情地投身于生活、学业和职业，同时坚定地从事特定活动。随着历史的演进和社会的进步，理想信念的概念也发生了变化。最初，"理想"和"信念"是两个独立的概念，它们分别用于不同的情境。然而，在1985年，邓小平同志提出了我们的信念理想就是要搞共产主义，从而将"理想"和"信念"合并为一个词语，这一变化使得"理想信念"这个词语开始为人们所熟知。随着社会的不断发展，"理想信念"这个词语的使用频率逐渐增加。1996年，中共中央发布的《关于强化社会主义精神文明建设的重要决议》中首次提出了"理想信念"。这标志着"理想信念"成为政治术语。基于此，人们深刻理解"理想信念"是在坚定不移的信仰和坚强意志的支持下，不断追求个人人生价值的过程。当代社会更加强调个体的理想信念，将其视为个体人生道路上的重要指导原则。"理想信念教育是人类教育活动的一个特殊领域，是教育者对他人开展的一种以树立某种社会理想信念为目的的教育。"大学生需要明确自己的理想信念，并为之不懈努力，以实现人生目标，促进个人成长。

2. 理想信念教育的内涵

"理想信念教育"指的是通过采用特定的教育内容和方法来培养受教育者的世界观、人生观和价值观等。在教育的支持下，个体更容易形成理想信念。这表明理想信念的建立不是无缘无故的，而是在教育的引导下逐渐形成的。人们可以通过以下几个方面来深入理解"理想信念教育"的内涵。

一是"理想信念教育"属于思想教育范畴。"理想信念教育"这一教育形式通过应用教育内容和方法，引导受教育者的思想发展，以确保受教育者能够明确并坚定自己的理想信念。

二是"理想信念教育"属于信仰教育范畴。在中国特色社会主义道路中，为确保广大人民群众坚定不移地走中国特色社会主义道路，推动国家的健康发展，必须进行社会主义和共产主义的教育，以巩固并增强广大人民群众的信仰。因此，可以将"理想信念教育"视为一种信仰教育，其目的是通过对广大人民群众的信仰进行教育，以使广大群众的思想和行为更好地符合中国特色社会主义建设的要求。

三是"理想信念教育"涉及个体的"三观"形成。这里的"三观"指世界观、人生观和价值观。通过推进理想信念教育，可以帮助受教育者树立科学的世界观、人生观和价值观。

3. 大学生理想信念教育的内涵

理想信念教育是高校教育的重要组成部分。通过教育可以帮助高校学生更好地适应社会活动，深入了解人际交往模式，提高劳动生产效率。

在当代教育领域，大学生理想信念教育呈现出独特的教学特色，与其他学科形成鲜明对比。理想信念教育不局限于固定的教学范畴，而是在多个层面广泛渗透。区别于其他学科常用的直接教育方法，理想信念教育采取隐蔽和渐进的方式，通过影响高校学生的意识，来引导高校学生在学习、生活和职业发展中，积极奋斗，实现共产主义远大理想。学生被鼓励将国家繁荣昌盛及中华民族伟大复兴视为自己的职责，并全力以赴地迎接和克服多样化的挑战。理想信念教育不断与时俱进，展现了其充满活力的时代特性。

教育部党组印发的《高校思想政治工作质量提升工程实施纲要》明确：坚持和加强党的全面领导，充分发挥中国特色社会主义教育的育人优势，以立德树人为根本，以理想信念教育为核心，以社会主义核心价值观为引领，以全面提高人才培养能力为关键，强化基础、突出重点、建立规范、落实责任，一体化构建内容完善、标准健全、运行科学、保障有力、成效显著的高校思想政治工作质量体系。[①]

由此可见，对于思想政治工作质量建设而言，理想信念教育极为重要。中国共产党自成立以来，高度重视青年学生意识形态的培育。实施大学生理想信念教育有助于使大学生明确个人信仰和理念，认识到信仰对社会进步的

---

① 中共教育部党组.关于印发《高校思想政治工作质量提升工程实施纲要》的通　知[EB/OL].(2017-12-05)[2023-11-24].https://moe.gov.cn/srcsite/A12/s7060/201712/t20171206_320698.html.

重要性，从而确立正确的理想信念。在面对社会不良风气时，具有坚定理想信念的学生能够最大程度地保持独立思考，不受不良风气的影响。这种意识形态层面的知识无法从其他学科中获取，可见大学生的理想信念教育在高校思想政治教育体系中占据不可或缺的地位，它有助于年轻学生在复杂多变的社会环境中保持坚定的理想信念，坚守初心，并做出符合国家、人民和亲友利益的决策。

（二）大学生理想信念教育的地位

"理想信念教育是做好大学生思想政治工作的核心内容"，理想信念教育的效果好坏关系到大学生思想政治教育的成败。

首先，对大学生进行理想信念教育是实现思想政治教育核心目标的关键途径。思想政治教育具有明确的阶级属性，旨在引导大学生确立以马克思主义为核心的世界观、人生观和价值观。通过思想政治教育，可以提升大学生思想道德修养，为社会主义建设输送具有高素质的新一代接班人。通过深入的理想信念教育，培养大学生自觉地融合个人理想与国家事业的发展，将个人价值与民众需求紧密联系。在多元化文化环境中，思想政治教育促使学生以理性的态度审视问题，强调要采用辩证法进行深入分析，并强调运用科学的价值观来协调个人与他人、社群，以及国家之间的关系，以此增强学生识别并抵御不良文化影响的能力。

由此可见，在当代社会，思想政治教育的本质与目标密切关联，而这种教育在不同的社会阶层中呈现出不同的特点和目标。以中国共产党为例，该党作为无产阶级的代表，采用马克思主义作为教育的核心理念，旨在激励广大人民群众积极参与共产主义事业，从而为该事业的成就做出重要贡献。相较之下，资产阶级则通过资本主义的理念来教育其民众，鼓励他们为资本主义的发展而努力奋斗。在我国，当前大学生的理想信念教育着眼于用马克思主义理论强化其思维，使其坚守党的路线方针政策，增强对社会主义建设的信心，并坚定不移地走社会主义的发展道路。值得注意的是，若放弃共产主义的理想信念，将会导致思想政治教育偏离其初心和方向。

其次，在评估我国高等教育体系中思想政治教学的成就时，理想信念教育的效果是一个关键的度量标准。理想信念教学旨在塑造个人的思维方式和道德品质，要判断其效力，关键在于探究党和国家所倡导的政治理念及其道德标准是否获得了民众的广泛认同和支持。进一步来说，涉及党和国家能否通过其理想信念指引人民确定正确的发展道路。

在思想政治教育的领域内，理想信念教育被置于核心的位置。由于其显著的重要性，中国共产党在历史的各个时期都重视强调其在教育体系中的关键作用。在当前中国特色社会主义发展的关键时期，激发大学生对"共产主义远大理想"的热忱至关重要，这不仅影响着思想政治教育的成效，而且极大程度地影响着社会主义事业发展成果。在我国，若缺乏引领社会价值观的崇高共同理想以及指导广大人民群众的生活实践，中华民族伟大复兴将无法实现，共产主义理想也将显得遥不可及。

（三）大学生理想信念教育的特点

首先，大学生理想信念教育具有时代性。对于众多大学生而言，"中国特色社会主义"的理想信念并非固定不变的，而是在学习与生活的融合过程中逐渐构建而成的，是与时俱进、在时代演进中得以提升的。在实践的推动下，这些理想信念不断得到强化与提炼。

其次，大学生理想信念教育的政治立场具有鲜明性。在大学环境中，理想信念教育对学生而言是一个漫长而重要的过程。在这个过程中，教育者必须明确而坚定地维护其教育立场。对于大学生而言，一旦形成了某种错误的理想信念，要改变将会是一项比树立初步信念更为艰巨的任务，其困难程度远超从零开始培养正确的理想信念。因此，大学生的理想信念塑造必须通过其知识、情感、意志和行为的综合互动来进行，是一个需要长期坚持和细致培养的过程。

最后，大学生理想信念教育的目标具有多面性。培育学生对理想和信念的认知与追求是一项复合性、多维度的任务，这一过程不仅需与社会主义发展的初级阶段、共产主义远景进行均衡对接，还要融入现实和未来目标进行协同发展。辅导员重视教学目标的同时，还要注意与当下社会环境的融合。在引领学生树立共产主义理想信念的过程中，辅导员应结合学生所处的具体环境，着重于在道德、生活及职业等领域内塑造其理想信念，倡导他们将社会层面的理想信念与个人追求相结合，并激发他们将共产主义理想信念转换为为国家建设事业贡献力量的驱动力。

二、辅导员在大学生理想信念教育工作中的重要性

辅导员在高校学生理想信念教育中扮演着主体角色，并且在"培养什么样的人才，以及如何培养他们"上起着重要的作用。一个辅导员的理想信念应当坚定不移，同时具备深厚的理论知识基础，只有这样才能在学生成长的多元价值观背景下，对学生提出的各种信念和信仰问题给出科学的答案，进行恰当的引导，进而满足"政治觉悟高、专业素质强、纪律严明、工作作风正派"的严格要求，并在培养大学生理想信念方面发挥不可或缺的作用。

（一）辅导员日常工作贴近学生日常学习和生活，渗透性好

辅导员在塑造学生的世界观、人生观和价值观方面具有深远的影响。辅导员的个人品格、情感表达和意志力对学生产生着潜在而深刻的作用。鉴于此，辅导员在进行日常工作，如走访学生宿舍、参与课堂教学、组织活动等时，应始终将解决学生的实际问题作为工作的起点和落脚点。在这一过程中，辅导员应密切关注学生的思想动态，与学生建立友谊，在恰当的时机，巧妙地将社会主义核心价值观的要求融入学生的日常学习和生活。同时，辅导员还应成为大学生学习和生活的榜样，引领他们沿着正确的道路发展。

（二）辅导员心灵贴近学生，普遍得到学生信赖，有效性好

在教育领域，"以人为本"的理念深植于人心，需要强调的是，辅导员的角色不仅仅是教师，还是大学生心灵成长的引导者。辅导员细致周到的工作和对学生的悉心关怀，包括在学生犯错时的耐心批评和指导，可以逐渐缩短师生之间的心灵距离。在许多大学生的认知中，辅导员在很大程度上被视

为"父母"或"兄长"。并且鉴于当前大多数大学生是独生子女，个别学生缺乏生活自理能力，生活习惯常常是玩乐与积极向上的内心期待之间的矛盾体现，学生更加渴望得到关注和引导。对此，辅导员的理解、包容、提醒和督促，成为解开学生内心困惑的关键。学生一旦在辅导员的帮助下解开困惑，便愿意与辅导员分享心声，希望唤醒自身竞争意识，养成朝着理想目标奋斗的良好习惯。

（三）辅导员直管的组织建设、党建工作等围绕学生切实利益，引导性好

在高等教育领域，辅导员承担着塑造大学生理想信念的核心职责，特别是在学生干部队伍的建设、奖惩措施以及助学贷款等方面的实际操作中发挥着重要作用。这些活动关乎学生的直接利益，辅导员不仅要起到导向作用，引领学生向着积极的方向发展，同时还要对不恰当的行为和思想及时给予纠正。特别值得一提的是，学生党建工作在培育大学生理想信念方面占据独特而重要的地位。因此，辅导员要积极引导学生深入学习党的理论、路线、方针和政策，深刻理解社会主义核心价值观的深层含义，以培养具备入党条件的品学兼优的学生，鼓励学生加入党组织，引导更多同学坚定共产主义理想信念，积极实现中华民族伟大复兴的共同目标。

三、辅导员扎实做好大学生理想信念教育工作的路径

（一）坚持真理，加强马克思主义理论教育

作为党和国家的核心思想与旗帜，马克思主义在党的建设和国家治理中扮演了根本性的指导角色。之所以将马克思主义确立为党建和国家治理的基石，源于其对人类社会发展客观规律的深刻揭示，它代表着普遍适用的真理。在过去的百年历程中，中国共产党致力于将马克思主义的基本原理与我国的具体国情相融合，并与中华民族的优秀传统文化相结合，不断推动马克思主义中国化的进程，先后创立了毛泽东思想、邓小平理论，并发展出"三

个代表"重要思想以及科学发展观，而习近平新时代中国特色社会主义思想的提出，为党和国家的持续胜利提供了思想旗帜和行动指南，标志着中国共产党思想理论的不断创新和发展。

高校辅导员要引导大学生加强对马克思主义理论和中国特色社会主义理论的学习教育。首先，辅导员应强化学生对马克思主义经典著作的研究，遵循"原著阅读、原文学习、原理领悟"的原则，将马克思主义经典著作塑造为理解和改革世界的有力思想工具。其次，辅导员需针对大学生所关注的社会问题，扩展马克思主义理论教育的教材和文献资源，形成完整的教育体系。通过马克思主义哲学的基本原理，解读学生所关心的社会热点，不仅能吸引他们的关注，也能指导他们掌握辩证唯物主义和历史唯物主义，让他们学习分析世界和事件；辅导员可以运用马克思政治经济学的核心原理，审视经济发展的历史进程；辅导员可以通过科学社会主义理论，阐释中国特色社会主义制度，从而增强学生对道路、理论、制度和文化的自信。

（二）坚守理想，注重党史学习教育

作为一个具有崇高使命和长远理想的无产阶级政党，中国共产党自创立之日起，便将共产主义作为其远大理念。"学史增信"是党史教育的核心理念，是坚固理想信念的基石。大学生作为未来的社会栋梁，若在理想信念上产生动摇，则可能对他们的个人发展及对党史的学习造成深远影响。理想信念不仅是一种特别的心理状态，而且在塑造大学生的人生目标上起着关键作用。考虑到大学生处在人生的特定阶段，拥有不同的成长背景，他们的心理特质具有易受塑造和动态变化的特点。因此，针对大学生的教育引导必须深入、细致，且与其成长及心理特征相契合，以便有效地引导学生走向正确的人生轨道。大学生越是深入理解党的历史越能巩固他们的理想信念，对党的历史的持续学习则更能增强学生的信念执着。

在对大学生实施党史教育和引导方面，辅导员既是学生的亲密朋友，又是其人生的指导者，在大学生党史教育内容方式上要注重引领和把握，使之贴近大学生的学习、思想和生活实际。具体做法如下：

一是辅导员需精通党史知识，提高自我学习能力，确保宣讲党史时内容丰富、深入且广泛。百年来，中国共产党积累了深厚的党史内涵，每一个时代的精神成为精神的丰碑，每位先锋人物都成为精神的坐标。辅导员必须全面学习这些知识，吸收其精华，完善自己的党史知识体系。辅导员可以通过讲述百年党史中的重大事件和人物，让学生深刻感受到中国革命和建设的艰辛，理解"为什么中国共产党是好的"这一现实真理，从而培养学生的历史思维和历史责任感，从本质上提高政治引导能力。

二是辅导员要充分发挥班级党员和干部的先锋骨干作用，引领广大学生坚定理想信念，在学生心中树立正确的理想和坚定的信念，确保理想信念能够深植于心，成为学生一生奋斗的目标。辅导员需设立专门的党史学习小组，以班级寝室和党团活动室作为活动场所开展宣讲和研讨。此外，党史教育也可以通过班团会上的知识问答、小故事和小课堂等多样灵活的方式融入日常教育辅导员在进行党史教育时，可以适时引入艺术表演形式，以活化党史教育，确保党史学习的全面覆盖。

三是辅导员要成为一个有效的沟通者和协调者，解决学生遇到的困难和问题。服务并协助学生解决问题是大学生党史教育的核心和终极目标，具体做法如何可以通过在学校发展成果中体现党组织的关怀，让学生感受到组织的温暖。辅导员需深入了解学生所面临的挑战和困惑，特别是在助学、就业、后勤等方面，辅导员应主动与相关部门进行沟通，成为有效的连接点，确保信息的畅通传达，并尽可能地为学生提供实际帮助和支持。

在当今时代，大学生的历史知识学习和掌握尤为关键，特别是在树立正确的唯物史观方面。因此，辅导员应致力于引导学生深入学习历史，扎实掌握历史知识，从而增强他们对各种歪曲历史事实思潮的辨识能力。显而易见，那些深谙历史的个体，对于各种企图篡改历史真相的"思潮"将具有较强的免疫力。辅导员在教学过程中，应特别重视历史教材的丰富性和严谨性，以防止历史虚无主义者常用的手法——利用所谓的史料去颠覆传统历史教育。确保学生能够从多角度理解历史，形成独立的判断力。

在新时代背景下，辅导员应采取更具探索性的教育方式，以适应当代大学生的学习习惯。如辅导员可以通过设定特定的历史时期，让学生通过分析保存的资料和历史线索，进行独立的探索和推理，最终得出自己的结论。

（三）坚定信念，提升意识形态安全教育

当前时代背景下，高校辅导员应加强大学生意识形态安全教育，使学生深刻理解意识形态斗争的复杂性和长期性，以及当前意识形态领域所面临的紧迫挑战。为了适应大学生思维的自主性、选择性、多样性和个体差异，辅导员需要采取多样化且生动的宣传教育手段，如利用网络等现代信息技术，以寓教于乐的方式培养学生的情感和净化他们的心灵，使其能够在不知不觉中增强对意识形态安全的理解和认同。与此同时，辅导员要指导学生时刻保持对意识形态斗争的敏感性和警觉性，以使其正确识别和应对各种传播方式的挑战。

大学阶段是学生形成自身理想信念的关键时期，此阶段的结束标志着政治与社会理念的成熟与稳定，因此，辅导员需发挥其优势，以务实的态度引导学生。而要做到这一点的关键在于强化马克思主义理论教育的深入创新，通过多元化的党史教育手段，激励大学生确立共产主义的远大理想与中国特色社会主义的共同愿景，为社会主义培养出合格的建设者与接班人。

第四节　大学生基本道德教育

一、大学生道德教育理论阐释

（一）道德与道德教育的基本内涵

1.道德的内涵

作为社会意识形态的一部分，道德的根源在于人类社会的生产实践，其存在和演变受到社会结构的影响和决定。在马克思的《1844年经济学哲学手稿》中，他强调："宗教、家庭、国家、法律、道德、科学、艺术等等，都不

过是生产的一些特殊的方式，并且受生产的普遍规律的支配。"在生产劳动的进程中，个体和群体出于对自身利益的保护，必然会形成一种共识。这种由共同利益驱动的共识，成为有效管理社会生活的一种机制。生产活动不仅推动了人类意识的觉醒，而且促成了社会行为的规范化。马克思认为"孤立的一个人在社会之外进行生产……就像许多个人不在一起生活和彼此交谈而有语言发展一样是不可思议的"，人作为社会性的群体，是在通过与他人的交往过程中来实现自身价值的。生产劳动将人们联系了起来，因此，人们为了维护群体生活的和谐稳定以及自身的利益安全而制定了规范和准则，这便是道德的起源。

马克思认为，社会存在决定社会意识，社会意识对社会存在具有反作用。一方面，道德的产生是由社会发展条件决定的。例如，在中国的古代时期，道德规范主要旨在支持和保持封建专制的统治结构。而在当今时代，随着社会主义特色的深入发展和中国梦的逐步实现，道德体系已转变为服务于这些目标的关键因素。另一方面，道德对社会的发展具有能动的反作用。具体而言，当先进的道德观念被提出时，它们能够激励人们的行动，并为社会发展提供动力。相反，陈旧的道德观念可能会成为社会进步的障碍。在新时代，共产主义道德被视为人类历史上最先进和最高尚的道德类型，人们应致力于学习和实践这一道德，不仅要树立，而且要在心中扎根，并为之奋斗终身。

2. 道德教育的内涵

在进行道德教育时，教育者的主要职责是根据社会所认可的道德标准和行为准则，通过有目标、有计划、有组织的方式，对受教育者施加影响，以使他们的行为与社会道德规范保持一致。道德教育的本质属于社会实践范畴，其核心在于道德准则与规范的内化与外化过程。道德是一种社会意识形态，开展道德教育的主要目的是将外在的道德规范转化为个人内心深处的意识，并进一步驱动个人的外在道德行为，为个人进行道德实践提供动力和方向指引。

《新时代公民道德建设实施纲要》中指出，目前我国道德建设要从四个方面出发，分别是社会公德、家庭美德、职业道德和个人品德。开展社会主义道德教育有助于营造良好的社会风气，改善社会环境，维护社会秩序的稳定。道德教育通过提升个人道德水平，旨在促进个体全面而自由的发展。因此，从新时代的视角看，社会主义道德教育是辅导员根据时代发展的需求，基于社会主义道德观，对教育受众施加有序、有目标、有计划的正面影响，以此不断提高其道德素质的重要实践。

3. 大学生道德教育的内涵

大学生道德教育是道德教育范畴中的一个特定领域，专门针对大学生群体。换言之，大学生道德教育既包含了道德教育的基本理念，又针对大学生的思想和行为特点进行了特别处理。大学生道德教育并非局限于高等教育机构内部，其涉及社会、家庭、社区等多个领域，各方面共同发挥作用，形成对大学生思想及行为的全面影响，旨在使其符合社会发展的需求。因此，从广义上讲，大学生道德教育是一个集教育系统、社会环境和家庭文化于一身的综合实践活动，其重点在于通过多元化的教育方式，引导大学生形成与社会发展相匹配的思想观念和行为模式。

在新时代的背景下，对大学生实施道德教育的实践活动至关重要。这不仅涉及道德理论的传授，还包括培育学生将这些理论应用到实际生活中的能力，这可以帮助大学生实现开展道德知识与行为的一体化。当前，随着我国对道德教育的不断加强和相关理论的日益成熟，开展道德教育变得尤为重要。在这一时代背景下，对大学生进行道德教育，关键是坚持"立德树人"的基本原则，将社会公德、职业道德、家庭美德以及个人品德纳入教育的核心内容，向大学生灌输正确的道德观和价值观，提高学生的道德认识水平，使其成为具备担负民族复兴大任的新时代青年。

（二）大学生道德教育的特点

1. 道德教育主体的多元性

在现代教育观念中，道德教育的参与者包括辅导员和受教育者。传统意义上，这些角色通常被限定为学校环境中的教师和学生。然而，随着新时代的到来，这一观念正在发生转变，道德教育的主体正逐渐呈现出多元化的特点。

道德教育主体的多元性首先体现在教育者的多元性。在当今时代，对于大学生而言，道德教育不只是高等院校的核心职责，道德知识的掌握也不局限于学校范围。事实上，社会和网络实践已成为大学生获取道德知识的关键渠道。特别是随着互联网技术的飞速进步，网络空间已经变成大学生休闲时光的首选场所。网络环境下，教育者与受教育者的界限变得模糊，每个人都有可能成为道德教育的传递者，而他们的言行则是意识形态教育的重要媒介。因此，在实施道德教育时，除了对高校教师的行为进行适当的规范化之外，还必须关注网络等多样环境中的管理与优化，以确保道德教育的有效性和广泛性。与此同时，受教育者的主体性和多元性增强。在新时代，信息技术的蓬勃发展改变了大学生与教育者之间的关系，使之更为对等。当今的大学生接触着广泛而多样的信息，各种思想和价值观念的碰撞导致了多元化的个体出现。此外，新时代的环境加强了大学生的道德认知和实践能力通过让大学生不断参与道德实践，激发了大学生的主动性，使大学生不再仅仅是受教育者，而是具备了更强的自我教育能力的"教育者"。

2. 道德教育方式的多样性

在当前时代，道德教育迎来了有利的发展机遇，主要表现在道德教育获得了多元化且丰富的教育工具和平台。互联网的快速发展为道德教育引入了全新的教育范式，通过在线举办道德教育相关活动，不仅可以降低时间和经济成本，还可以激发大学生的学习热情。现如今还涌现出了众多专注于在线教育的手机和电脑应用程序。短视频的兴起，如快手、抖音等应用，也为道德教育提供了新的可能性，这些应用程序可以被视为有效的道德教育工具，只要合理运用它们，就可以提高道德教育的有效性。

传统的线下道德教育方法也进入了新的发展阶段。过去，道德教育主要依赖于口头言传和书面文字，主要通过教育者向学习者灌输道德理论来实现其目标。如今，文化和管理因素也在道德教育中发挥着关键作用。学校和社团组织举办的校园文化活动，高校制定的各项规章制度，都在道德教育过程中发挥着重要作用，确保了道德教育的顺利进行。

（三）新时代对大学生道德的现实要求

1. 做社会上的一个好公民

若要成为一名杰出的公民，必须切实遵守社会公德规范。首先，社会公德作为人们在社会生活中必须恪守的准则，对于维护公共秩序、调和人际关系以及人与自然界之间的平衡具有重要的意义。社会公德可视为社会道德水平的晴雨表，它反映了一个社会的伦理标准和文明程度，体现着一个国家的外部形象。其次，对于实现美好生活的愿望，其中之一体现在对和谐友好的公共生活的期望。无论是在外出游玩、学习，还是在家中上网冲浪，各类公共场所以及交通运输工具，甚至网络上的各种社交平台，它们的环境质量都直接关系到人们的安全感和使用体验。最后，社会公德不仅仅是一种道德要求，其还在经济交往中扮演着重要的角色。新时代的全球化意味着国际经济关系日益紧密，人际交往也愈发频繁。在这种背景下，社会公德不仅是一种道德准则，还能促进经济合作和国际关系的稳定，只有秉持高度的社会公德，国际贸易、投资和合作才能够顺畅进行，各国的共同利益才能得到很好的维护。

新时代大学生要做社会上的好公民，具体要求如下。

第一，要讲文明、讲礼貌。文明与礼貌是人际交往的根本准则，直接反映了一个人的道德品质。具备卓越的道德素养对于大学生来说至关重要，因为它有助于大学生解决人际关系中可能出现的矛盾。在学习和日常生活中，文明与礼貌不仅有助于促进大学生与同学和老师之间的有效沟通，还有助于提升大学生协调和处理人际关系的能力。

第二，要爱护公共物品。公共物品为大学生的日常生活和学习提供了极大的便利，大学生有责任保护周围的所有公共设施，坚决反对任何形式的滥用和破坏，这不仅是出于礼貌和社会责任，更是为了确保其自身的学习和生活环境能够得到持续改善。只有通过共同的努力来维护这些资源，才能确保它们长期有效地服务于高校师生。

第三，要有环保意识。自然界赋予人类丰富的自然资源，人类必须以高度的敬畏和责任感来对待自然并积极采取保护措施。在这方面，大学生扮演着不可或缺的角色。大学生应当在日常生活中积极践行环保理念，关注自然资源的有效利用，深刻理解这一行为的重要性。大学生应该在用水、用电方面充分发挥自己的节约意识，减少资源浪费，减轻环境负担。需要注意的是绿色出行不仅有助于减少空气污染，还能缓解交通拥堵问题。除此之外，还能大学生通过积极参与环保活动来保护自然环境。只有通过广泛的教育和意识培养，才能使大学生更好地理解环保的重要性，从而使大学生不仅仅在日常生活中，而且在探讨未来的可持续发展时，都能发挥重要的作用。

第四，要做一个合法的公民。在新时代背景下，遵纪守法被认为是社会伦理的基本要求，而大学生作为受过高等教育的群体，应当以典范示众。一方面，大学生应当自觉地汲取法律知识，深刻理解法律规范，严格守法，善用法律工具维护并捍卫自身合法权益。另一方面，大学生也应积极承担起公民的责任与义务，主动参与社会公益事业，履行合法公民的义务，为新时代的社会秩序贡献力量。例如，许多大学生自发组成了环保志愿者团队，他们定期举行各种环保活动，如垃圾清理、植树造林、宣传环保知识等，这些活动有助于改善环境质量，减少污染，维护生态平衡，对社会秩序的维护和改善发挥了积极作用。

2. 传承和发扬中华传统美德

中华传统美德作为中华传统文化的核心，源自漫长历史的积淀，蕴含着深厚的内涵。在漫长的发展过程中，中华传统美德形成了一套适应我国社会发展的道德观念、行为规范和思想理念。这一体系不仅有助于维护社会的和谐稳定，还促进了国家和民族的统一，为社会的长治久安和国家的繁荣昌盛贡献良多。中华传统美德在新时代的中国社会精神文明建设中具有重要的意义，为人们提供了宝贵的历史经验和文化积淀，为新时代的道德建设提供了重要的文化支撑。在教育和传承方面，需要传承和弘扬中华传统美德，但也需要进行创造性转化和创新性发展，以适应当今社会的需求和价值观，继续彰显中华传统美德的新价值，为建设社会主义现代化强国注入新的活力。

　　中华传统美德，即仁、义、礼、智、信，乃中华民族在漫长历史进程中的核心价值观。这一宝贵遗产孕育了众多传统美德，如孝悌忠信、精忠报国以及大公无私等，为传统文化注入了丰富内涵。然而，值得注意的是，在新时代背景下，大学生不仅仅要继承和弘扬这些中华传统美德，更要将其融入现代社会和个人发展，更好地回应当今时代的需求。

　　第一，为了赋予传统美德深刻的时代内涵，需要在传承其价值观基础上进行新的诠释，在理论层面重新审视传统美德，在实践中积极挖掘其潜在价值，并将其应用于当代生活，进而从根本上丰富传统美德的内涵，打破其受到历史背景限制的局限性。

　　第二，在传扬中华传统美德的使命中，宣传工作显得至关重要。首先，应该采用引人入胜的方式，将传统美德注入娱乐和教育领域，使之成为引人入胜的主题，吸引更多人的关注，在潜移默化中传播价值观念。其次，需要不断创新传播方法，包括利用社交媒体、在线平台和数字技术，以更广泛、更深入的方式传播传统美德。同时，鼓励各界人士参与，形成广泛的社会共识，使社会各界共同承担中华传统美德的责任。

　　第三，积极践行传统美德。道德思想在引导道德行为方面发挥着重要作用，但是也不能忽视道德实践所具有的关键性作用。道德实践不仅有助于促使传统道德观念的内化，提升大学生的道德修养，还能最大程度地发挥传统道德观念的实际价值，推动社会的和谐发展。在当代社会，大学生要积极传承并弘扬中华传统美德，必须做到知行合一，将中华传统美德付诸实践，以不断提高个人的道德素养。

　　在现代化建设的道路上，传统美德不仅具备象征性意义，而且在实践中发挥着多方面的作用，有助于汇聚国民的共同理念，更有助于构建一个有利于社会和谐的伦理格局。此外，传统美德的传承还可以为我国的道德建设提供深思熟虑的方向，并为未来的发展提供宝贵的经验。

　　3. 牢固树立"人类命运共同体"理念

　　随着全球联系的日益复杂，经济、政治、文化等各个领域的纽带更加紧密。因此，我国积极倡导全球拥抱人类命运共同体理念，拥抱这一理念不仅要对国际伦理观进行坚守，还需要在其基础上进行不断创新和发展，以塑造具有中国特色的国际道德价值体系。习近平总书记指出，当今世界要"构建以合作共赢为核心的新型国际关系，打造人类命运共同体"。

"人类命运共同体"的理念丰富，其核心包括和平、安全、共同繁荣、开放和可持续的绿色生活方式。对此，当今新时代的大学生有着重要的责任和使命。

首先，必须深刻热爱和平，积极维护公共安全。在人类历史上，曾经发生过两次规模巨大的战争，这些战争不仅对人类社会造成了巨大的伤害，同时也对自然界造成了无法弥补的损害。作为生活在和平时代的大学生，必须珍惜来之不易的幸福生活，努力将和平的理念传递给身边的人。当面临安全事件时，应当与他人紧密合作，共同应对灾难，保卫我们的家园。

其次，共同繁荣是共同目标。只有通过共同努力，才能够实现共同繁荣。我国应要积极参与国际合作，促进全球经济的可持续发展。另外，只有拥抱多样性，才能够推动社会的进步。人们要学会尊重不同文化、不同观念的人，促进和谐的国际社会的建立。人们还要注重可持续发展，采用绿色的生活方式，减轻地球的负担，确保我们的后代也能够享受美好的生活。

二、辅导员严格落实大学生基本道德教育

（一）培养为人民服务的精神

1. 进行为人民服务的教育

"服务人民"乃中国共产党的首要使命，社会主义道德之中心，正确生活观和价值观之灵魂，以及思想政治教育之核心主题。对于大学生而言，开展以服务人民为主题的教育旨在让学生深刻领悟人民群众是国家的主宰，是共同建设祖国的伙伴；同时，理解我国人民勤劳聪慧、勇敢坚韧、崇尚自由、热爱和平的品质。此外，该教育旨在培养学生尊重各行各业的劳动者，汲取全心全意为人民服务以及改革开放进程中的杰出典范，树立起为人民服

务的使命感；并让学生认识到，为人民服务始于身边琐事，包括孝敬父母、尊敬师长、敬老爱幼、友爱同学，以及同情并协助残障人士。

2. 进行劳动观点和劳动态度的教育

热爱人民与热爱劳动是联系在一起的，这一观点揭示了人民和劳动之间密切的纽带。劳动是人类存在的基础，社会文明的繁荣离不开劳动的贡献。教育的使命在于将劳动与社会实践融入其教学体系，这既是符合教育规律的，也是培养人才的根本途径。作为大学生辅导员，要引导学生积极参与校内外的公益劳动，培养学生的自我服务意识，并使其在社会实践中获得成长与锻炼，这是大学生通向成熟的必经之路。有条件的高校应当鼓励学生学习与其专业相关的工农业生产劳动知识和技能，通过实际劳动的体验，培养其对劳动人民的尊重和对劳动成果的珍视之情。劳动观念和态度的教育，必须与职业选择及就业指导相结合，引导学生确立正确的择业和就业观念，坚守择业和就业的准则，认真规划和设计自己的职业生涯。

3. 进行社会主义人道主义教育，倡导关心人、尊重人的美德

社会主义人道主义是源于社会主义伦理原则和道德规范的一种理念，其核心在于对人的尊重、关心、理解，以及对人的人格和处境的尊重和理解。这一理念注重关怀人的需求，包括宽容他人过失，承认每个人在人格和道义上享有平等的权利，以及保障个体的基本权利和切身利益。同时，致力于减少人们在肉体和精神层面所遭受的不幸。在教育领域，辅导员要培养学生的社会责任感和同情心；鼓励学生见义勇为，乐于助人；培养他们善于与他人建立联系，积极合作；强调老实守法、勤奋工作也是塑造良好社会人格的关键；教育学生为了更好地为社会和他人服务，他们应该积极参与各种善事和公益活动。

（二）公民道德规范教育

《公民道德建设实施纲要》规定，我国现阶段公民道德规范是爱国守法、明礼诚信、团结友善、勤俭自强、敬业奉献。随着社会的不断进步与演变，

道德规范的提出已经经历了一系列的发展和调整。相对于以往强调"爱祖国、爱人民、爱劳动、爱科学、爱社会主义"的基本道德要求，公民道德规范如今面临着新的形势和挑战。这这意味着道德规范必须与时俱进，公民道德规范以适应新的社会背景，并继承和传承中华民族优秀的传统道德价值观。道德规范是社会道德的基本要求，是对所有公民的普遍要求，包含了高度先进的道德标准，涵盖了广泛的群众性要求。在其中，大学生扮演着特殊的角色。大学生大学生被誉为祖国未来的建设者，是社会主义事业的接班人。因此，对于大学生来说，理解道德规范的要求，自觉地将其内化并践行，具有重要的意义。

爱国守法是爱国与守法两个方面的结合。

爱国表示一个人对自己的国家有深厚的情感和忠诚心。爱国主义通常包括对国家的文化、历史、传统和价值观的尊重和珍视。大学生可以通过深入了解国家的历史、文化和传统来表现出对国家的热爱，包括学习国家的重要事件、文学、艺术、哲学和价值观等方面的知识；尊重国家的象征，如国旗和国歌，不在不适当的场合滥用或亵渎这些象征；可以积极参与选举、政治辩论和社会运动，国家的发展和政策制定贡献力量，具体而言，大学生可以投票，参加政治组织或志愿为社会问题发声；大学生可以参加爱国主义教育活动，如参观国家历史博物馆、参与爱国主义教育课程或研讨会，以加深对国家的了解和热爱。

守法是一个基本的社会道德和法律原则，强调个体和社会成员必须遵守和尊重国家或地区的法律和法规。守法要遵守国家和地区的法律和法规，尊重并遵从各种法律，如刑法、行政法、交通法等。高校大学生应该了解适用于他们的法律，以确保他们的行为是合法的，并避免违反法律。守法也涉及尊重他人的权利和自由，不侵犯他人的人身安全、财产权、言论自由等，大学生应该尊重和体谅他人的行为，以维护社会和谐和尊严。守法要积极参与社会和政治活动，以合法的方式表达自己的意见。在校园内，大学生还必须遵守学校的规定和纪律，如，遵守学术诚信规则、宿舍纪律、考试规则等，以维护校园环境的秩序。通过尊重法律、他人的权利以及合同承诺，以及积极参与社会和政治活动，大学生可以成为守法的榜样，为社会的发展和进步做出积极贡献。

明礼诚信是道德建设的根本支柱，是道德标准的底线，也是确保高级道德要求不至空泛无实的不可或缺因素。

明礼涵盖人际交往中的行为准则，其内涵包括懂得尊重、懂得待人有礼、言行举止文明得体，且具备在不同情境下与不同交往对象相应地展现文明风采的能力。

诚信则是言行一致的核心，表现为言必信守，行必如约，言出必行，坚定贯彻自己的诺言，两者的协调统一标志着道德观念和道德实践的完美融合。诚信教育在当今社会具有深远的现实意义。对于大学生而言，诚实守信是塑造最基本道德品质的核心要素，关系到个体的成长与发展，直接影响着他们的就业和创业前景。

与此同时，团结友善也被视为人际交往中不可或缺的道德准则。团结，作为一种凝聚力量的力量，能激发集体智慧，使人们取得卓越的成果。在现代社会，人与人之间的团结合作非常重要，已成为现代行为学和管理学的共识。这一观点特别适用于群体内部的协作，因为群体成员之间的团结合作不仅仅是提高工作效率的要求，更是个体精神世界的内在需求。而要实现团结，友善是不可或缺的。友善的待人态度才能真正促成团结，友善体现了人际关系中友好与善良的愿望，以及宽容和包容的胸怀。友善对待他人，体现在海纳百川的胸怀，倡导友好与善意的互动，鼓励为他人提供帮助和服务。

勤俭自强传承了中华民族的精神传统，彰显了时代精神。勤俭自强将"勤"与"俭"融为一体，其内涵包括努力工作创造财富和节约财富的智慧，两者的有机结合构成了人类的美德。成功的人都具备勤劳的品质，并且深刻理解节俭的价值。如今，节俭的概念不仅限于物质消费领域，还延伸至时间合理利用方面，涉及个人生活方式以及社会资源的有效运用。自强与自立、自力相辅相成，强调个体发展和自主性的增强，注重依赖自身的力量和努力来实现个人成长。对于大学生而言，自强显得尤为重要，因为他们的学习和成就完全依赖于自己的努力，没有外部力量能够代替他们进行学习取得成就。因此，大学生应该自主学习、自主选择职业，甚至自我教育和自我管理。

敬业奉献在人们的职业生涯中扮演着道德规范的重要角色，代表着对个人与社会之间关系进行处理的道德要求。敬业与对工作的热爱（爱岗）相辅相成，它与勤勉努力的态度紧密相连，可以说二者相辅相成。敬业可被视为一种达成社会奉献的手段和前提条件。在当代社会，个体对社会的贡献主要体现在职业活动中。社会奉献意味着将自身所获的知识和技能贡献给社会大众，从本质上看，这是一种自我牺牲的行为。

（三）社会主义职业道德、社会公德和家庭美德教育

公民道德建设的初步阶段应以基础为依托，社会公德、职业道德和家庭美德，被视为公民道德建设的主要焦点，这些要素也构成了大学生思想道德建设的基石。辅导员在大学生的日常生活中，扮演着关键角色，负责引导他们实践社会公德和家庭美德，学习职业道德。

我国社会公德的核心要求涵盖了文明礼仪、乐于助人、妥善保护公共财物、积极维护生态环境以及守法遵纪等方面。社会公德教育的主旨在于使学生具备高度的公民意识和文明行为素养，同时激发他们的环境保护意识，引导他们充分履行公民责任，以弘扬社会蓬勃向上的价值观念和风尚。

我国对职业道德的根本要求体现在爱岗敬业、诚实守信、公正办事、群众至上、社会奉献等方面。社会主义职业道德作为我国社会主义伦理观的职场具体体现，构建了各行各业从业人员的基本伦理规范。职业道德在引导从业者处理工作关系和职业行为方面发挥着重要的作用，而其中爱岗敬业被视为其基石，服务群众则是其根本使命。在职业生涯中，辅导员的工作不仅是传授知识，更重要的是要引导大学生培养对自身专业的热爱，并使他们明白服从社会需求以及深刻理解为人民服务的内涵。

当前，我国对于家庭美德的要求已经非常明确，包括尊重老人和关爱幼儿、男女平等、夫妻和睦以及勤俭持家和邻里团结，这些价值观在社会发展中发挥着不可替代的作用。特别是对于大学生而言，家庭美德教育应当与爱

情观和婚姻家庭观教育相互融合。大学生作为新一代的社会主力军，他们的思想观念和价值取向在一定程度上决定了社会的未来。因此，将家庭美德教育融入他们的日常生活，有助于引导他们正确处理学业、事业与爱情之间的关系。

第五章　高校辅导员开展大学生管理工作的实务研究

第一节　入学管理

一、入学管理的目的

（一）适应新生活

1.大学环境适应

从心理学的视角探讨，远离家乡千里求学的大学新生面临着独特的适应挑战，包括环境适应的困难，如由于水土不服导致的生理不适，更包括深层次的情感和社交适应问题，如远离父母和熟悉的家庭环境，学生可能会体验到孤独和无助的情绪。再加上初入陌生的校园，面对听不懂的语言和文化差异，他们可能感到沟通困难和失落。对于来自全国各地的新生而言，大学生活的初期往往是一段艰难的适应过程，在这一过程中，大学生不仅需要适应新的学习环境，还要学会独立生活，如自理自立，以及学会如何与来自不同背景的人建立友好关系，稳定自身情绪。

2. 大学学习适应

不同于高中时期的学习模式，大学的学习模式以自主和研究为核心，这对大学生主动性和积极性的要求有所提升。大多数新生在初入大学时往往还沉浸在被动接受知识的旧模式中，在面对要求自主学习的新环境时感到迷茫和焦虑。入学管理和教育的目的在于引导新生理解并适应大学的学习模式和方法，增强学生对大学学习的信心，赋予他们克服学习困难的勇气，并在此过程中提高学生的学习能力。入学管理通过全面而深入的管理与教育，使新生能够对大学生活有一个全面且深刻的理解，从而为他们在大学中的学习和生活打下坚实的基础。

3. 大学集体生活适应

大学可视为一个微型社会，学生的宿舍、班级和社团等群体环境密切相关。在这样的集体中，每位学生均是不可或缺的组成部分。与家庭生活的个人主义不同，大学生活要求每一名成员都必须恪守团体的规章和共识，实现相互理解与支持，共同促进彼此的成长。新入学的学生，无论其家庭背景如何，都需适应这种集体生活方式，从中获得锻炼与成长。

针对新生的入学管理，应当重点强化其对于集体意识和团队协作的认识，引导他们自觉地规范个人言行，逐渐形成"自我教育、自我管理、自我服务"的良好习惯，并提高其自我约束的能力。此外，应大力倡导团结互助的精神，培养集体主义和协作精神，增强学生组织的凝聚力。在学生团队的建设方面，学校及其各院（系）也应当指导新生严格遵守相关规章制度，指导他们如何构建高效的班级和宿舍集体，使学生明白在集体生活中应当如何相互尊重，学会宽容和谦让，并掌握良好的沟通技巧，实现和谐共处。

（二）熟知新规范

1. 校规校纪

制定学校纪律和规章制度的主旨，在于塑造学生的道德观念与行为习惯，并提升其自我管理技能。学生从入学伊始，便应接受有关严格遵循学校纪律与规章的教育。初始阶段，关键在于深入地对新生进行《学生手册》的详细讲解，尤其要重视手册中的"学籍管理规定""奖惩规定"以及"宿舍管理规定"。目的是让每位新生对《学生手册》中的条款了如指掌，其中，部分内容更须经过反复学习与深入讨论。继而，以《学生手册》为基础，向新生普及校规、校纪、校风及校训的重要性，此时工作的重点应放在积极的引导上。通过建立健全的制度框架和营造良好的学习环境，致力于培育新生的优良思想品质和行为习惯，从而强化他们的自我管理能力。

2. 学术规范

高校作为培养精英人才和推动学术创新的关键平台，对规范教师与学生的学术行径、加强学术氛围构建及确保学术自主性方面发挥着重要作用。大学生参与学术活动，这一行为与高中生阶段形成显著区别，故在新生入学初期，对他们进行学术规范的明确指导显得尤为必要。在学术交流中，大学生应严格遵循《中华人民共和国宪法》《中华人民共和国民法典》《中华人民共和国著作权法》《中华人民共和国专利法》等相关法律法规，以及教育部颁布的《高等学校哲学社会科学研究学术规范（试行）》。尊重他人的知识产权，遵守学术界公认的引证规则至关重要。例如，引用他人研究成果必须清晰标注来源，且被引用内容不得构成引用者作品的主体或核心部分。

（三）明确新要求

在多数学生的视角中，大学阶段相较于高中，无论是课程结构，还是课余时间都展现出极高的灵活性，这种自由度对于学生的个人定位及自我管理能力提出了挑战。尤其是对于刚从中学严格管理环境进入大学相对宽松的新生来说，如何高效利用时间是一个需要考虑的问题。大学生活不仅在多彩性和自由度上超越中学，其文化氛围也更为丰富多元。在这种环境下，学生面临的外部约束减少，与社会的接触机会增加，但这也意味着社会上的负面影响可能对新生产生显著的作用，从而引发他们的困惑。

在这个背景下，对大学学习、社团活动以及社会实践的平衡，以及对大学时光的合理规划，成为衡量新生对大学生活适应度的关键指标。因此，教育机构特别是辅导员，应当充分理解新生的需求和心理状态，指导他们学会管理时间，充分利用大学时期。这包括将主要精力集中在刻苦的学习和技能提升上，在学业之余根据个人实际情况参与社团活动和社会实践等。大学阶段不仅是学生学习专业知识的时期，也是高校培养学生做人做事能力的关键阶段。

二、入学管理的内容

（一）新生职业生涯规划

高校新生入学时，其中一个核心管理内容是新生职业生涯规划。职业生涯规划不仅涉及学生对自身兴趣、能力和职业目标的认识，更关乎其在大学期间如何做出符合个人职业发展需求的学术选择和准备。在进行职业生涯规划时，高校需要引导新生进行自我探索，包括识别自己的兴趣、价值观、技能和个性特质。自我探索是职业规划的基础，可以帮助学生更好地了解自己，为未来职业道路的选择奠定坚实的基础。高校还需要提供相关的职业咨询服务，帮助学生理解不同职业路径的要求和前景，使他们能够根据自己的兴趣和能力做出合适的选择。高校应该为新生提供实用的职业规划工具和资源，如职业生涯规划研讨会、职业指导课程和实习机会等。通过这些工具和资源，学生可以更深入地了解不同行业，培养必要的职业技能，同时建立专业网络，完善职业准备，从而取得在未来就业市场中的竞争优势。此外，高校还应鼓励学生制定具体的职业目标，并据此规划其大学期间的课程选择和活动参与。例如，对于那些对科研感兴趣的学生，可以引导他们选择与其职业目标相关的研究型课程，让他们参加科研项目。对于那些对商业感兴趣的学生，则可以鼓励他们参加商业竞赛、实习或是创业相关的活动。

（二）专业介绍

在高考这一严峻考验之后，学生们迈入大学的殿堂，开启了全新的学习旅程。在这一过程中，他们不仅需要适应全新的教育环境，还需要适应陌生的学科领域。很多学生对自己选择的专业不足。鉴于此，为新生提供大学学习方式、学科内容及其特色的适应性指导显得尤为关键。

为了帮助学生顺利从中学过渡到大学的学习，入学初期，辅导员应当迅速介入，提供关于专业思想和学习技巧的教育。这一过程包括邀请本专业的权威教授和专家深入解读专业历史、发展趋势、课程设置，以及该专业在国内外的影响和作用。同时，也应向学生推荐相关专业书，以此拓宽他们的知识视野。此外，还需组织经验分享会，邀请表现优异的高年级学生分享其学习经验和体会，从而营造良好的学术氛围，这有助于新生迅速掌握专业学习的特点，帮助他们找到适合自己的学习方法，并培养独立学习的能力，激发学生的学习热情，防止他们在大学初期出现思想松懈和学习懈怠的情况。

（三）新生班级干部的培训教育

新生班级干部在塑造班级学习氛围和促进同学人际关系和谐方面扮演着关键的角色。其不仅是学校与学生群体沟通的桥梁，还是学校处理学生事务时不可或缺的支柱。鉴于此，班级干部的筛选、培育和教育显得尤为重要。辅导员在新生入学之后应迅速进行调研，以精确掌握学生的基本信息，包括分析学生的基本信息登记表和档案资料，并且仔细观察学生的日常表现。初始阶段可以指派具备学生工作经验、思维敏捷且具备较强应对能力的学生担任临时班级负责人。经过一段时间的考察，再通过民主选举的方式选出正式的班级干部。

大多数新生班级干部虽充满热情并怀抱良好的工作意愿，但常常缺乏必要的工作经验和策略，这导致他们在处理班级事务时难免会遇到困难，有时甚至无法恰当地平衡学习与工作的关系。为应对这些挑战，辅导员应及时举办新生班级干部培训课程和工作经验交流会，增强班级干部的政治意识，帮助他们树立正确的学习态度，合理规划时间，强化服务意识，使其能够以大局为重，不计个人得失，自律严格，并在各方面树立榜样。同时，让班级干部明白应学会倾听他人的意见和建议，坚持原则，坚决反对各种不良现象和行为。此外，辅导员还应定期与班级领导进行深入交流，指出其不足之处，鼓励他们自信且大胆地展开工作。

（四）校规校纪教育

在构建和谐校园环境的过程中，要对新生实施校纪校规教育。新生一入校，辅导员应引导新生深入理解《学生手册》，确保他们在大学生活中明确界定可行与禁止的行为范畴及其潜在后果。此举旨在减少新生的迷茫，助其顺畅完成学业。在此过程中，大学应致力于以学生为中心的教育模式，强调教育的人文关怀。通过多元化的教育手段，如讲座、考试、互动游戏和辩论比赛等，让学生从情感和理性两方面了解校规，促使学生从中学阶段的纪律观念向大学更为人性化的纪律观念转变，使纪律成为学生内心深处的行为指南，从而在大学校园内营造和谐共生的氛围。

（五）安全教育

在当代大学环境中，学生群体普遍达到了成年阶段，此时，他们的言行已经需要承担相应的社会责任。因此，对于新生而言，安全教育不容忽视。学校应当对之高度重视，牢固树立以"稳定为最高准则"和"安全高于一切"的教育理念，要求辅导员深入了解学生的思想动态，还需要对可能影响学生思想稳定的因素进行详细分析，有效地掌握学生的思想动态，并积极引导学生自觉地遵守法律法规以及校规校纪，从而提高学生辨别是非的能力，进而维护整体的稳定性。与此同时，学校应坚持实事求是的原则，深入调查、严密排查并妥善处理不稳定因素和隐患，力求在问题发展的初期就将其解决。此外，学校应加强安全教育，增强学生自身的安全意识，确保学生的稳定发展和校园环境的和谐。

三、辅导员如何做好入学管理工作

（一）提高辅导员自身素质

在高校中，辅导员充当着大学生生涯规划的航向灯塔、学习成才的指导者、心理健康的辅佐者及学生权利的捍卫者。对于初入大学的新生而言，辅导员更是其成长路上的引领者和导师，肩负着学生事务的基础领导、组织管理与协调工作。为了有效履行这些职责，辅导员需不断提升个人素养，从而优化对新生的教育和管理。具体可以从以下几个方面做起。

第一，辅导员应该坚持正确的政治方向，坚持原则，与时俱进。辅导员要不断更新思想政治理论知识，用先进的理念装备自己的思想。在这样的基础上，辅导员能够更加游刃有余地参与大学新生的思想政治教育，精准地施教，并有效地触动学生内心，实现教育、感化和发展的综合效果。

第二，辅导员要不断完善自身的知识结构，提高工作能力。辅导员要深入地学习心理学、教育学、管理学和就业指导学科，从而全面丰富和完善自身知识结构。通过对这些学科知识的深入理解，辅导员将能更好地掌握事物发展的规律，将其有效运用于实际的管理工作中，并在此过程中累积宝贵的经验教训。在了解学生的过程中，辅导员应在学期伊始迅速、全面地掌握学生的基本情况，采取以人为本的态度，尊重并关注学生的需求和发展。

第三，提高辅导员的职业道德素质。对于刚入学的新生而言，他们最初接触的便是辅导员，因此辅导员留给学生的第一印象极为关键。其身正，不令而行；其身不正，虽令不从。辅导员在新生教育工作中应展现出强烈的事业心、高度的责任感和严谨的工作作风。同时，他们应以热情、耐心和细致的工作态度，积极诲人不倦，以身作则，用自身高尚的道德情操和崇高的人格影响和引导学生。

第四，拓展工作方法的多样性，提高沟通技巧。每个学生的基本情况各不相同，辅导员需要迅速了解新生的具体背景，包括年龄特点、家庭和成长环境、经济状况、心理状态以及思想和性格特征。基于这些因素，辅导员应有针对性地展开工作。在与学生的交流中，辅导员应实现平等尊重和坦诚理解，注重沟通的时效性和实效性，并在语言行为中融入艺术性，以消除与学生之间的隔阂，从而有效地促进学生的全面发展。

（二）作好三项引导工作，完成学生角色转变

为了让新生更好地适应在大学环境中的转变与成长，首先，辅导员要建议新生积极融入学校举办的多元化校园文化、思想教育以及社会实践等活

动。参与这些活动不仅能提升学生的教育接受度和个人贡献度，而且有助于全面锻炼学生在多方面的能力。其次，对新生而言，树立正确的人生理想至关重要，具体而言包括调整自我心态、采取高效学习方法、培养坚韧不拔的意志力，并摒弃松懈的思维。新生以全新的面貌迎接挑战，不断在学习和实践中攻克缺点，朝着成熟稳重的方向迈进。最后，新生需要深刻认识到时代的发展趋势，并主动适应这些变化，如积极迎接挑战、更新观念、吸纳新知，并不断调整自己的思想和行为，使之与时代发展同步。通过构建开放式的思维模式和合理的知识架构，学生能够从根本上消除不适应社会发展的心理障碍。值得一提的是，理性地控制和引导情感，把握个人行为，提高自觉性，克服盲目从众的倾向，是实现这一目标的关键。

（三）做好日常工作，在平凡中维护学校稳定

在高等教育领域，辅导员承担着一系列复杂且繁重的工作。鉴于我国目前许多高校辅导员的数量未能满足教育部的明确规范，其工作负担尤为沉重。因此，辅导员必须恪守日常职责的履行，以精益求精的态度，不懈追求在日常职责中取得非凡成就。具体做法如下。一是迅速掌握学生的个人背景，并持续进行深入的交流沟通。二是定期召开诸如"大学生安全教育主题大会""学生经验交流大会"等重要学生活动，旨在引导学生深入理解大学环境，树立积极榜样，并明确他们的发展方向。三是深入学生宿舍，加强宿舍管理，营造积极的宿舍文化氛围，这不仅能帮助学生培养优良的行为习惯，增强同学间的友谊，而且能使学生宿舍成为学生全面发展与和谐进步的核心场所。

第二节　班级管理

一、记录学生成长基线

（一）建立学生电子信息档案

为了实现学生信息的高效调取与管理，并全面整合校园内多元的在线系统资源，同时实时关注学生的个人发展轨迹，制定并实施学生电子档案制度显得尤为关键。该制度应依据班级单元，进行学生信息的详细录入，并且采取动态更新机制。具体而言，每个学期应指派专门的学生信息维护人员负责更新工作。此举旨在实现学生校园生活各方面表现的全面记录，通过线上线下渠道，随时随地实现对学生信息的快速访问。其中，学生的奖助学金情况、党员发展状况及课程通过情况等基础信息，应被清晰地呈现。未来若能通过应用程序或微信小程序等方式，实现信息的更新与存储，将大幅提高工作效率。

随着社会经济的发展，信息化已成为高等教育机构学生工作的重要组成部分。基于此，高校应积极适应时代变革，以信息化为基础，优化学生管理工作流程，提高管理效能。然而，当前高校面临的挑战在于：不同部门开发的系统功能单一，信息孤岛现象明显。如宿舍管理系统、教务管理系统、学生工作系统和智慧资助系统等，这些系统的独立运作导致信息无法互联互通，部分事务性工作因此需要重复执行。系统整合与统筹调度虽然需要时间、技术和资金投入，但对于高校而言，是提高工作效率的必要投资。

在此背景下，高校辅导员在管理班级的过程中，需要对学生的整体情况有充分了解，深入掌握每位学生的全面信息及在校表现，整合多个校园在线系统，实现信息的全面性和动态性收集。

（二）创建班级百宝箱数据库

为了促进信息共享和学术发展，辅导员应当在班级内构建一个全面的"班级百宝箱"数据库，数据库可以包含多个维度的关键信息，涉及教育和学术领域。如：文件类信息，包括"学位授予办法""人才培养方案""实习实训办法""党员发展基本条件"以及"团支部积极分子发展情况一览表"等，及时反映教学和学术政策的最新动态；班级荣誉类资料，如"班级及个人校级以上获奖证书分类汇总""班级活动影集"及"温馨提示"等，展示了班级和个人在学术和非学术领域所获得的成就；攻略类信息，包括"党员转正条件""各类奖学金基本条件""素质拓展学分获得途径""团员微积分解读"及"党员发展流程图"等，为学生提供了关于学术进步和个人发展的重要指导。该数据库的建立，不仅是为了共享班级和辅导员间的信息，还为了对学生的学习、发展及毕业相关的文件和资料进行归纳和共享。这些资料的有效整合，为学生提供了深入及时了解相关政策和规定的途径，可以引领和指导他们的学术发展。此外，数据库的存在也极大地方便了辅导员和学生干部的工作，使他们能够及时调取信息，确保工作的透明性和有序性。该数据库也记录了班级和支部荣誉的动态，作为班级进步与发展的有效记录，不仅增强了班级和团支部的集体荣誉感，也鼓励了良好的学习和班级文化的形成。

二、明确学风建设主线

（一）坚持"严管和厚爱相结合，激励和约束并重"原则，实现班级管理民主化和制度化

在遵循"以人为本"的教育理念框架内，辅导员需针对班级、专业及学院的具体状况，设计出恰当的规章制度，制度应明确阐述每位学生所拥有的权利与应尽的义务，旨在营造一个积极向好、健康发展的班级环境，进而提高班级的凝聚力。规章制度对于班级学风的塑造与强化显得尤为关键，辅导员需要持之以恒地对其加以关注与维护。班级学风构建的核心目的在于激发学生在学习过程中的主观能动性，包括与学生明确沟通专业培养目标、专业

特点及课程安排等关键信息。辅导员应采用"抓两头带中间"的教育策略，即通过表彰成绩优异及进步显著的学生，同时给予学业上有困难的学生必要的帮助与支持，旨在全面提高学生群体的学术水平，确保班级的均衡发展。

（二）通过班会民主讨论制定《班级公约》，建立奖惩制度，加强班风学风建设

在当前的大学教育环境中，针对"00后"一代学生的特点，各大高校提出了一系列创新性和系统性的教育管理策略。"00"后学生通常表现出多元化和个性化的思想行为模式，具有强烈的自我意识，但在集体感和课堂纪律方面存在不足，且对互联网媒体有过度依赖。为解决这些问题，提议通过民主讨论的方式，制定《班级公约》，明确纪律底线和奖惩机制，以引导学生加强班风和学风建设。同时，辅导员在实践中不断总结，并提出了以班级为单位的综合测评和互助机制。具体来说，通过表彰如"班级综测之星""进步之星""晨跑满勤之星"等先进个体，以及对国家奖学金获得者的奖励，激励学生积极参与班级活动。此外，辅导员建议利用班级中成绩优异学生的智育资源，实行结对帮扶机制，旨在提高班级整体的学业成绩。需要注意的是，宿舍单元也应被纳入帮扶体系，以促进学生间的相互支持和学业发展。

三、走好思政育人路线

在进行高等教育辅导员的班级管理工作时，网络作为一个关键媒介，对于建立和维护辅导员与学生之间的顺畅沟通极为重要。当前，大学生表现出较强的公共意识和积极的思想活跃度，但他们在社会经验方面尚显不足，尤其在重大公共卫生事件、国际关系、社会治理和危机应对等方面的舆论事件中，易受各种思潮的影响而表现出盲目积极的态度。大学生作为接受较高教育的群体，因其对媒体接触的便利性，已成为互联网用户的主要组成部分。

在思想政治教育领域，网络已经超越传统的教育、管理和文化活动，成为新的教育载体和阵地。习近平总书记在全国高校思想政治工作会议上强调，必须利用新媒体和新技术来激活工作方式，实现思想政治工作的传统优

势与信息技术的深度融合，以增强其时代感和吸引力。在新媒体时代，以微信公众号为代表的新媒体平台，已经成为吸引青年大学生注意的重要渠道。高校辅导员在进行班级管理时，应充分利用网络这一工具，促进与学生之间的有效沟通。同时，要关注大学生群体在社会经验和公共卫生事件应对方面的不足，通过网络平台提供相应的指导和帮助。利用新媒体技术的融合，辅导员可以有效增强思想政治教育的影响力，满足现代大学生的需求，从而更好地引导他们形成正确的价值观和社会责任感。

在开展大学生思想政治教育过程中，教育者应创新教育渠道与方法，通过建立在线平台如辅导员信箱和微信公众号，更有效地接近学生的心理需求教育者还可以利用这些新媒体工具撰写并发布关于爱党爱国、重视心理健康和感恩父母等主题的教育内容。特别是"一封辅导员的来信"系列，这种新颖的方式在加强师生之间的沟通方面发挥了显著作用。此外，还要注意丰富内容和形式，如可以考虑增加介绍优秀学生事迹、校园生活指南、班级建设故事等多样化栏目。

中共中央和国务院在《关于进一步加强和改进大学生思想政治教育的意见》中强调了班级集体建设的重要性，并推荐举办丰富的主题班会来增强学生的团结、组织和教育。主题班会不仅是开展大学生德育活动的一个关键途径，而且也是学生自我教育的重要平台。

为了提升主题班会的效果，部分高校提出了"红色讲堂＋安全教育＋基础文明素养＋当期主题"的"3＋X"模式。这种模式通过对班会内容和结构的再整合，确保班会不仅有政治引领，还强调安全教育，并围绕明确的主题进行，从而有效提升班会的教育功能。目前，班会的内容往往局限于日常事务处理和文件通知，缺乏明确的主题和政治引领，因此，对班会内容结构进行重新整合，丰富其形式，加强学生的参与感，显得尤为必要。

四、守好校园安全底线

在当今的高等教育环境中，校园安全的重要性日益突出，已经成为影响高校发展和学生个人成长的关键因素。对于大学生而言，安全教育是校园安全管理中重要的一环。它通过增强学生的安全意识和减少潜在安全事故的可能性，对推进校园安全管理工作发挥着显著作用。在大学生的日常生活中，学生宿舍扮演了重要的角色，因为它是学生的主要居住和生活场所。将宿舍作为班级管理工作的重要场所，使得辅导员能够在班级管理中更有效地发挥作用，深入学生宿舍，与学生紧密交流，倾听他们的心声，洞察他们的实际需求，为学生心理调节提供指导。

安全问题是高校学生管理工作中的头等大事，精准把握学生的动向和思想状况是班级管理的核心工作。学生的安全情况，特别是其对家校关系的影响，成为产生矛盾和纠纷的关键因素。鉴于此，高等教育机构必须加强学生安全管理，通过制定一系列有效的制度和预防措施，提前预防和解决可能出现的问题。

（一）坚持落实宿舍晚汇报制度

构建班级宿舍长的即时通信群组，旨在覆盖全部班级学生，以便实时了解学生活动动态。同时，班级委员会成员将执行定期巡视，其发现的任何关键情况直接上报给辅导员，并且每个班级将制定应对紧急事件的预案，从而最大限度地发挥学生干部及宿舍长的的作用。

（二）制定《宿舍公约》，建立宿舍民主评议制度

在年终对宿舍进行评估，并挑选出表现杰出的宿舍长（其综合评分标准与班长及团支书持平）。同时，评选出优秀宿舍，并给予相应奖励。开展这种评议和评选，旨在充分发挥宿舍在班级构建中的核心作用，以及宿舍长的领导示范作用。对宿舍实施系统化管理能有效协调宿舍内部关系，激发宿舍成员的积极参与意愿和荣誉感，减少宿舍内的矛盾，促进大学生的健康成长，极大地推动班级整体建设和提高学生学习效率，确保学生信息的畅通无阻，预防校园安全事件的发生。

第三节　宿舍管理

一、宿舍日常管理

大学时期是学生人生的一个关键转折点，在此阶段，大学生们追求知识、渴望友谊，并力求自尊与独立。尽管这一群体展现出一定程度的成熟，但他们在遭遇逆境、障碍和冲突时，可能表现出极端和冲动的行为。特别是当在人际冲突中，个别学生可能因激烈行为而导致丧失理智，甚至触发悲剧事件。研究显示，对于大学生而言，遭受轻视和受到限制（尤其是来自社会地位较低者的轻视和限制），是难以忍受的。因此，辅导员在执行严格的宿舍管理和履行教育职责的同时，要对学生的心理需求有深刻理解。这包括他们在挫折时所期望的他人的宽恕、理解、关怀、帮助、慰藉和指导，以及避免羞辱和失败的需求。辅导员应采取一种积极而平等的态度来对待大学生，以促进学生的全面发展。

（一）用询问代替"命令"

辅导员应推崇采用询问的方法来处理学生事务。例如，在分配任务、检查宿舍卫生，以及实施作息及门卫治安制度等方面，当学生违背规定时，辅导员应通过提问的方式促使学生明确自己的行为并回应相关规章，旨在启发学生理解自己的行为及其后果，而非使其单纯执行命令。重要的是，教育者应避免滥用权威性的"命令"，以免引发师生间的感情对立。

（二）妥善处理学生的轻度违纪行为

对于学生的轻度违纪行为，辅导员应采取合理而公正的处理方法。考虑到学生的主要任务是学习，以及他们在智力和认知上的差异，有的学生有时可能因加班学习而违反一些宿舍管理规定。在这种情况下，管理人员应避免武断地定性学生的行为，比如不应急于认为其违规行为是出于不正当的目的。相反，辅导员应根据具体情况，以合理的解释和指导来提高学生遵守宿舍管理规定的自觉性。

（三）对学生要守信用

面对学生在处理异性关系、遭遇挫折时可能出现的厌学、心理滑坡等现象，辅导员应保持信用，关心学生的同时维护其隐私。在学生选择信任辅导员并分享个人问题时，辅导员应保守秘密，避免将个案公之于众，否则可能导致学生对辅导员失去信任。

二、宿舍突发事件管理

（一）"起哄"的管理

青春期的学生充满活力，兴趣广泛，对各种运动和活动抱有浓厚的兴趣，对于学校的某些决策也往往表现出强烈的共鸣，这种共鸣往往在同一寝室、同一楼层或同一栋大楼中的学生之间产生。例如，可能会因为比赛的胜利而欢呼雀跃，或因比赛的失利、停电等情况而起哄。这些行为表现为同时呼喊，有时是班级之间、楼层之间的相互对峙，有时是敲洗脸盆。

学校在处理这些事件时，必须制定明确的禁止行为和违规处理规定。辅导员需要根据具体情况冷静分析并及时处理。处理方法如下。首先，准确理清事实真相。其次，查明领导这些行为的主要人物。最后，应用西方管理理论中的"热炉法则"。让学生明白，宿舍管理的"规则"就像一只烧红的火炉，一旦触碰就会立即受伤。这种预设的规则就像火炉一样明显，向学生发出预警。因此，即使学生因违规而受到处理，也不会引起激烈反抗。

在具体处理过程中，相关管理人员还需要区分问题的性质和危害程度。一般情况下，相关管理人员应避免在众多学生面前与学生争论，而应立即召集相关班级或宿舍的辅导员，控制局面。第二天，在查清情况后，应根据管理条例立即公布处理决定，避免拖延，否则可能难以处理后续类似事件。若遇到学生间或外来人员与学生发生冲突或斗殴事件，辅导员应全力制止，使双方脱离接触，并立即向保安部门报告，同时密切关注事态的发展。

（二）盗窃的管理

宿舍发生盗窃事件，情况复杂，主要是外来人员作案，偶尔也有内盗，或是"自盗"，或内外勾结作案。偷窃行为是缺乏社会公德的违法行为，无确凿证据，辅导员对临时工、学生不应随便怀疑，或与无关人员随便议论、揣测，要由治安保卫部门处理。对寝室内衣物或一些小件物品丢失，辅导员不要笼统地归为偷盗事件，要做具体分析。有的学生可能不小心把别人东西拿错了，对此，辅导员可提醒学生回忆"是不是不小心在外边丢失了""是不是挂在外边晾晒被风刮掉了"，请同室同学分析、寻找这样做有利于缓和紧张气氛，消除互相猜疑的心理，有利于促使无意拿错或一时糊涂而做错事的人自己纠正错误。当然，对那些品德恶劣的偷盗者，一经查实，应严肃处理。

高校辅导员在管理宿舍中发生的盗窃事件时，应采取一系列综合措施，确保事件得到妥善处理和预防未来发生类似事件。首先，辅导员需迅速采取行动，一旦接到盗窃报告，应立即赶到现场进行初步调查，包括收集基本信息，如时间、地点、失窃物品的详细描述，以及可能的目击证人，进而确定案件性质和追查嫌疑人。其次，辅导员在调查过程中，应该保密，避免造成不必要的恐慌或误会。此时，辅导员可与学校安全部门合作，利用其专业知识和资源帮助调查。如果有必要，可以考虑使用视频监控录像来辅助调查。在处理过程中，辅导员还应与学生积极沟通，并教育学生，增强他们的防盗意识和自我保护能力。具体而言，可以通过召开宿舍会议，强调个人物品的妥善保管，警示学生避免随意留下贵重物品，倡导正直、诚信的宿舍文化，鼓励学生之间的相互信任和支持。一旦查明盗窃事件的责任人，辅导员应根据学校的相关规定和法律法规，合理地给予纪律处分或让其承担相应的法律责任。最后，辅导员应总结每起事件的处理过程，反思并改进管理策略，以防止类似事件的再次发生。

（三）校外寻衅滋事管理

第一，辅导员需要建立一套有效的预防机制，加强宿舍的安全措施，例如安装监控摄像头、加强门禁系统等。同时，辅导员应定期组织安全教育讲座，增强学生的安全意识和自我保护能力，教育学生识别潜在的风险和如何在遇到校外人员寻衅时保护自己。

第二，辅导员应加强与学校保安部门的合作。在处理校外人员寻衅滋事的事件时，辅导员需要与保安部门密切配合，确保事件得到及时、有效的处理。例如，一旦发生校外人员闯入宿舍的情况，辅导员应立即联系保安部门，同时采取措施保护学生的安全。

第三，辅导员要与学生建立良好的沟通机制。通过定期的宿舍会议、个别谈话等方式，辅导员可以了解学生的想法和需求，及时发现和解决可能导致校外人员寻衅滋事的内部因素，鼓励学生在遇到校外人员寻衅滋事时积极报告，建立起学生和辅导员之间的信任关系。

第四，辅导员还应进行应急处理能力的提升，参加对校外寻衅滋事事件的快速反应能力和处理技巧的培训。辅导员应了解并掌握相关法律法规，以便在处理此类事件时保护学生的合法权益。

第四节　校园文化管理

一、校园文化的具体含义及其特征

在深入探讨大学生才华展示的主要领域校园文化时，需认识到其作为社会文化结构的核心部分，具有多重内涵。校园文化的概念可广泛概括为：文化氛围的观察，意识形态的深刻洞察，物质与精神相结合的哲学，文化元素的综合融合，活动的多样性，精神实体的哲学分析，创新成果的展示，文化自发生成的理念，对流行文化的见解，艺术教育和创意活动的重视，以及对社会规范和制度的思考。在狭义的范围内，校园文化涵盖了学术、文化、体育等多个领域的学生组织活动，包括学术研究、文化创作、体育竞技和社会团体活动。

校园文化有其鲜明的特征。

1. 目的性强，规划性强

在当今时代，我国高等教育机构坚守着国家所倡导的社会主义教育理念，其宗旨在于系统地培养出符合社会主义需求的多元素质人才，他们既是现代化建设的领军者，也是未来的继承者。在这一过程中，德、智、体、美、劳被视为学生综合素质培养的关键方面。此外，大学校园文化作为展示学生思维和观念的重要平台，要凸显其独特的教育属性，还要明确其发展轨迹，与社会主义核心价值观保持一致，展现当代大学生的积极和健康心态，融合社会主义核心道德规范。

2. 有组织性、纪律性

校园文化活动的举办须在相应管理部门的精准指导之下，经过周密规划和精心组织，以营造多元且富有活力的学术环境，活动的开展应强调纪律性原则，避免演变成无序的自由行为，须紧贴社会脉动、现实生活的动态及大学生的实际需求，且必须与国家的发展需求和社会进步紧密相连，从而对学生的全面素养产生积极影响，促进其全方位发展。

3. 形式多样性与内容专一性

在校园内，文化活动的形式层出不穷，包括演讲、晚会、辩论赛、征文比赛、文体竞赛和讲座等。然而，这些活动的内涵应当凸显特色，务必保持专题性。以爱国主义为例，校园文化活动围绕这一主题展开时，应确保内容紧密契合，避免杂乱无章。

4. 校园特色与大学生个性化的结合

大学生是丰富校园文化的中坚力量，他们充满朝气和积极向上的特质为校园文化活动注入了时代的活力。以 90 后和 00 后大学生为例，他们在校园文化活动中独具特色。这两代学生以不同的方式参与校园文化活动，各自独树一帜。同时，大学生的思维不受拘束，具有跨越性，这对推动校园文化蓬勃发展起到重要作用。

5. 校园文化博采众长和影响深远

校园文化活动具备广泛的内容和多样的形式，但开展的前提是遵守社会基本道德和国家法律。学术性、专业性的大学生活动以其相对开放的本质，融合了思想性、知识性、趣味性以及创新性的元素。校园文化活动承载了各种文化活动的集合，对于提高大学生的综合素质、传承中华民族卓越传统、坚守社会主义核心价值体系以及主流价值观有着引领作用，对于推动高校的教学和科研工作以及思想政治工作有积极的意义。

二、校园文化的功能

（一）榜样辐射功能

高校校园文化活动的榜样辐射功能体现在大学生积极参与多元化的校园文化活动，其荣誉积累以及卓越成就，使其成为同学们的典范和引领者，对同学们产生广泛而深远的影响。校园文化的塑造有助于营造独特的高等教育氛围。高校内部的校风、学风等多种文化要素，深刻地影响着大学生在学术、生活和职业等多个方面的发展。尤其值得一提的是，在校园文化建设中崭露头角的各类杰出典范，对于大学生的教育和引领作用不可忽视。此外，校园中的文化标志、雕塑、历史遗迹、校训和校歌等元素，都在潜移默化中给在校大学生启发。

（二）价值导向和目标凝聚功能

校园文化作为师生智慧的结晶，具有丰富的内容与多样的形式，营造着多种氛围，深刻地影响了大学生的生活方式、思维方式和价值观。其价值引导作用显著。通过校园文化的传承，高校得以贯彻社会主义核心价值体系的内涵，积极倡导社会主义的荣辱观，将真、善、美融入大学生的日常生活、学术研究与工作实践，激励大学生正视世界、人生，将中华民族传统文化和社会基本道德准则注入大学生的现实行动。校园文化的建设旨在汇聚各种力量，使大学生更好地体会团队协作的重要性，培养他们的集体主义意识。通过校园文化的引导，大学生得以积极关注国家民意，紧密联系自身发展与社会进步、国家需求，振奋精神，为全面建成小康社会和中华民族伟大复兴贡献力量。校园文化活动也为大学生提供了多元才华展示的平台，增进了大学生对母校的感恩之情和认同。

（三）创新功能

作为一种社会亚文化，校园文化展现出明显的时代特征。它的主要参与者是大学生，他们在校园内的多种活动中充分展示了自身的智慧和活力，同时也注入了创新的精神。这种富有创造力的校园活动不仅丰富了校园文化的内涵，还显著提升了大学生的综合素养。有时甚至可以将大学生的一部分创意成果转化为实际的物质财富，对社会产生积极的影响。举例来说，一些大学生通过科研活动将自己的研究成果成功申请专利，然后将其转化为对社会生产和生活产生实际影响的成果。校园文化活动在很大程度上扩展了大学生的学识和生活技能领域，激发了他们积极参与各种学术和社会实践活动的热情，培养了他们的独立思考、领导以及团队协作等多方面的能力。

（四）约束和陶冶功能

校园文化在塑造大学生的行为规范和价值观方面扮演着重要的角色。通过举办各类校园文化活动，高校可以成功地传递对大学生行为的价值评估，明确受欢迎的行为范式、不被接受的行为准则，以及应当避免的行为规则。这种努力使每位大学生在参与这些活动时都能够得到必要的引导，从而使其将这些准则融入自己的行为准则中。校园文化活动实际上充当了一种引导者的角色，能够为大学生树立行为榜样，不论是在集体还是个体层面，都为大学生提供了机会，让他们可以观察到身边同学的行为，使他们可以学习身边同学的优点并且进行效仿。

三、高校辅导员引导大学生开展校园文化活动的具体思路

（一）高校辅导员要精挑细选，有针对性、有目的地开展校园文化活动

校园文化活动的内涵在很大程度上决定了其对高校社群的效益。高等教育的辅导员扮演着关键角色，他们需要深度融入大学生的日常生活，巧妙地规划涵盖知识传授、社交互动、思维拓展、娱乐休闲等多元元素的文化活动。辅导员可以充分利用校园文化的多样载体，以多元文化知识的传播为大学生创造机会。例如，通过精心设计的专业教育活动，辅导员可以引导学生深刻理解专业学习的重要性，可以强调专业知识与实际技能之间的密切联系，激励他们培养起专业素养，激发他们对专业领域的浓厚兴趣，为他们未来的就业奠定坚实基础。高校可以通过举办各类知识竞赛，如大学生建模比赛、创业竞赛、电子科技竞赛、书法比赛等，有力地提高学生的综合素质。毕竟，大学生正处于社会成年化的关键阶段，校园文化活动有助于培养他们积极、健康、向上的人生观、世界观和价值观，有助于培养他们的学习、生存、创新和发展能力。为实现这一目标，辅导员可以策划各种主题班会、诚信教育活动、生命尊重教育活动、学雷锋活动、志愿者服务等，为学生提供多样的成长机会。

大学生校园文化活动的重要特点之一在于其思想性。在大学生校园文化活动中，辅导员充当着关键角色，他们有着广泛的策略和方法，可以满足学生对于思想引导的需求。辅导员可以组织各种人生讲座，邀请杰出的校友分享他们的成功经验，这有助于学生积累宝贵的职业和生活经验，还可以启发学生思考，激发学生追求卓越的动力。此外，可以举办道德讲座也至关重要，这有助于传播中华民族传统美德，强调感恩父母等价值观，可以培养学生的社会责任感和道德观念。为了满足不同学生的兴趣和需求，辅导员还可以成立各类兴趣小组，如党建活动小组和文化沙龙，让学生在共同兴趣领域互相交流和学习，这不仅有助于学生的思想交流，还能够促进团队协作和领导力的培养。辅导员还可以考虑举办形势政策研讨会，引导学生正确分析国

内外的严峻形势，激发他们为国家美好未来努力奋斗的热情。

校园文化活动的趣味性和娱乐性可有效吸引大学生的积极参与因此，在举办校园文化辅导员需要在丰富内涵的同时，确保活动具备吸引力，以便让学生乐意投入。利用现代网络媒体工具如 QQ 群和微信群，可以高效传播校园文化的发展信息，从而激发学生的兴趣，引导他们积极参与，促使他们共同探讨文化建设的诸多难题，推动校园文化建设的不断进步。与此同时，辅导员在组织校园文化活动时，应注重娱乐性，以充实学生的课余生活，使他们在学有所乐的氛围中，提高学习、工作和生活的效率。一些具体的举措包括成立书画兴趣小组、集邮兴趣小组、模特队和合唱队等，并开展各种有趣的活动，如影视赏析、戏剧表演、联欢晚会和舞会，以及组织外出旅游等，培养学生的情操，净化他们的内心世界，使他们更好地融入校园文化的建设过程。

（二）要努力营造校园文化活动氛围，并加强相应的管理

辅导员在引导大学生参与多样校园文化活动时，必须兼顾多重任务，既需要充分尊重大学生的创新精神，也需要强化有效管理，主动为学生提供多样平台，同时还需要深化服务提供方式。需要注意的是，辅导员创造的氛围必须与时代主题相契合，贴合学生在校园生活、学习和工作中的需求，以及其实际情况。同时，辅导员应有组织地策划各类活动，例如开展主题班会，如讨论"诚信应试，反对作弊"议题，需要分析作弊现象，深刻剖析作弊动机，传达抵制作弊的价值观。此外，辅导员还应引导学生通过诚实劳动获得成就感，辅导员应全程监控活动进程，及时察觉不良迹象，并提供纠正措施。例如，在学生参与的校园文化活动中出现违背社会主义基本道德准则的行为时，辅导员需立即提醒并汲取经验教训，以供未来类似活动参考。

高校辅导员还应深化校园文化活动的理论研究，始终秉持前瞻性观点，引导学生正确理解这些活动的意义。辅导员应积极倡导与社会主流价值观相符的校园文化，并大力支持那些反映学生实际需求、促进身心和谐发展的校园文化活动。此外，辅导员需要坚决反击侵害学生心灵的现象，消除假、恶、丑倾向。

第六章　高校辅导员开展大学生服务工作的实务研究

第一节　大学生学习与生活指导

一、大学生学习指导

（一）指导大学生运筹好学习时间

在大学生活中，学生不仅应追求多姿多彩的经历，更应注重科学性。无论是学习日、周间、学期还是学年，合理且科学的时间管理对于实现时间利用的最优化至关重要，这样做可以在最短的时间内获得最大的学习成果。科学管理时间不仅可以提升学习效益，更可以为日后的生活奠定坚实基础。掌握科学的时间管理技能，高效地操控个人生命的航向，需要融合科学与实践两方面的智慧，是一种深邃的艺术，非一日之功可臻完美。因此，大学生在这方面的成长，需要得到辅导员的细致与专业指导。

1.统筹规划，加强时间管理

在高校教育中，学生必须有效管理最宝贵的资产——时间。他们不只是要经历时间，而是要精通时间管理，而时间管理就如同财务管理那样重要。

在这个过程中，辅导员的主要任务是培养学生掌握时间驾驭的技巧，使学生成为时间的主导者。

在时间管理方面辅导员的首要职责是引导学生学习如何有效地规划和利用时间，即教导学生如何制订详尽的时间使用计划和时间预算，确保学习计划与时间安排的无缝对接，包括在每个学期开始时，基于课程安排制定每周的学时表，特别是对课余时间的合理规划。例如，安排每周阅读、练习、预习和复习的时间，明确预习和复习的具体时间点，选择阅读参考书和进行练习的最佳时段，都需要统筹规划以达到最优的时间管理。其次，辅导员需要指导学生严格按照时间预算表执行，并在实践中不断调整和完善这些计划。最终，制作实际的时间使用统计表，或者称之为时间决算表。通过长期坚持这种科学的时间管理方法，学生们将能够获得更多的有效学习时间，从而在学术和个人成长上取得显著成果。

2.整零结合，最优用时

大学生在管理时间方面，需掌握整合零碎时段与规划长期时间的技巧。例如，一日、一周、一月等可被视为连续的整体时间段；而数分钟、几十分钟、一两小时等则构成零散的时间片段。对于整体时间段，大学生可进行系统化学习，如听课、深度阅读和撰写学术论文；而零星时间可用于收集资料、完成作业和复习加固知识。常常被忽略的零星时间，实则是宝贵的时间资源，其聚合效应不容小觑。大学生应学会珍惜并有效利用这些零星时间，积小流成江海，成就大事业。大学生需要学习如何合理安排时间，实现零星与整体时间的有效结合，以及在紧张的学习生活中"挤出"更多的时间。

在当代的大学生活中，学生每日可拥有约3小时的零碎时间，累计达到4380小时，相当于额外增加了两年的学习时间。因此，充分利用这些时间片段，包括节假日和休息日，对于大学生而言是极为重要的。这不仅仅是一种时间管理策略，更是一种高效学习的必要手段。为了最大化地利用时间，大学生需要学会合理规划和控制日常生活中的琐碎事务，确保杂务不会过度消耗宝贵的时间资源，避免被不必要的小事分散注意力。

3. 按质用时，优化用时

在大学教育中，辅导员不仅要指导学生进行科学高效的时间管理，更重要的是教导他们根据自身的生物钟优化时间。生物钟指的是人体内在的周期性生命活动，对大脑功能的影响尤为显著。研究表明，人脑的活跃度受到生物钟的调控，呈现出一天中的高峰和低谷。在24小时的周期内，通常存在5个这样的高低潮时段。由于个体差异，每个人的生物钟各不相同，生物钟在很大程度上决定了他们的最佳学习时段。生物钟一般可分为三种类型：猫头鹰型（夜间活跃）、百灵鸟型（白天活跃）和混合型（休息良好时任何时段均有效）。尽管生物钟有其特定规律，例如一般在上午10点、下午3点和晚上9点左右为大脑使用的高峰时间，星期二至星期四为一周中的高效期，但生物钟也是可塑的。在大学这一集体生活环境中，学生们应学会调整自己的生物钟，以便与集体学习生活保持同步，与群体生活节奏协调一致。通过培养与生物钟相匹配的习惯，比如按时作息，专时专用，可以在学习时自然激发大脑的相关区域，从而有效提高学习效率。

为了最大化学习成效，大学生需采用质量导向的时间管理策略，恰当安排不同学习任务于适宜时段。如大学生在能量充沛、效率最高的时间段应专注于学习核心内容，尤其是那些需深化理解或深思熟虑的部分，即实行集中式攻坚策略。在指定时间管理预算时，辅导员应引导学生制作学习任务清单，合理划分任务的轻重缓急。遵循程序优化的原则，大学生应优先将宝贵的时间分配给那些关键性、紧迫性较强的学习项目，以实现高效率的学习。

4. 有效用时，提高时效

辅导员要引导学生理解学术理论，指导学生在日常生活中高效利用时间。时间管理不仅关注持续增加投入的小时数，其更多地关注提高时间的使用效率和单个时间单位内的学习成效。学生要想实现高效率的学习，必须克服那些低效率或无效率的学习习惯，包括寻找文具、吃喝小食、坐立不安、漫不经心、心思杂乱、打瞌睡、心烦意乱、聊天插话、无目的书写、边玩边学、缺乏计划、方法不当、机械记忆等。要提高学习效率，学生需树立远大的学习目标规定严格的个人要求，同时培养成就感和责任感。需要注意的是，在学习时，保持精力旺盛、情绪良好、全神贯注、专心致志，排除一切干扰因素至关重要。此外，学习前的充分准备也不可忽视。学生应确保教材文具的齐全和有序，以便迅速进入学习状态。同时，持续改进学习方法和优化学习机制也是提高效率的关键。通过优化时间的使用，形成良好的时间管理习惯和有效的学习节奏，能够显著提高学生的学习效率。

（二）指导大学生培养学习动机

1. 学习动机的激发

辅导员可以采取一些专门训练的方式，来培养和激发大学生的学习动机。以下介绍几种有关动机训练的观点与做法。

（1）创设问题情境，启发积极思维。构建大学生的学习环境的关键在于创造一种挑战性情境，其中囊括的难题应使学生无法仅凭现有的知识和经验迅速解决，从而促使学生的思维活跃起来，激发学生对知识的渴望，并驱使学生寻求问题的解决方案。为了有效地激发学生的思维活动，辅导员应避免简单地将知识直接传授给学生，而应该向学生提出具有一定难度的课题，通过这些问题情境，引导学生将学习过程转化为一个积极的探索过程，以揭示未知事物和解决认知上的矛盾。在这种教育模式下，"难度"的概念是至关重要的——新的学习任务应与学生现有的知识和经验相匹配，同时不完全相符；任务难度应适中，既能引发挑战感，又不至于过于艰难。这样的难度设置对于激发学生的学习动机尤为有效。因此，辅导员在教学中应避免讲授那些学生难以感知和理解的内容，同时不应讲解那些学生已经非常了解，有时甚至比教师更精通的知识点。

（2）利用学习结果的反馈作用。学习反馈指对学习过程或结果的了解与知悉。在探究学习过程中反馈的重要性时，须认识到其在两个核心领域的显著作用。一方面，反馈在激发学习动机方面发挥着重要的作用。大学生通过评估自己的学业进展，能够增强自信心，尤其是当他们察觉到自身的进步时。相反，当学习成果未达预期时，这种认知能成为他们奋力提升自我、勤奋学习的催化剂。另一方面，反馈在提供必要信息方面同样不可或缺。反馈可以确保学生的正确理解得到巩固，而错误观念得以纠正，混淆的概念变得清晰，使学生能够区分已掌握的知识与尚需学习的内容，进而使学生能够高效地集中精力于薄弱环节，提高学习效率。为了确保反馈能有效促进学习，它必须是及时和充分的。及时反馈能给学生留下更深刻的印象，使学生能够迅速纠正学习中的错误，避免错误认知或行为固化。此外，合理组织竞赛对于激发大学生学习的积极性和主动性也至关重要。历来，竞赛被视为激发学生斗志、鼓励他们积极进取、克服困难、取得优异成绩的有效手段之一。

在教育领域，竞赛被视为一种强化学生动力和提高学习成效的重要手段。学生在参与学习竞赛时往往展现出对于自尊和自我实现的迫切追求参加竞赛后，学生在克服挑战时会表现出更加坚定的毅力，这可以促使他们在学习和工作中取得优于非竞赛环境的成果。学习竞赛的形式多样，包括个人对抗、团队竞技以及自我超越等。每种形式对激发学习动机都有其独特的影响。然而，竞赛的双刃剑特性在于：胜利者虽然获得鼓励，但失败者可能会感到沮丧和压力。要有效利用竞赛的积极效果并减轻其负面影响，学校和教育者需采取多方面措施。这包括加强思想教育，增强学生的自我学习意识，合理组织竞赛活动，严格控制竞赛的频率，扩大竞赛的范围和层次以提高获胜机会，确保每个学生都有实现成功的可能性。鼓励学生参与自我竞赛，将超越自身过去和现状设定为奋斗目标，是一种值得推崇的教育策略。

（3）适当运用奖励与惩罚。奖励本质上是激发正面情绪的诱因，包括诸如知识掌握、教师的肯定、学校的荣誉认可，以及集体的接纳等。对比之下，惩罚则指引发消极情绪反应的因素，如学业上的挫败、教师的批评、学校施加的纪律处罚等。奖励通常会比惩罚产生更为积极的效果，且二者均优于被忽视的状态。为了最大化奖励的激励和导向功能，提前明确奖励的条件是非常有必要的。提前宣布惩罚的条件具有预警的功效。在学校环境中实施惩罚的主要目的是利用其威慑力帮助学生积极学习，改正懒惰、拖延以及各种不规范行为，以避免惩罚的发生，而非让学生通过错误行为体验到惩罚。

2. 学习动机的培养

辅导员需要实施针对性的学习目标性教育，这样做是为了激发学生的自主学习动力，着重于让学生理解学习的社会价值，将其当前的学习活动与个人长远理想及国家的光明未来紧密相连，进而引发其学习的内在需求。一旦学生能够清晰地认识到学习的即时目的与未来目标，理解学习的重要性，他们的学习行为就将变得主动和自觉。有效地进行学习目的性教育的途径有很多。例如，通过思想道德教育，辅导员可以帮助大学生理解社会主义高等教育的培养目标，逐步培养起大学生共产主义的人生观和对祖国现代化建设的献身精神。在学科教学过程中，教师应引导学生深入理解各学科知识的社会和个人意义，认识这些知识在整个学科体系中的地位，从而有效增强大学生的学习积极性。

培养学习兴趣。学习兴趣对于大学生的学习具有重要促进作用，它不仅仅可以引发他们对知识的渴望，还能在学习过程中给他们带来愉悦的情感体验，从而激发他们进一步学习的需求。大学生易于培养学习兴趣的原因多种多样。首先，学生往往对那些过去曾经成功经历并取得积极成果的事物表现出浓厚的兴趣。其次，大学生对于那些富有成功可能性的活动也容易充满兴趣。此外，与自身能力水平相符的任务也会引发他们的浓厚兴趣。最后，那些新颖、引人注目的事物往往能够激发大学生的好奇心，进而引起浓烈的兴趣。在培养学习兴趣方面，教育者应当致力于让大学生深刻理解学习知识的社会价值。基于大学生已有的经验，不断深化学生的知识体系是重要的。此外，教材内容的选择也重要，它必须与大学生的实际水平相适应，过于浅显或过于深奥都会降低学习兴趣的激发程度。在教育过程中，教育者应引导大学生参与能够胜任的活动，运用所学知识解决实际问题，将成功的愉悦和学习的乐趣融入其中，这是培养学习兴趣的关键路径。

组织大学生参加课外活动。大学生积极参与各类课外学术与科研活动，不仅可以加深对知识实践意义的认知，还可以深刻体会到自身知识储备的不足，从而激发全新的学习需求与动力。然而，某些辅导员及学生亦有一种观点，即参与课外活动可能会对正规学习产生不良影响，认为这是一种"不务正业"的行为。或者认为应仅鼓励学术成绩优秀的学生参与，认为那些学习成绩较差的学生首要任务是强化课堂学习。这种观念导致大多数大学生局限于狭窄的知识领域内，知识面没有得到充分拓展，学习动力逐渐丧失。辅导员应该鼓励并组织学生参与一些学生能够胜任的课外学术与实践活动，这样可以扩宽学生的知识视野，激发学生的思维和创造力，使学生能够享受将知识应用于解决实际问题的乐趣，从而逐渐激发学生将新获得的知识和技能转化为课内学习的动力，更好地完成学业。

（三）指导大学生选择学习方法

1. 模仿学习法

模仿学习法作为一种教育策略，指的是指导学习者通过观察教育者的态度和行为，以及社会普遍接受的行为准则和道德标准，从而习得知识与技能。在高等教育环境中，这种方法尤其重要。其核心原因在于：模仿学习涵盖了一种必要性，它是大学生教育过程中不可或缺的一部分。例如，大学生要想在社会和集体环境中自由生活，就必须遵循社会和集体设定的道德行为规范和生活习惯，同时理解社会现象的发展和变化规律。而不遵守这些规范可能引来批评、排斥甚至惩罚。因此，大学生往往有意或无意地倾向于模仿那些社会广泛认可的行为模式和道德规范。

在学习领域中，模仿学习这一过程被认为比尝试性学习更为安全且益处颇多，而这无形中加强了大学生对于自认为有价值的知识或技能通过模仿学习的偏好。事实上，模仿学习是一条获取技能的快捷通道，许多大学生通过模仿他人来完成技能的掌握。通过单纯的发现或创造手段来掌握已有的技能，往往是一种效益不高的做法，尤其是对于某些特定学习者来说，某些技能可能唯有通过模仿学习才能掌握。此外，对于那些较为抽象的系统性科学知识，学习者通常首先经历模仿学习的阶段，继而通过抽象概括、逻辑推理等方法来深入理解这些科学概念。综上所述，模仿学习作为一种学习策略，在大学生的学习过程中扮演着不可或缺的角色。然而，仅仅依赖模仿学习的方法显然是不足以让大学生顺利且高效地完成其学术任务的。

2. 抽象概括学习法

抽象概括学习法是基于对感性认识的深入理解，进而对学习材料进行精准分析，提炼出具有本质意义的内容，并采用多样化的原则进行系统性组合。换言之，抽象概括学习法是一种由感性具体知识向理性抽象概念的提升过程。对于大学生而言，这种学习方法是基础，是深化理解的关键，因为抽象概括学习法允许将直观的学习内容转化为内化的理性知识，从而实现对学习对象的深层次理解。在高等教育环境中，学习的性质与中小学教育存在显著差异。高等教育阶段的学生更倾向于深入理解学习材料，而非单纯依赖记忆。为了达到深度理解，学生必须通过分析和抽象概括，努力学习与思考。大学课程的复杂性和高度抽象的特征也进一步证明了抽象概括方法的必要性，因为没有它，学生难以接触和理解科学理论的深层结构。因此，在高等教育的框架下，重视并运用这种学习方法是每位大学生步入科学理论殿堂的必要前提。

3. 逻辑推理学习法

逻辑推理学习法是一种基于已有知识，通过遵循特定的逻辑准则，对这些知识进行扩展与深化，从而掌握新知识的方法。逻辑推理学习法有助于将已有知识系统化，而且逻辑推理的过程还是从抽象理念向具体应用的转化过程，补充了抽象概括法，是大学生的重要学习工具。大学生在学习的历程中，通过运用逻辑推理的思维模式，可以有机地结合已知与未知的知识，逻辑推理是连接两者的关键手段。缺乏逻辑推理能力的大学生，将难以适应高等教育的需求，因为高校是一个要求学生不断扩展知识边界的环境。通过运用逻辑推理学习法，学生能够逐步将零散的抽象概念整合成一个遵循特定规则和原则的具体知识体系。

4. 总结提高学习法

总结提高学习法是知识整合和构建个人知识架构的关键手段，而且它构成了大学生学习的基础策略。其核心观点在于：当采用总结提高学习法时，学生能将孤立、无序的众多知识点在大脑中转化为一个具有紧密逻辑结构和中心化知识体系的综合知识网络。此外，大学生在应用知识的过程中，无论是有意或无意，都在实践深化学习方法，将不同的知识点融入这一综合知识体系中。值得注意的是，"知识系统"和"综合知识体系"这些概念都是相对的。需要强调的是，个人的知识体系按照不同的层次划分，并且按照特定的规则和原则构建联系，但人们对此的认识程度不尽相同。

二、大学生生活指导

（一）大学新生适应能力指导

1. 帮助大学生积极适应大学的自然环境

校园中各种设施的位置和有关规则，都与大学生的生活密切相关。鉴于此，辅导员应确保新生了解校园设施如办公室、卫生所、电话亭及小卖部的具体位置，引导学生掌握教室、图书馆等公共空间的使用规范，食堂的开放时间，乃至周边地区的公交路线，使新生在处理日常事务及应对各种挑战时，能够更加高效、减少走弯路。辅导员还需帮助新生熟悉校园外的社会环境，如邮局、银行的地理位置，公共交通的使用方法，向他人询问路线的技巧，购物及与商贩讨价还价的策略等，这些知识对于新生融入新环境，减少作为异乡人的不适感至关重要。要知道，不适应可能会影响他们在新环境中的适应和生活质量。辅导员通过这样的综合指导，能使大学新生更快地适应大学生活，顺利过渡到这一人生新阶段。

2. 指导大学生适应大学的生活方式

在大学生活的引导过程中，辅导员应指导学生掌握日常生活管理技能，如定时起床和参与体育活动、自行整理床铺与房间、独立完成衣物洗涤与修补，以及自我照顾等。而在这一实践学习过程中，鼓励学生之间进行交流至关重要。同伴之间的相互影响与学习不仅能提高个人的生活自理能力，还能在一定程度上促进整个学生群体的成长与发展。

辅导员要指导大学生学会"理财"。在进入大学后，许多学生初次接触到独立管理个人财物的任务，面临着如何合理规划一学期生活费的挑战。部分家长会提前将整个学期的生活费一次性交给孩子，这样的安排往往导致学生在没有家长监督的情况下，缺乏有效的财务管理能力，容易出现冲动性的消费行为。在校园内，经常能见到新生在短短一周内就花掉半年生活费的情况，这反映出学生在支出安排上缺乏计划，具有盲目性。为了防止新生陷入这种经济上的困境，大学辅导员有责任指导新生建立合理的理财观念，教导他们辨识生活中哪些开销是必需的，哪些是非必需的，以及哪些是可有可无的。学生应学会将资金用于最重要的需求上，避免不必要的支出，并尽可能减少那些可有可无的花费。辅导员还应教育学生根据家庭经济状况和自身的兼职收入来规划日常支出。学生应在对自己的经济情况有基本的分析后，制定一个切实可行的每月消费计划，并尽量遵循这一计划。计划中应包括将多余的资金存入银行，以备不时之需。经过几个月至半年的学习和实践，大多数大学新生通常会逐渐适应独立管理个人财物的要求，从而在经济上变得稳健和自律。

辅导员还要督促大学生培养良好的生活习惯。大学生具备充沛的精力，处于知识与身体成长的重要阶段，良好的生活习惯构建了他们成功走完大学生涯的基石。为了确保自身身心健康，自入大学门起，大学生就必须认真考虑此事，培养健康的生活方式，避免不良生活习惯的滋生。具体而言，辅导员有责任引导新生妥善安排作息时间，养成规律的生活方式。同时，应激发他们积极参与体育锻炼和文娱活动的兴趣，确保他们获得充分的营养，形成科学的膳食习惯。此外，需要纠正或杜绝吸烟、酗酒、过度沉迷电子游戏等有害的生活习惯，以维护健康的生活方式。

3. 指导大学生适应大学的学习

辅导员首先要帮助大学生养成主动学习的习惯。相较于高中生，大学生的学习特点显著，其中之一是其学习具有高度的专业性。与此同时，大学生拥有相对较多的自主支配时间，因此，他们需要具备出色的计划、自学、自律和自主学习的能力。大学提供了丰富的学术资源，包括开放的图书馆、可供利用的教师资源以及丰富多样的学术讲座，为大学生创造了宽松的学习环境。

然而，一些新生可能会误以为大学课堂轻松，因为教师不经常检查作业，也不要求学生参加自习课。所以，当教师通知学生参加学术讲座时，一些学生可能会觉得这种讲座并不是必须参加的，从而对自己降低要求。实际上，大学学习的内涵丰富。在大学里，学生不仅可以获取各种专业知识，还可以涉足其他领域的知识，拓宽自己的学识面，培养语言表达能力、文学修养和科研能力等多方面的技能，但这些学习机会需要学生自己积极主动、自觉地去追求和利用。

辅导员需要帮助大学生尽快树立新的学习目标。一进入大学，新生应迅速确立新的学习目标，并精心规划其四年的大学生涯。这些目标可能包括考研究生、寻找理想工作、获得学士学位等各种追求。不管目标如何，辅导员都应引导学生根据个人情况认真设定目标，并制定详尽的四年规划，需要将宏大而抽象的目标细分为具体而明确的小目标，只有这样学生才能在大学生活和学业中体验到成就感和充实感。同时，必须培养学生的自主学习能力。学会学习是 21 世纪人才的首要能力，大学生的自主学习能力必须经历从不懂到懂再到精通这三个不同质量水平。21 世纪的教育注重终身学习，学习将贯穿学生的一生。自主学习能力处于学习能力结构的高级阶段，获得这种能力将使人受益终身。

（二）大学生人际关系指导

1. 把握交往尺度

"度"在各种事物中具有关键意义，当超越适当的度时，事物性质便会发生改变，不利后果便会出现。人际交往虽然具有多种功能，但也需要谨慎对待，有所选择。因此，人际交往不仅需要遵循一定的原则，还需要注意把握交往的度量标准。辅导员的作用在于引导大学生在人际交往中妥善管理以下四个方面的度量：广度、深度、适度和方向。

辅导员要引导大学生正确理解和应用人际交往的方向性，即交往向度。交往并非泛泛而谈，而应有明确的目的和选择。在现实社会中，人际交往是与真实个体打交道，因此，如何与他人互动、选择适当的交往对象都是复杂而重要的课题。人际交往可分为浅层次和深层次的交往。浅层次的交往包括偶然相遇和短暂交往，通常无法选择。深层次的交往，如建立亲密友谊和知己关系，则需要经过慎重选择。

为了确保能够有效地引导大学生理解和掌握人际交往的广度，辅导员的工作重点需放在学生理解交往范围上，交往范围涵盖了交往的人数和时间维度。理解交往的广度对大学生来说尤为重要，因为这不仅有助于他们充分领会人际交往的多方面功能，还能够增强他们的交往意识，并在实践中促进个人的成长。这对步入新世纪的大学生而言具有特别的现实意义。大学生应当学会从有限的个人交往转向全方位的社交活动。尽管每个人都有自己亲密的小圈子或社交群体，这本身并无不妥，但是如果仅局限于此，便会阻碍他们拓宽视野，同时也会妨碍信息流通。另外，大学生需要克服在人际交往中只关注水平层面关系而忽略垂直层面关系的倾向，这种倾向限制了学生的交往深度，也限制了个人成长的深度。成年人在社会生活中积累了丰富的经验，对人生和社会有着独到理解和深刻体会，他们能够为大学生提供关于人生的重要启示。因此，大学生若能更加重视与不同年龄层的交往，将会受益匪浅。

为了促进大学生在社交互动中实现有效沟通，辅导员应引导学生理解并掌握交往深度的要素。交往深度指的是交际活动的强度与频率，其是社交互动中一个不可或缺的考量维度。在社会生活的背景下，如何确定交往的深度，即评估适宜的互动强度与频次，需视个别情境而异。在此，人际距离的概念扮演着重要角色，其主要聚焦于个体间的心理空间——情感的密切度、相互信任的层次等。

面对与自己关系亲近的人，应采纳更频繁的交往模式，以维持并促进稳定的情义发展。相反地，当面对人际距离较远的人时，最初应持保守态度，采取较低频率的交往，以逐步理解和认识。在频繁的交流中，双方感情得以加深，人际距离随之缩短。辅导员需向大学生强调，交往的适度性是保证交往质量的关键。适度交往涵盖两个方面：一是平衡社交活动与其他生活领域的关系。尽管大学生相较成年人拥有更多自由时间，但仍需在各类社交场合中保持节制，避免在无效交往中耗费精力。二是妥善处理与不同交往对象间的关系。在此过程中，大学生需掌握一定的社交技巧。

2. 运用好人际交往的基本技巧

（1）给人留下良好"第一印象"的技巧。在日常生活中，个体之间的互动和感知差异导致了他们对他人的不同态度。在学生层面，这种差异化的态度，部分源于大学生的情感倾向和评价准则的多样性，更深层次地则取决于被感知者所展示的形象。人的精神状态和外在表现构成了强烈的初形象，这在很大程度上决定了他人的初步反应。为了帮助学生给别人留下积极的"第一印象"，辅导员应指导大学生关注以下几个方面：首先，深入理解他人，具体做法是，在初次会面时探讨对方感兴趣的话题，并准确判断对方的性格特点；其次，展现良好的心理适应能力，克服紧张，表达愉快的情绪；最后，注重个人展示，培养良好的精神面貌。这种精神面貌是由个人的综合素质修养决定的，包括文化、情感、道德、审美修养以及人生观和价值观等方面，这不仅影响一个人的精神状态，还关系到个人的行为举止。因此，辅导员需教育大学生提升自身素质修养，掌握丰富的知识，保持真诚、热情的人际交往态度，培养幽默感，注重仪表美，从而充分展现当代大学生的良好精神风貌。

（2）交谈的技巧。在社会互动中，人际交流扮演着核心角色，无论是参加社交活动，进行工作相关的面对面交流，还是拜访朋友，均需通过对话来实现。对话是信息的传递，是心灵间交流和理解的桥梁，其成功在于双方对彼此的尊重与合作。然而，部分大学生在交流过程中忽视了对话双向性，常常陷入单向沟通的误区，不是过度倾听而不表达，就是过多发表而不倾听，从而导致信息交换的不畅和沟通效果的降低。高效的对话要求参与者在整个过程中恰当地平衡倾听与表达。

在人际交流中，恰当地倾听和发言是表达对对方敬意的关键。有效的倾听技巧包括维持眼神接触，让面部表情随对话内容而变化，以及运用肢体语言，如点头、微笑或身体前倾，以示理解。适时地提问或表达赞赏，能展现出对对方话语的兴趣和关注。需要注意的是，根据对方的反应及时调整对话内容也是至关重要的。此外，还需要选择适当的话题，重视对话的互动性。对话是一种互动式的交流，其中每一句话都应是先前话语的自然延续。

（3）批评的技巧。从社会心理学角度来看，个体普遍不愿意面临批判和非议。由此可见，批评是人际交往中导致关系紧张的主要因素。然而，若因担心批评可能损害与他人的联系，而选择避免或逃避批评和责难，这种做法同样是不利的。例如，向朋友提出的建议，无论是在他们过于自信时的劝诫，还是在他们悲伤失望时的鼓舞，都是极其宝贵的。在处理人际关系时，批评可以是"禁忌"，也可以是"润滑剂"。有效的批评能够让人感受到你对他的真挚关怀。通过遵守特定的准则，并注重批评的方式与技巧，不仅可以实现改正缺陷和错误的目的，还可以避免破坏人际关系，并有助于改善人际关系。那么，如何才能让对方真诚地接受批评呢？

在指导大学生的过程中，辅导员需采用细腻且具有针对性的方法。首先，考虑批评的环境，批评应私下进行，以避免被批评者的自尊和形象受到伤害。公开批评往往会导致抵触情绪的增加，而非能引起被批评者对行为的反思。故辅导员在批评时应注重保护学生的自尊心。其次，应采用正面激励的批评方法，即通过激发学生向既定目标努力来克服缺点，这种方法涉及赞扬和真诚的感激，能够激发正面行为改变。需要注意的是，批评应专注于具体行为而非个人品格。学生往往对自己的人格和能力评价较为敏感，因此批评时应避免对其人品进行贬低。若能在肯定其优点的基础上指出不足，则学生更易于接受并改正。最后，非言语的体态语言在批评中起着关键作用。有时，无言的行为批评比语言更有效。通过具体的行动来传递信息，可以细腻且有效地引导学生自我反省，从而促使学生实现深层次行为和态度的转变。

（4）拒绝别人的技巧。在大学生人际交往中，辅导员应指导学生学会真诚地与他人互动，然而，真诚并不意味着无条件地迁就他人，牺牲自我。在应对他人的各种请求时，学生们将面临合理与不合理、可行与不可行、可接受与不可接受等多种情况的抉择。在与他人互动的过程中，大学生不应且无需一味迎合他人的意愿。在人际交往中，婉拒他人是一项挑战。有效拒绝的方法众多，大学生应依据不同情境进行灵活应对。两种常用的拒绝策略包括：一是直截了当地拒绝，即在拒绝时不借助任何借口，而是直接向对方阐明自身困难，寻求对方的理解；二是巧妙引导对方自行说出"不"，即在预见到对方可能提出请求之前，通过恰当的肢体语言和委婉的表达方式，使对方理解并接受拒绝的意图。为了培养学生在这方面的技能，辅导员可以采取专题讲座、情景模拟等多种教育方式，对大学生进行有效的训练和指导。

（三）大学生爱情问题指导

1. 指导大学生处理好爱情与学业的关系

在大学阶段，学生的核心任务是吸收和积累知识，这一阶段对他们的学术成长和个人发展极为关键。根据心理学领域的研究，18至29岁的年龄段被视为记忆力达到顶峰的阶段，此时的年轻人通常精力充沛，思维敏捷，兴趣广泛，表现出显著的思想活跃性。这个时期是个人成长和学习能力的黄金时代，对于大学生来说，是他们生命中的一个关键阶段，他们应当将主要的精力集中于知识的学习与积累，并应重视品格和能力的培养。因为这些因素在很大程度上决定了一个人未来的发展。可以说，大学时期在某种意义上是人生成功预兆的出现时期，同时也是构建稳固爱情关系基础的重要时期。

对于爱情与学业的关系，傅雷给正在上大学的儿子傅聪明确讲过，他说："学问第一，艺术第一，真理第一，爱情第二，这是我至此没有改变过的原则。……我想你心目中的上帝一定也是巴赫、贝多芬、肖邦等等第一，爱人第二，既然如此，你目前所能支配的时间与精力，只能贡献给你第一偶像，还轮不到第二神明。"傅雷所告诫的"学问第一，爱情第二"应该成为大学生处理爱情与学业问题的准绳。在考量爱情与学业的关系时，大学生必须认识到爱情也具有积极的激励性质。当爱情建立在高尚的理想与事业的基石之上时，爱情能激发个体内在的潜能与未被发掘的才华。大学生若能以理性的视角审视并平衡爱情与学业的关联，将爱情融入追求崇高理想和事业的过程，则爱情不仅不会成为学业的阻碍，反而会转化为一种强大的动力。

2. 指导大学生处理好爱情与好感、友谊关系

在指导大学生过程中，辅导员应强调学生要区分好感与爱情这两种在青年期男女互动中常见且易混淆的情感。对异性的好感可能与爱情表面上相似，通常爱情的萌芽也源于这种好感。然而，好感与爱情在本质上是截然不同的。好感主要基于第一印象，是在短时间内由于某次偶遇或聚会等情景触发的一种情感反应。相较之下，爱情的形成是一个较长时间的过程。除了感情的冲动，爱情的建立还涉及双方深度的了解，包括人生观、兴趣爱好的匹配等，而单纯的好感可能不包含这些深层次的因素。

在人类情感的维度中，友谊与爱情占据了显著且独特的位置。这两种情感虽紧密相连，却具备明显的差异。它们的共通之处体现在：双方均涉及情感的投寄与社交互动；而在某些情况下，友谊与爱情之间存在转换的可能性，例如，异性之间的友谊在特定环境下可能孕育成爱情，反之，未能开花结果的爱情亦有可能演变为深厚的友情。尽管如此，爱情与友谊在本质上仍是两种截然不同的情感形态。首先，二者的性质和基础不同。友谊，这种情感纽带，主要体现在同学或朋友之间的相互依存和关心，表现为真挚的友爱；而爱情表现为异性双方的相互倾慕以及对共度一生的渴望，其基础在于性别间的吸引力。其次，二者的范围和稳定性不同。友谊的涵盖面广泛，不受性别、年龄、社会阶层或职业的限制。相对之下，爱情的核心特质之一在于其排他性，它是基于男女双方之间忠贞不渝的感情。爱情的排他性意味着其需要持久稳定且始终如一；相比之下，友谊既可是长久稳定的，也可能因时间和环境的变化而经历各种转变。此外，二者承担的责任和义务不同。友谊主要承担道德上的责任，如忠诚、守信及互助等；而爱情常与婚姻、家庭紧密相连，因此，其责任不仅限于道德层面，还扩展到法律义务和责任。

在大学环境中，青年男女获得了广泛交往的机遇和环境，从而有可能构建宽广而纯净的友谊。这种友谊是大学生活中的一个核心组成部分，更是同侪间相互学习、共同进步的关键基石。而且，这样的友谊有助于消减孤独感，同时也有助于培育健全的心理素养，以及合作与竞争的精神。此外，友谊常常成为构建开放型社交网络和爱情关系的基础，众所周知，大量大学生

的恋爱关系源自深厚的友谊。尽管如此，辅导员有责任提醒大学生，在友谊未转化为爱情之前，任何一方都不应将其误认为爱情。如果发生这种情况，交往中可能会引起对方的不悦，甚至可能导致这段珍贵友谊的丧失。

3. 指导大学生正确处理好爱情中的失恋问题

辅导员应指导大学生处理好爱情与失恋关系。爱情，本质上，是两个纯洁灵魂之间碰撞而产生的情感火花，它建立在彼此的相互爱护上。然而，当恋爱双方经历了一段时间的共同了解之后，可能会因为感情的不匹配、外部环境的制约或是家庭因素的干预，而决定结束这段关系。对于那些仍旧怀揣爱意的一方或双方而言，这便构成了失恋的经历。

恋爱初期，双方可能因缺乏深入了解而导致难以和谐共存的情况。个性、兴趣、性格差异等因素在一定时间后显现，导致关系不可持续。这种情况虽然会导致双方情感受到一定的伤害，但却为双方未来的感情选择提供了重要参考。此外，扩大的社交圈及随之增加的人际接触和交流，往往引发感情的变化，导致原有感情的转移或消逝。不可忽视的是，个别情况下，一方对感情的不负责任态度，例如频繁更换恋爱对象，也是导致关系终结的原因之一。最后，不得不提的是，客观环境如家庭反对、社会压力等也常常成为迫使恋人分离的外部因素。

在人生旅程中，失恋是一种令人痛苦的经历，其带来的心理打击是深刻且剧烈的。大学生们必须学会在遭受这种情感挫折后保持坚强，避免沉溺于悲伤中，影响学业或怀恨对方，更不应该报复，对异性产生厌恶感，决绝独身，甚至采取极端行为。辅导员在这方面发挥着重要的角色，他们应引导学生在失恋后依然保持道德标准，坚定意志，理智面对。大学生需要学会转移注意力，用新的生活目标来冲淡失意的影响，培养积极的情绪态度，战胜消极情绪，遵循"失之东隅，收之桑榆"的哲学，将情感转移到广阔的生活领域中，如对事业的追求和对生活的热爱。在经历过失恋的痛苦之后，还需要冷静地分析失恋的原因，以汲取经验教训，深入地理解爱情的本质，勇敢地摆脱失恋的阴影，再次寻找属于自己的美好爱情。

第二节　大学生心理健康指导

一、大学生心理健康的标准

大学生作为社会结构中一个独立而显著的群体，他们大多处于 18 至 25 岁这一关键青春年龄段。该年龄段特有的心理活动特征，在他们身上得到了鲜明体现。我国大学生的生理、心理和行为特点，与国家的社会进步紧密相扣。辅导员在对其心理健康状况进行深入评价时，通常可以参考以下几个关键的评估标准。

（一）自我评价正确

一个心理健康的个体，深刻体会着自我存在的意义，同时对自我进行深刻而周全的理解和接纳。学生能够对自己的才能、性格特质、优势和不足做出适度而客观的评估，不会陷入自我高估的陷阱，也不会设立不切实际的生活目标或理想；同样，不会因为自身在某些领域的不足而滋生自责、愤怒或自卑情结。心理健康的个体，能够接受真实的自我，对他人的评价能够做出理性的回应，拥有坚定的自我认知，以及积极向前的生活态度，能积极地挖掘和拓展个人潜能。与此相对，心理不健康的个体往往无法适当地认可自己，内心经常充斥着激烈的矛盾，对自己持续感到不满，缺乏积极和积极的自我态度。他们经常寻求完美，但最终难以达到期望，从而无法维持心理平衡。正确的自我评价被视为高等教育学生心理健康的关键前提。在与现实环境和他人互动的过程中，高等教育学生通过实践逐渐认知自我。在身心健康的高校学生中，他们的自我认知接近于客观现实，努力实现自我了解的深度；对自身优点感到满足，但不会陷入妄自菲薄的情感泥沼；对于个人的缺陷和错误，既不回避也不感到绝望，而是善于接纳和采纳，从而推动个人的成长。

（二）智力正常

智力在个体的认知和行动层面展现出多层次的特质，包括观察、注意、记忆、想象、思维、创造和实践等综合能力。它在经验领域中彰显为学习和理解的能力，知识的获取和记忆，对新情境的快速有效响应，以及推理解决问题的技能。对高校学生而言，智力的正常运作不仅仅是学术的基础，更是适应生活和职业的心理支撑。智力的正常表现是评估高校学生心理健康的首要标志。通常情况下，高校学生的智力处于正常水平，并且在与同龄人的比较中相对较高。然而，核心问题在于智力是否得到了充分发挥。那些拥有正常智力并能够充分发挥的高校学生通常表现出强烈的求知欲望和浓厚的探索兴趣。智力的各个组成要素在他们的认知和实践活动中协调合作，正常运作，体现出对学习的巨大热情。

（三）人际关系

在社会的层次结构中，个体常常处于不同社会关系纽带的不同阶层中，而这一现象在高校学生群体中同样普遍存在。构建和谐的人际关系以及建立稳健的社交网络，是高校学生心理健康的必要条件，是他们实现心理健康的关键路径。高校学生的人际关系和谐呈现出多元且多方面的特征，其中包括积极迎接与他人交往的机会、拥有稳定而广泛的社交网络以及深交的朋友。在互动过程中，保持个体的独立性和完整性，拥有自我认知的能力，并避免低姿态或傲慢无礼的态度，能够客观地评价他人和自己，善于吸收他人的长处，弥补个人的不足之处，展现出宽容与接纳的心态，乐于助人，积极参与各种社交活动，积极的交往态度明显多于消极态度。

在制定高校学生心理健康的评估标准时，需特别侧重考虑以下几个要点。

首先，需要关注标准的相对性。实际上，高校学生的心理健康状况并没有明确的、绝对的划分，而是呈现出一个连续谱。制定评估标准时可以将正常状态表示为白色，不正常状态表示为黑色，而在这两个极端之间存在一个广泛的灰色区域。多数学生的心理状态通常位于这个灰色区域内。这一事实表明，在个体人生发展的过程中，经历心理问题是一种正常的现象，大学生不应该过度紧张，而是应积极主动地寻求自我调整的方法。

其次，需要考虑整体协调性。在制订心理健康的标准时，应该以个体的心理活动为基础，全面考虑内外因素之间的整体协调性。从个性的角度来看，每个人都拥有经过长期塑造的稳定个性心理，除非受到剧烈外部因素的影响，否则个人的个性不会轻易改变。如果个性发生明显变化，可能意味着他们的心理健康状况已经出现了变异。

最后，要考虑发展性因素。实际上，心理不健康可能是个人发展中难以避免的问题，其症状可能会随着时间的推移而逐渐消失。

以上分析揭示了高校学生心理健康的多维度评估标准和方法，而建立和谐的人际关系在其中扮演着不可或缺的角色。

（四）情绪健康

情绪健康的关键指标在于情感的愉悦度和情绪的稳定性。情感的良好状态对高校学生的心理健康具有重要影响，因此，需要深入探讨高校学生情感健康的几个关键方面。

首先，积极愉悦的情感应该占据主导地位，表现为充满激情、积极向前、充满活力、充满自信、寻求个人幸福，并对生活充满期望，这种情感状态不仅符合社会的期望，还能够满足个体的需求。

其次，情感的稳定性至关重要。个体需要具备妥善管理和调节情感的能力，既能够在适当的时候加以控制，又能够适度地释放情感，避免过度的情感压抑。情感表达符合社会的期望，能够满足个体的需求，人们可以在不同的时间和场合中做出适当的情感反应。最后，情感反应的触发应该来自适当的刺激，并且这种反应与环境相协调，反应的强度应该与引发情感的情境相匹配。

（五）其他行为标准

1. 适应能力强

心理健康在很大程度上表现为个体对于周遭现实环境的适应能力，而这种适应能力被视为心理健康的标志性特征。当一个人无法有效地管理与周围现实环境的互动与关系时，通常会出现心理障碍。对于大学生这一心理健康的特定群体而言，需要具备良好的社会交往能力，同时需要对社会的现状有着清晰而准确的认知，他们的思维与行为要能够与时代的发展趋势相契合，与社会的需求保持一致。当个人的需求与社会的需求发生冲突时，大学生应当具备迅速进行自我调整的能力，以实现个人与社会之间的协调，而非选择逃避现实。更为重要的是，大学生需要避免因妄自尊大或一意孤行而导致与社会需求背道而驰的情况发生。

2. 满意的心境

高等院校的学生，在心理健康方面通常表现出对自己的学业、生活和人际关系有一定程度的满意感，同时展现出较高的环境适应能力这有助于提升他们的自尊和自信心。尽管学生的智力水平各有差异，但由于没有心理障碍的困扰，心理健康的大学生能够充分发挥各自的智力潜力，取得一定的学业成就，并感受到成功的喜悦。这种满足感主要源于其较高水平的精神修养，而较高水平的精神修养能够使学生自身在逆境和顺境之间保持积极进取的态度，并在不懈的努力中发现追求事业的乐趣，照亮生活中美好的一面。

3. 乐观的生活态度

个体的心理健康可以被理解为一种珍视和热爱生活的状态，积极地融入日常生活，并从中充分感受到生命的乐趣，以此获得积极的人生体验。个体不轻视生活中看似微不足道的事件，不论是与友人欢聚还是独自徜徉在城市街头，都能够从中找到生活的深层含义。而在工作和学习中，充分发挥自己的智慧，从取得的学习和职业成就中获得满足感和动力，将学习和工作视为人生的乐趣而非负担。高校内心理健康的学生具备正确应对学习压力、职业竞争以及情感纠葛等各种挑战的能力，持积极乐观的态度，以平和的心态来面对周围发生的各种事件，而非选择悲观、抱怨或自暴自弃。挑战对他们而言是人生的宝贵经历，是他们迎接未来更大挑战的基石。

4. 意志健全

意志是指在特定目标驱动的活动中，人们进行选择、做出决策以及执行的心理过程。拥有坚定意志力的个体在行动中表现出高度的自觉性、果断、坚韧和自我控制等多个方面的优势。对于高校学生而言，拥有强大意志力意味着在各种实践活动中能够明确目标，能够在关键时刻做出明智的决策，并采用有效策略来解决面临的各种挑战。当面对逆境和挫折时，能够采用理性的方式来应对，保持对个人情感和行为的掌控，而不会陷入盲目行动、犹豫不决、草率和冲动、畏难情绪、意志消沉、顽固固执或冲动行为等不合理的困境中。

5. 人格完整

在心理学的范畴内，人格被定义为个体固有的、相对恒定的心理特征集合。这一概念的核心在于形成一个既健全又统一的人格结构，其中个体的思维、言语及行动表现出一种和谐的一致性。特别是在高等教育环境中，学生人格的典型特点包括：一个完整且协调的人格构成；建立了坚实的自我认知，从而规避自我同一性的混淆；以及抱持一个积极向上的生活观作为人格的核心。围绕这一核心，学生将其需求、欲望、目标及行为紧密结合。以这样的核心为基础，他们在日常生活和学术追求中，能够表现出自我调和及心理完善的最高标准，保证他们在面对各类挑战时，能够维持内心的平衡和行为的连贯性。

二、辅导员要了解当前大学生的正常心理需要

在高校环境中，辅导员针对大学生的心理需求实施恰当的指导，构成了学生心理健康辅导的初步而核心的任务。通过深入理解学生的心理状态并提供相应的支持与指引，可以有效促进学生心理健康的积极发展。相反，缺乏此种干预或指导不当可能导致心理健康问题的出现。

（一）心理独立感的需要

大学阶段，是学生从青涩的少年期步入成熟的成人世界的关键过渡期。在这之前，他们大多时间沉浸在一个相对孤立的教育环境中，对于广阔的社会生活知之甚少，缺乏实际的社交生活经验。因此，当置身于大学这一全新的生活圈子时，他们虽然渴望实现自我独立，但往往对于如何开始这一过程感到无从下手，心理上不免产生恐慌和迷茫。在此关键时期，他们对心理辅导和支持的需求尤为迫切。辅导员在此环节扮演着重要的角色，他们的职责不仅仅是在学术方面为学生引导，更应着眼于帮助学生克服心理障碍，引导他们从依赖的青少年心态平稳过渡到独立自主的成年心理状态，以确保他们能够顺利跨越这一重要阶段。

（二）人生目标定位的需要

在大学阶段初期，学生们往往尚未累积丰富的社会生活经验，因此对于确定自己的专业方向和职业选择感到迷茫。他们虽然怀抱着对未来的理想和憧憬，却往往缺乏明确的行动方向。简言之，由于未能确立具体的人生目标，这些学生在学习和职业规划方面往往缺乏明确的导向，这导致他们的努力多半事倍功半。在这种情况下，辅导员需要深入了解学生的个性和发展潜力，指导学生确立与个性发展相契合的人生目标，并协助制定切实可行的职业规划。

（三）学习的需要

在大学阶段，学生主要通过自主学习掌握知识，这与中小学阶段的学习模式形成鲜明对比。中小学教育多依赖于教师的引导和监督，而大学教育更强调学生的独立性和主动性。新入学的大学生往往因长期受制于被动学习模式，难以迅速适应自主学习的要求。这种习惯性的依赖性学习导致他们在适应大学自主学习的过程中遭遇心理层面的挑战。例如，一些学生难以改变依赖性学习的习惯，面对大学自主学习的需求时，会产生抵触心理。此外，大学教育注重专业知识的深入探究，但所涉知识领域广泛、交叉，经常超越教科书所限，因而要求学生广泛涉猎额外的课外知识，而这增加了学生的学习负担。与此同时，高等教育的学习方法远比基础教育阶段灵活、多元和自主，要求学生在学习技巧上进行根本性的改变。鉴于这些特点，辅导员在指导大学生时，需与学生共同分析大学学习的独特性，并引导学生树立清晰的学习目标。此外，还需帮助学生掌握高效且科学的学习方法，以保证学生能够顺畅地完成其学业。

（四）交友的需要

从小学到高中，绝大多数大学新生都生活在父母和教师的悉心照顾之下，很少涉足关心他人的领域。因此，当他们踏入大学校园，面对一个全新的社交环境时，往往会感到不适应。特别是在处理人际关系的过程中，常常显得力不从心。学生急切地渴望与他人建立深厚的友谊，然而由于交往技巧和方法的欠缺，常常会在结交朋友的过程中遇到诸多困难和心理障碍。在这关键时刻，辅导员要负责传授和指导学生掌握有效的人际交往原则和技巧，以增强他们的社交能力，帮助学生在新环境中建立积极和健康的人际关系。

三、辅导员开展心理健康教育的途径和方法

（一）建立良好的师生关系

在培育和维护师生之间的良性互动中，创造积极的首次互动印象是关键，这在心理学领域被称作"首因效应"。为此，辅导员在其职业生涯中应重视以下几个方面。第一，对于初入大学的学生，提供周到的接待服务至关重要。这些新入学的大学生，怀着与教师深入交流并获得心理支持的渴望，迈入大学校园。因此，辅导员需要从新生入学的那一刻起，就着手构建与学生之间的积极关系。第二，辅导员应致力于协助学生克服在学术和日常生活中所遭遇的实际难题，竭尽所能提供帮助。第三，作为学生心理发展的关心者和知己，辅导员应注重加强与学生间的对话与互动。第四，作为榜样的辅

导员需要保持平和的心态，并通过自身行为为学生树立典范。上述这些方面都是建立健康师生关系的基石。

（二）心理健康教育工作要因人而异

在当代社会的教育环境中，学生群体存在多样化的性格特征。例如，某些学生表现出自信、宽容和开朗性格；而有些学生可能表现出自卑感；还有些学生可能在意志力方面表现脆弱。当前大学生群体享有特殊的福利与待遇，是家庭的宠儿和社会的焦点。然而，不可忽视的是，他们同样面临着诸多困扰和压力，诸如高昂的大学教育费用，对于经济条件较差的学生来说构成了经济负担。此外，现行的大学生就业体系，尤其是自主择业的机制、对于人才素质的高要求以及市场的激烈竞争，均增加了大学生的就业压力，这些因素可能导致学生们面临各种心理问题。因此，在辅导工作中，辅导员需深入分析和理解学生的心理状态，对学生进行性格和行为上的分类，识别不同学生的心理需求，并采取针对性的方法，帮助他们克服心理障碍。

（三）重点关注三类学生

辅导员要关心接纳每一个学生，但特别需要重点关注三类学生：内向学生群体、贫困学生群体和网络成瘾群体。这三类学生是心理问题高发群体，做好这三类学生的心理辅导工作可以起到事半功倍的效果。

一是大学生中总有一些学生性格内向，在社交领域表现为不自信，这类学生通常朋友不多，他们的内心世界对外界而言是一个谜。尽管他们可能不擅长倾诉和表达，但这并不意味着他们不愿意与人交流。事实上，这些学生经常会积压情感，当这些情感累积到一定程度时，可能会导致严重的心理健康问题。如果不妥善处理，这些问题可能会导致极端行为。因此，识别并关怀这部分学生群体对于维护学生的心理健康至关重要。如果辅导员能够主动地关注这些学生，帮助他们学习和掌握有效的人际交往技能，并促进他们融入社群，他们就能更好地与人交流，建立起支持性的社交网络，避免潜在心理健康问题的出现。

二是生活贫困学生是需要特别关注的。这些学生大多出生于经济较落后的地区，由此形成的生活方式和价值观与学校环境及城市同学截然不同，所以在面对大学这个新环境时，可能会引发显著的心理冲突。贫困背景的学生往往对贫穷感到羞耻，这种心理负担使他们难以接受自身的经济状况，进而在与同龄人的交往中感到敏感和自卑。这种情况可能导致他们采取逃避和自闭的行为模式，严重时甚至可能发展为孤独症或抑郁症，从而不得不中断学业。在这种背景下，辅导员对这些贫困学生的关心与支持显得尤为重要。除了在物质层面上提供援助外，更关键的是帮助学生迅速适应新环境，激发学生的自立自强精神，使其以乐观的态度面对未来。

三是随着互联网的广泛渗透，大学生网络成瘾现象日益增多，这引起了社会和学术界的广泛关注。这类学生常常在人际交往方面遭遇挑战，自卑感加剧，倾向于在网络的虚拟空间中寻求心理慰藉，对互联网的依赖程度极高，花费大量时间沉浸于网络世界，造成了自我隔离和现实生活的疏远。长期如此，可能对学生的认知能力、情感状态和心理定位产生负面影响，甚至有可能诱发人格分裂，从而阻碍健康人格和人生观的形成。在应对网络成瘾的大学生时，辅导员应采取一种积极的态度，接纳、理解和支持学生，然后鼓励学生走出网络的虚拟世界，重新融入现实生活。虽然学生在虚拟的网络世界能获得自信感和成就感，然而，当学生重新踏入现实社会时，会体验到强烈的空虚感和自卑感，这种心理状态的转换揭示了学生内心深处渴望改变的动机，但他们通常缺乏实现这一变化所需的个人力量。在这一背景下，辅导员要积极构建一个既能引导又能支持学生的环境，为学生提供外部的帮助和内在的力量。认可并赞扬学生即使是微小的进步，因为这些正面的反馈能有效地激发和提升学生的内在潜能，为其提供支持以帮助他们实现更深层次的改变，有助于学生重新融入现实社会，重新找回自我价值和定位。

（四）开展团体心理辅导

团体心理辅导作为一种促进个体发展的咨询方式，致力于通过组织一系列精心策划的群体活动，来解决参与者的心理难题。此类辅导对个体的潜力挖掘和心理健康维护具有显著效果，在社会互动的模拟中发挥重要作用。在这个过程中，团体被视为一个精简版的社会结构，通过角色设定、心理剧和角色扮演等多种互动形式，参与者得以在安全的环境中体验和重现日常生活中的社会互动，从而学习应对各类心理压力的策略。团体成员在这种模拟交往的背景下，不断积累了丰富的社会生活经验，学会了如何与人和谐相处、观察社会现象，认识到遵守团体规范的重要性，进而在不同的生活圈子中恰当地扮演自己的角色。辅导员引领班级学生参与团体训练活动，可以为学生提供一个独特的学习平台，此类活动的核心在于将日常生活可能遭遇的各种情境，转化为游戏式的模拟体验。学生在这个过程中可以获得知识和技能，更重要的是，通过这种方式学生可以学习如何应对现实生活中的挑战。活动中的互动和体验可以让学生们深入理解和内化所学内容，进而帮助学生将游戏中获得的见解和技能应用到现实世界的问题解决中。

第三节　大学生职业生涯规划与就业创业

一、大学生职业生涯规划

（一）辅导员指导大学生职业生涯规划的优势

1. 对大学生思想进行引导

在学生即将步入职场之际，特别是针对部分学生可能存在的思想懒散或价值观偏差等现象，辅导员应对学生施以积极的思想熏陶，识别并解决学生在观念层面的不足，为深入开展思想教育奠定基础。为了实现这一目标，辅导员可以采用多种策略，如定期组织思想引导活动，鼓励学生踊跃参与学校主办的文化活动、理论讨论会以及社会实践等，促进学生思想成长，增强辅导员在引导过程中的有效性。

2. 及时处理大学生的日常事务

高校辅导员担负着与学生沟通和日常事务处理的重要职责。通过与学生的频繁互动，辅导员能够深入理解学生的需求和特点，从而有效地进行指导和管理。同时，辅导员还负责根据高校的规章制度，策划和组织各类活动，增加与学生的互动。这为辅导员深入洞察学生的个性和能力提供了机会。在这一过程中，辅导员的工作更扩展到了对学生职业生涯的指导。通过对学生的长期观察和互动，辅导员能够针对每位学生的具体情况，提供个性化的职业生涯规划建议这样做不仅可以提高辅导员的工作效率，还可以进一步展示其在专业领域的能力和水平。在管理班级事务和指导学生职业生涯规划的过程中，辅导员要能够更加有效地管理学生，确保对学生职业规划的指导更具针对性和实效性，从而在高等教育领域发挥关键作用。

3. 对大学生的职业生涯规划进行专业化指导

在进行大学生职业规划辅导时，辅导员应指导学生理解自身的能力与就业市场的现状，建立两者间的均衡关系，指引学生确立职业目标，鼓励他们制定出具体可行的行动方案，以帮助他们快速融入职业环境和社会。当学生面临职业发展上的具体问题时，辅导员要耐心回答学生疑问，协助学生优选职业路径。在帮助学生填写就业推荐表和签订相关协议的同时，辅导员还应记录工作进展，搜集学生就业趋势数据，并据此编制综合报告。

（二）高校辅导员加强大学生职业生涯规划指导的路径探索

1. 发挥高校辅导员在大学生职业生涯规划观念形成中的引导作用

在探索个人职业发展的旅程中，职业生涯规划扮演着重要的角色，涉及对个体未来职业道路的精心设计及实施以达成职业愿景的具体步骤。这一过程体现了学生个人的职业抱负和生命价值观，应该由学生自己主动做出选择。高校辅导员应引导学生制定并实现职业规划。具体而言，高校辅导员可以从三个主要方面入手，以促进学生在职业规划领域的成长。

一是"唤醒"学生的职业生涯规划意识。在高校学生的职业生涯规划教育中，辅导员要在学生的整个大学生涯中，不断地引导和支持学生，让职业生涯规划成为学生学习和生活的一部分，为学生营造一个积极的职业规划氛围，而且还需要根据学生所在年级的具体情况，实施差异化的教育策略。对于大一和大二的学生，职业生涯规划教育应以启蒙为主。此阶段的教育重点在于帮助学生通过课程和实践学习，认识并挖掘自身的特质与潜能。此外，辅导员需要通过教学实践，增强学生的职业规划能力，并引导他们构建自己的职业生涯规划理想。对于大三和大四的学生，教育的重点则转向职业核心技能的提升和求职技巧的培训。辅导员应通过增强学生简历编写技巧，对学生进行面试指导等方式，帮助学生提高求职效率，确保学生在大学四年内的职业生涯规划教育不仅具有连贯性，而且能够帮助其实现针对性发展，从而为学生未来的职业和人生发展打下坚实的基础。

二是运用职业生涯规划测评工具帮助大学生做好职业测评。在目前的教育背景下，针对大量大学生在职业规划方面的盲目性，一套科学而细致的职业评估体系显得尤为关键，其不仅能够助力学生对未来职业道路的清晰规划，而且对学生职业生涯的长远发展产生深远影响。在此框架内，高校辅导员可以通过运用如霍兰德职业兴趣测试、斯特朗坎波尔的兴趣测试以及基本人际关系行为倾向测试等多元化评估工具，协助学生进行全面而客观的自我评估，为学生未来职业生涯的规划提供科学依据，进而促使学生在职业生涯规划上做出明智和合理的选择。

三是以社团为载体，帮助大学生做好职业生涯规划。高校辅导员应当积极倡导并支持学生建立多样化的职业生涯规划组织，提高学生在职业生涯规划方面的自主学习、个人探索、自我管理及服务能力。组织的建立对学生的职业意识、技能和专业知识的培养均能够产生深远影响，进而为学生未来的职业发展奠定坚实的基础，确保其在日益激烈的职场竞争中保持持续的发展动力和竞争优势。以金陵科技学院动物科学学院的学生工作团队为例，他们引导学生申请并成功获批参加江苏省大学生创业训练项目，如"金科院农业发展学生模拟公司"。学生通过亲身参与模拟公司的运营活动，不仅能够逐渐提高自己的职场适应能力，还能有效加速从"学生"身份向"职场专业人士"身份的转变。

2.发挥高校辅导员在大学生职业生涯规划实践中的指导作用

要想增进大学生在职业生涯规划教育方面的参与度与有效性，关键在于提升学生的感知价值。在职业生涯规划教育中单纯依赖传统的课堂理论教学，即"纸上谈兵"，已显不足，所以，应鼓励学生主动参与多样的实践性活动。在此过程中，高校辅导员应致力于引导学生实践职业生涯规划，不断增强学生的职业技能与适应力。为达成这一目标，辅导员可以从三个主要方面入手。

一是充分利用第二课堂开展大学生课外实训和暑期社会实践活动，增强大学生对职场的体验和认知。高校辅导员可以激励学生将其学习到的专业知识转化为社会服务的动力，鼓励学生在业余时间和假期中，积极地投身于各类社会实践活动，如社团参与、"三支一扶"项目、志愿服务和青年见习计划，帮助学生累积实践经验，实现对专业知识的应用与深化。以金陵科技学院动物科学学院为例，该院动物保护协会的学生会员在课余时间与南京江豚保护协会合作，开展了多种多样的"护豚行动"。通过这样的合作，学生不仅巩固了学术知识，更提升了自身的专业技能。

二是做好高校毕业生的就业信息服务。为了能够向学生提供切实可行的建议和指导，高校辅导员应具备深刻的就业市场理解、政策分析能力以及简历编写的相关专业知识为此，高校辅导员应积极掌握海量的第一手资料，而且要能够灵活运用这些信息，实现线上线下的有效整合和应用，打出一套"组合拳"，在学生就业的关键节点为学生提供有针对性的分享和建议。同时，辅导员还应强化对学生的反欺诈意识教育。通过教育学生识别合法的就业渠道和了解标准的招聘流程，使他们提高对欺诈性公司和以工作机会为幌子进行的传销活动的警觉性和防范能力。

三是做好学生职业生涯规划教育细节工作的指导。辅导员应善用多种渠道，包括线上和线下，及时了解学生的职业生涯规划情况，并就发现的问题提供有建设性的意见和建议；引导学生积极参与专业课程教师的课题组学习，鼓励学生申请专利，参与各类创新创业大赛，如"挑战杯""创青春"和"互联网＋"，以及不同学科的竞赛，以提高学生的专业能力和培养创新意识；

向学生传授面试技巧，并教授处理各类突发情况的方法，以便学生在面试过程中表现出色。

3. 发挥高校辅导员在大学生职业生涯规划教育中的参与作用

当前我国高校辅导员普遍存在着自身职业生涯规划业务水平不足、辅导员队伍流动性大以及考核机制不够完善等一系列问题。为了有效地发挥高校辅导员在大学生职业生涯规划教育中的作用，可采取以下三个方面的努力。

一是鼓励高校辅导员加强学习实践。在塑造大学生职业生涯的蓝图中，辅导员扮演着职业生涯规划的"设计师"角色，其专业能力对大学生的职业生涯具有重要的影响。高校应积极倡导辅导员不断充实知识结构，积累职业认证，如全球职业生涯规划师、国家职业指导师、助理职业指导师、职业咨询师等资格证书。同时，高校可组织辅导员实地考察用人单位，助力他们深刻理解职业领域的实际情况和产业发展趋势，从而使辅导员有针对性地引导大学生进行职业规划。

二是保障高校辅导员队伍的稳定性。近年来，党和政府高度重视高校辅导员队伍的发展。然而，由于缺乏对该领域职业生涯的明确发展路径和系统性规划，许多高校辅导员在职业生涯中感到迷茫，无法找到自己的职业巅峰，这也导致了高校辅导员队伍的高度流动性。为解决这一问题，高校相关部门迫切需要不断完善高校辅导员的职称评聘和晋升管理体系，以充分体现对高校辅导员工作的尊重和认可。这一举措将为大学生职业生涯规划教育提供坚实的基础，确保其取得显著的成效。

三是不断完善考核激励机制。一方面，需要持续优化考核方法，明确高校辅导员在指导学生进行职业生涯规划时的具体要求，并对其进行量化评估，从而确保对高校辅导员职业生涯规划指导工作的考核能够真正实现规范化、标准化。另一方面，应全面实施激励制度，对于在指导学生进行职业生涯规划方面表现卓越的辅导员，可以通过评选先进个人、颁发荣誉证书、公开表彰等方式给予肯定和奖励。

二、就业创业指导

（一）开展就业指导工作的必要性

1.高校大学生就业形势严峻

当前，我国正处于经济发展与转型的关键时刻。无论是经济结构调整抑或产业升级，都对高等教育提出了迫切要求，需要其在知识、技术、和人才方面提供强有力的支持。然而，高等教育本身存在一些显著特点，如培养周期较长、反应滞后等，这导致了其在专业设置和人才培养方面与社会需求不完全契合，这也就意味着，大学毕业生面临着"就业难"的普遍问题。受全球金融危机的冲击，招聘市场的人才需求持续减少。与此相对应的是，大学扩招导致毕业生人数逐年增加。因此，许多大学毕业生在毕业后的半年、一年，甚至更长时间内难以找到理想的就业机会，这一现象并不罕见。然而，尽管就业人数不断增加，但企业对招聘的门槛并未降低，反而变得更为苛刻，这已成为不可逆转的趋势。

2.高校大学生成长成才的需要

随着高等教育日益朝着大众化方向发展，招生规模逐年扩大，高校学生就业问题逐渐显得愈发突出，而就业率成为评估学校教学质量和综合实力的重要标志。积极深入探讨大学生就业指导，对于完善高等学府的素质教育体系具有显著意义，可推动以就业和社会需求为导向的高等教育改革的顺利实施。同时，这一举措还有助于提高人才培养与社会的契合度，对塑造学校的人才培育品牌，提升其知名度，具有重大的战略价值。家庭因素也在加剧大学生就业困境中扮演着重要角色。长期以来，父母们投入了大量资金支持子女的高等教育，期望这一投资能够得到回报。然而，这些期望可能过于理想化，过高估计了子女的就业前景。此外，就业观念也显得过于保守，仍然受传统职业标准的制约，渴望子女在"体面的单位"从事"体面的职业"。大学生的就业问题不仅仅关乎个体，还关系到一个甚至数个家庭的福祉，对社会的发展和稳定也具有一定的影响。

如今，大多数大学生普遍缺乏就业意识，还未真正摆脱"天之骄子"的光环束缚，将大学毕业视作身份的提升，往往仍沉浸在"卓越就业"的幻想之中。他们热衷于追逐一线城市，如"北上广深"，但对于中小企业、私营企业、基层组织以及偏远西部城市却持避之不及的态度。同时，部分大学毕业生常常在大四或毕业在即的关键时刻，因就业压力迫切，才匆匆忙忙地开始"临时抱佛脚"，盲目投递简历。在这种情况下，由于缺乏系统的就业指导，他们对自身的求职意向、核心能力、未来职业规划缺乏清晰认知或估计不足，这种做法往往导致求职不顺利，进而引发各种挫折感，这显然不利于学生们的全面成长和职业发展。

3. 高校辅导员工作职责要求

辅导员在高等教育体系中扮演着重要的双重角色：既是教育队伍的一部分，又是行政管理团队的核心成员。作为一支强大的力量，他们肩负着培养大学生思想政治素质的责任，是高校学生日常思政教育和管理工作的组织者、实施者和引导者。辅导员的使命在于成为学生人生道路的导航者，以及培育学生健康成长的亲近伙伴。目前，我国大学毕业生就业形势日益严峻，毕业生就业问题已经成为全社会关切的焦点。高校辅导员，作为学生工作的先锋，应积极提高就业指导能力，发挥积极作用，以确保高校就业工作有序稳定推进。

（二）辅导员开展毕业生就业指导工作的方法

1. 做好毕业生就业动员工作

每年九月，辅导员可以通过汇集并分析历史上的就业数据，深入探讨国内经济发展的趋势以及这些变化对劳动力市场需求的影响，可以得出当年的就业状况、各行业的需求状况以及专业发展的总结，以此为毕业生的职业规划提供指导。首先，辅导员应着力于激发毕业生的就业热情，深入分析他们所处行业的未来发展潜力和人才需求状况，从而增强他们在求职过程中的自信心。其次，辅导员应倡导毕业生采纳"先就业，后择业"的策略。鉴于往年毕业生在自我能力评估上往往过于乐观，对工作岗位的期望过高，以及存在实际能力与期望之间的不匹配问题，所以可以建议毕业生应首先脚踏实地地进行实习和学习，在积累了足够的经验后再考虑理想的职业选择。最后，基于毕业生对工作的认识和态度，辅导员应鼓励他们做好提前求职的准备，督促他们在上半年就开始积极寻找就业机会，以便他们能更早地规划自己的职业生涯。

2. 做好毕业生应聘准备

毕业生在编撰简历时，应针对所申请的各个岗位，及时地进行修改和优化，以便突显关键要素应绝对避免使用单一简历去应聘所有岗位的做法。另外，在不同的专业领域内，招聘方对应聘者的要求各异，因此毕业生需要认真准备相关理论知识的笔试，早做复习准备。此外，毕业生的面试准备工作也同样重要。学院应利用其资源如就业沙龙和专题讲座等，创造出模拟面试的环境，从而提升毕业生的面试技巧。

3. 利用各方资源，拓宽就业渠道

高校每年举行两场规模宏大的双选会——秋季双选会与春季双选会。对毕业生而言，这两场双选会的重要性不言而喻。它们不仅为毕业生提供了求职的重要平台，而且是企业满足其大规模人才招聘需求的关键途径。学院应当积极采取行动，提前搜集并整理双选会中参与企业的招聘岗位及其联系方式，进而激励学生根据自身实际情况进行明智选择。为了更好地适应企业的用人需求，学院需进行深入的企业用人调查，并据此制作详尽的就业工作报告分析。除此之外，学院还应当充分利用校园招聘之外的资源，比如与学院校友合作的企业资源，以及众多互联网招聘平台上的信息，及时且有效地推送就业信息给学生，增强就业信息的覆盖度和实效性。

4. 及时推送就业信息，筛选就业岗位，做好企业招聘后的反馈及总结工作

在发布就业招聘信息之后，及时掌握毕业生递交简历的动态，与企业招聘负责人进行交流，以获得对毕业生面试和后续进展的详细了解，显得尤为

重要。在这一环节，对企业负责人提供的反馈进行深入的分析和综合归纳是必不可少的步骤。同时，建立与企业的持久合作伙伴关系，并积极促成毕业生在相应单位的职业安置，也是对毕业生未来发展的重要投资。

5. 对毕业生分层次建立就业数据库

为了有效应对毕业生在就业市场上的多元挑战，如考研、就业、参军等，本书提出了一个综合性的策略。首先，对于那些选择继续深造的毕业生，提供针对性的考研笔试和复试辅导，以及专业化的培训服务。对于那些面临就业难题的毕业生，特别是来自零就业家庭、优抚对象家庭、农村贫困户、城乡低保家庭以及残障人士等背景的毕业生，实施精准的就业帮扶措施。在这一过程中，关键是对这些困难群体进行详尽的调查，以确保帮扶工作的有效性和精准性。每位困难毕业生都将被指派一名专职人员进行"一生一策"的动态管理，确保他们获得个性化、精准的支持。对于家庭经济困难的毕业生，认真发放求职补贴，以减轻他们的经济压力。最后，为了满足不同毕业生的需求，将采用多种策略，包括举办专场招聘活动、提供技能培训和岗位推荐，以促进他们的顺利就业。

6. 做好毕业生就业的心理调整工作

针对正在参加实习的学生，辅导员需主动掌握学生的实习动态，深入了解其在工作环境中的心理状态。辅导员可以通过有效的沟通，为学生提供心理指导，帮助他们应对实习中的挑战。尤其是当学生遇到对工作环境不够熟悉、工作任务繁杂且复杂的情况时，辅导员的及时介入和解决方案的提供对学生的职业发展和心理健康至关重要。

7. 根据市场需求，探索人才培养模式改革，适时调整人才培养方案

为满足社会发展需求，高校应积极推动人才培养模式和教学内容的革新，着眼于突显学校的独特特色。根据社会需求主动调整各学科专业的培养方案，加强产学研融合的教育特点。同时，还应促进校企之间的合作，通过不断探索校企合作新机制，包括校企联系、技术攻关、实习实训等，力求实现双方的互利共赢。

8. 长远着手就业工作

将就业指导工作前置并贯穿于大学四年的教育过程中，根据每个年级的特点，有目的、分层次地进行指导，以协助学生规划他们的职业生涯。对于大一学生，特别强调在使他们了解就业前景的同时，引导他们初步构思职业发展方向，让他们明晰大学期间的学术任务和课程选择，向他们重点强调"专业思维的培养"。对于大二学生，焦点放在能力培养上，帮助他们进一步明确职业目标。至于大三学生，重心放在实习和实践上，培养他们与职业目标相匹配的素质，必要时进行相应的调整。至于大四学生，特别关注解决与择业相关的问题，应为他们提供具体指导，包括就业前景、信息资源、政策咨询、面试技巧以及心理适应等方面。

辅导案例篇

第七章　铸魂主题下的高校辅导员工作案例

第一节　凝学生骨干之力，成朋辈互助之效

一、案例简介

（一）案例来源

小 A 是一名专攻船舶与海洋工程的三年级大学生，其所在专业强调实践与理论的结合。

（二）基本情况

面对部分同学在职业目标设定和精神状态方面的困惑与消沉，辅导员借助了班杜拉的"社会学习理论"，通过识别、培养及提升学生中的模范人物，有效运用同伴间的教育优势，从而有力地推动了班级文化和学术氛围的建设。这一过程使得更多的学生找到了明确的目标，并愿意为之努力。

（三）理论支撑

心理学家班杜拉提出："通过观察榜样的行为，人们可以进行学习。"[①] 在学生群体中，具有领导才能的学生通常更受欢迎，他们与其他同学在年龄和生活经验上的接近性使他们成为观察和学习的理想对象。因此，将班杜拉的理论中关于同伴互助的效应应用到高校的思想政治教育中。这一案例主要围绕小 A 的经历展开。小 A，一位品学兼优的学生，对自己的专业有着清晰的了解，并致力于为祖国的海洋事业贡献力量。然而，班级中的一些同学因缺乏主观能动性和主动获取信息的意识，对未来规划感到迷茫，学习动力不足，情绪焦虑。在辅导员的指导下，小 A 积极参与竞选并成功成为班长。辅导员鼓励小 A 与那些感到困惑的同学进行交流并提供帮助。最终，班级形成了一种积极向上、共同进步的良好风气，同学之间也建立了深厚的友谊。

二、教育过程

（一）挖掘与培育学生骨干

在与学生的深入对话中，辅导员深刻体会到船工系的小 A 同学具有坚定的理想信念和卓越的学术品质，他不仅乐于助人，还对船工专业充满热爱。小 A 通过各种途径积极吸收行业前沿信息，能与学院的专业教师就专业问题进行广泛而深入的讨论。他对该领域有着清晰而深刻的理解，并对行业的未来抱有坚定信心。此外，他积极参与科学创新项目和竞赛，获得了丰富的实践经验和荣誉。小 A 规划未来继续深入研究，攻读博士学位，致力于船工专业的学术研究，为海洋强国的建设贡献力量。

鉴于此，辅导员与小 A 进行了一次深入的交流，鼓励他在班级中担任领导角色，服务同学，并努力向党组织靠拢。在辅导员的鼓舞和指导下，小 A

---

① 阿尔伯特·班杜拉.社会学习理论 [M].陈欣银，李伯黍，译.北京：中国人民大学出版社，2015：153.

竞选成为班长，积极地促进班级同学间的交流，并提供必要的帮助；同时，他向党组织递交了入党申请书，积极接受党组织的培养和教育。

（二）发现与分析学生个体面临的问题

在交流中，辅导员接触了学生本人、家长，发现了一些学生在求学路上的困境。这些困境呈现出朋辈支持的必要性。其情况概述如下。

学生小 B 的学习成绩处于中等偏下水平。在大学前两年期间，他表现出了明显的迷茫态度。即使进入大三，小 B 对自己的专业仍未有清晰的认识，缺乏学习动力，并且未对未来做出明确规划。与此同时，学生小 C 的成绩接近保研资格线，却缺乏科研经历。小 C 对科研领域的认识较浅，且对此缺乏足够兴趣。而小 D 学生虽成绩优异，但其对行业的理解显得过于狭隘，信心不足。对专业研究方向的知识掌握不够深入，使其在职业选择上犹豫不决。班上的少数女生之一小 E，性格内向且羞涩。她在多个课程上面临重修的压力，并且尽管有学习交流的需求，但往往缺乏主动沟通的勇气。

（三）引导学生骨干关心同学，分类施策、有针对性地帮助同学

在与小 A 就班级同学的动态进行深入对话时，辅导员对几位同学的特定情况进行了精准概述（同时严格遵守学生个人隐私保护原则）。辅导员指导小 A 在其日常学习与生活互动中，有目的地与这些同学加强交流，并鼓励其根据每位同学不同的背景和需求，进行有针对性的沟通。在这一交流过程中，辅导员建议小 A 积极分享自身的见解和想法，利用自己的经验和故事来启发和激励他人。

（四）朋辈互助开展过程与效果

小 B：迷茫、没有规划—确定考研并积极备考

在辅导员细致地指导下，小 B 在日常学习的过程中遭遇困惑时，会主动向小 A 寻求建议。小 A 也乐于提供帮助，两人因此建立了深刻的情感联系。这种交流逐渐扩展到课程之外，包括对专业知识的深入讨论。在这持续的互

动中，小B不仅在学业上取得了显著进步，感受到了成就感，还因为对专业知识的逐步深入理解而对学习产生了浓厚的兴趣。在榜样的激励下，小B提升了自我期望，设定了具体目标，期望在本学年获得奖学金，以免大学生活留有遗憾。同时，他也确立了考研的计划。目前，小B除上课外，时间大多花在图书馆学习，展现出了明确的学习目标和充沛的动力，与大一、大二时相比，状态有了显著提升。为防止小B滑回先前的惰性状态，辅导员和小A持续地对他进行督促和鼓励。

小C：对科研兴趣不高—主动参加科创竞赛并获得奖项，积累科创经验

鉴于小C在科学研究方面的经验相对缺乏，小A在与之交流过程中，积极引入了自身参与或已参与的科学创新项目及竞赛情况。小A不仅详尽阐述了这些项目的核心内容，还成功激发了小C对科学研究的浓厚兴趣，以及加入科学创新项目的强烈愿望。在辅导员和小A的共同鼓励下，小C主动报名加入了一项颇具挑战性的专业赛事。在此过程中，小A不吝啬地为他提供了学习相关软件和指导，且慷慨分享了丰富的学习资源。结果，小C在此次竞赛中斩获佳绩，不仅学得了诸多专业知识和技巧，更是积累了宝贵的科研经验，这无疑为其未来的学术探索和职业发展奠定了坚实的基础。

小D：纠结是否转行—确定扎根本专业并明确研究方向

在学术与职业界限的辨识上，小D显得略显欠缺，未完全掌握行业深层次的精髓。针对这一情形，小A在交流互动中，主动阐述了船工专业领域内的学术新动态、探索进展，进一步介绍了所在学院的学科实力、教师团队的专业背景及各位导师的研究取向。同时，小A对该行业的未来发展充满坚定信念。经由小A长期的影响与辅导，小D开始意识到自己过去的认识局限，并对所从事的行业重新树立了信心。目前，小D已清晰规划了自己作为研究生的科研方向，并对未来指导老师的选择有了明确的想法。

小E：挂科课程较多—成功通过该学期所有课程并取得良好成绩

在学习过程中，小E的内向性格成为其学业进展的障碍。在课间，小A利用班级交流工作的契机，主动与小E沟通，探讨学业上的问题。通过这种互动，小A不仅协助小E解除了学习中的疑惑，还向其传授了学习该课程的

关键要点和解题技巧。在辅导员的激励、小 A 的指导以及小 E 自身的勤奋努力下，小 E 最终在该学期所有课程中都取得了优异成绩。

三、总结与反思

（一）基于朋辈互助的学生骨干能够发挥的作用

考虑到高校辅导员在执行思想政治教育任务时所面临的固有限制，笔者认为学生核心群体能够有效地强化这一教育过程。这些学生不仅可以辅助辅导员关注特定学生群体，还可以通过直接且持久的交流，为同伴们提供学术支持。他们在科学创新竞赛中起带头作用，同时在处理心理问题时提供指导，使思想政治教育日常化和常态化。此外，通过这种日复一日、深入的对话，这些学生可以帮助同学们增强对专业领域的理解，培养对学术的兴趣，并可以发挥出示范作用及杠杆效应。

（二）基于学生骨干的朋辈互助开展方式

在探索以班杜拉的社会学习理论为基础的朋辈互助模式时，笔者发现对于观察性学习的对象，应用此理论，提升了他们期望值，强化了环境、教育者与受教育者之间的互动关系。鉴于此，选拔基于朋辈互助的学生骨干时，辅导员需秉承极度的谨慎。这些学生骨干的角色多样，因此，其选拔标准亦应体现出相应的差异性。这类学生骨干应当具备的特质，不应局限于，但至少应包括以下几个方面。

（1）个人能力领域：第一，具有正面的思想态度和较强的主观能动性；第二，在学术成就上表现出色；第三，拥有丰富的科学创新和竞赛经验；第四，对所学领域有着深厚的热爱，并对相关专业和行业有广泛深入的了解；第五，对个人未来发展有明确规划；第六，积极向党组织靠拢。

（2）品质素养方面：第一，乐于助人的品格；第二，具备耐心和同理心；第三，对隐私和保密有清晰的意识；第四，具有强烈的责任感。

在培养学校社团如"党""团""学""社"等杰出集体中的优秀学生方面，

辅导员可以在班级会议和个别交流中发掘那些具有显著影响力和杰出表现的学生。这些学生作为榜样应获得认可和奖励、享有分享和宣传的机会，需要被鼓励发展出服务他人的自觉意识，主动担起帮助他人的责任，担任相关的学生职务，尤其是在日常工作中，对那些遇到困难的同学提供关注和支持。通过这种方式，学生在帮助他人的过程中也能够锻炼和提高自己的能力，从而达到自我成长与帮助他人成长的双赢效果。

第二节　党建引领聚合力，学科责任明初心

一、案例简介

（一）案例来源

案例源自高校中的一个特定党支部——食品科学与工程系硕士生第一党支部。在我国的高等教育体系中，党支部作为中国共产党在基层单位的组织形式，承担着重要的思想政治教育职责。尤其在高校环境下，党支部不仅是政治理念的传递者，也是学科教育和专业培养的重要推动者。本案例的设定旨在反应如何通过党支部的活动，加强学生对于专业知识的掌握，同时培养其对社会责任的认识和承担。

（二）基本情况

本案例聚焦于食品科学与工程系的硕士生，这一专业领域本身就具有较高的社会责任感和专业标准要求。案例通过几项关键活动来实现其目标：专题讲座提供了理论基础和行业洞见；实践活动使学生能够亲身体验和参与食品安全检测，深入地理解食品科学的实际应用；团队项目鼓励学生在真实的工作场景中应用所学知识，增强团队合作和问题解决能力；交流与讨论则提供了一个平台，让学生能够分享经验、反思学习过程，并从中吸取教训，促进了学生对专业知识的深入理解，增强了学生的团队协作能力和对社会责任的认识。

（三）理论支撑

从教育学理论角度来看，案例中的活动设计充分体现了"以学生为中心"的教育理念。通过讲座、实践、团队项目和交流讨论，案例不仅关注理论知识的传授，还注重学生能力的培养和实际应用。这种综合型的教育方式有助于学生形成批判性思维，增强解决复杂问题的能力。此外，案例中的团队合作和交流环节也符合社会建构主义理论，即学习是在社会互动中发生的过程在这一活动中，学生通过与他人的合作和交流来建构知识。

在党建活动与专业教育结合的层面，案例体现了高校党建工作的新模式。在这种模式下，党支部的活动不再仅仅局限于传统的政治学习，而是更多地与学生的专业学习和未来职业发展相结合。通过这种方式，党建工作能够更加贴近学生的实际需要和兴趣，学生对党建活动的参与度也得到有效提高。同时，也有助于培养学生的社会责任感和专业精神，这对于食品科学与工程这样一个对社会有重大影响的领域而言尤为重要。

二、教育过程

（一）引导支部成员关注国家战略政策，增强政治觉悟和党员意识

在高等教育中，党史教育不仅仅关注理论知识的灌输，更关注如何使学生能够理解和关注当前的国家战略政策。通过关注国家战略，学生可以更好地了解国家的发展方向和政策重点，这对于他们作为未来社会成员的角色定位至关重要。特别是在食品科学与工程这样一个与国家食品安全和人民健康直接相关的领域，理解国家战略政策不仅能提高学生的政治觉悟，也能增强他们作为党员的自觉性和责任感。

为了实现这一目标，党支部可以组织系列讲座和研讨会，让学生与专家学者进行深入交流，探讨国家政策如何影响他们的专业领域。同时，通过案例分析和模拟决策活动，学生能够在实际情境中学习如何将理论知识与实践相结合，从而增强他们的政治敏锐性和分析能力。

（二）丰富支部活动形式，落实党建引领和支部凝聚

丰富的活动形式是增强党建工作吸引力和有效性的关键。在食品科学与工程系的背景下，支部活动应当紧密结合专业特点，增进学生的专业知识，强化党建的引领作用。例如，组织实地考察到食品加工厂或研究机构，让学生能够近距离观察和学习实际工作流程，同时在这些活动中穿插党建知识的学习和讨论。除了外出考察，党支部还可以组织各种形式的内部活动，如辩论会、主题党日活动等，以提高学生的参与度和团队协作能力。

（三）明晰个人发展规划，树立学术志趣和专业认同感

对于食品科学与工程系的学生来说，了解个人在这个领域内的发展潜力和职业机会至关重要。党支部可以通过提供职业规划指导、组织职业发展研讨会和邀请校友分享经验等方式，帮助学生探索和确立自己的学术兴趣和职业目标。此外，通过党支部的活动，让学生参与专业相关的社会服务和志愿活动，能够增进学生对食品科学重要性的认识，还能够让学生在实践中体验到作为该领域专业人士的成就感和自豪感，从而使其能更好地将专业知识与社会实践相结合，为未来的职业生涯打下坚实的基础。

三、总结与反思

（一）做好前期调研，了解党员诉求

进行前期调研并深入了解党员的诉求和需求是有效开展所有相关计划的基石。在本案例中，党支部要了解食品科学与工程系硕士生党支部成员的具体情况，包括他们的学术背景、专业兴趣、职业目标以及对党建活动的期待和看法。这种调研可以通过问卷调查、小组讨论、个别访谈等多种方式进行，以确保收集到全面而深入的信息。对于硕士生来说，他们的需求可能更侧重于专业发展和未来职业规划。因此，党支部活动应着眼于如何帮助他们更好地理解自己的专业领域，并在实践中应用所学知识。同时，作为未来社会的中坚力量，学生也可能对如何在社会中实现价值和贡献有着浓厚的兴趣。

（二）因时制宜制定详细计划，密切结合党员发展需要

根据前期调研的结果，制定详细的活动计划显得尤为重要，这些计划应密切结合党员的发展需要，尤其是与他们的专业学习和职业发展相关的需求。例如，如果调研显示学生希望增强实践技能，那么党支部可以组织更多与实验室工作、田野调查或行业实习相关的活动。如果学生关心如何将专业知识转化为社会价值，那么可以组织讲座和研讨会，邀请从业者分享他们的经验和见解。在制定计划时，需要考虑活动的可行性、资源的可用性以及预期的效果，还需要进行细致的安排，包括活动的时间安排、地点选择、参与人员的组织以及必要资源的调配。同时，为了确保活动能够顺利进行并达到预期效果，需要制定详细的实施步骤和时间表。在活动实施过程中，可能会出现各种预料之外的挑战和困难，因此，计划需要有一定的弹性。因此，党支部需要持续监控活动的进展情况，及时收集反馈，并根据反馈进行必要的调整。

第三节 深入推进"读懂中国"，"五老"精神代代相传

一、案例简介

（一）案例来源

本案例的来源是媒体与传播学院参与的"读懂中国"活动中的青年学生。这一活动的核心在于增强青年学生对我国文化、历史和现代社会的理解。在这个背景下，媒体与传播学院的参与尤为重要，因为它既是信息传播的重要枢纽，也是塑造学生认知和价值观的关键场所。通过参与"读懂中国"，学生们不仅有机会深入了解我国的多元文化和历史，还能学习如何通过媒介有效地传达这些知识和理解。这种经验对于未来在媒体或相关领域工作的学生来说是宝贵的。

（二）基本情况

自 2018 年起，上海交通大学在连续 4 年的时间跨度内，持续举办了"读懂中国"系列活动。这一系列活动通过对王宗光、刘西拉、孔海南、黄良余等多位教授的深入访谈，制作了一批微视频作品，这些作品由于其卓越的质量，荣获教育部关工委颁发的年度最佳微视频奖项。此举旨在深化对习近平总书记关于关心下一代工作的核心指示的理解和实践，旨在通过鲜明且生动的"四史"教育，影响和启迪学校广大青年学子。在此背景下，上海交通大学各学院积极响应，以"五老"精神为引领，积极投身于"读懂中国"活动之中。

2018 年，"读懂中国"活动聚焦的主题是"改革的脚步近在咫尺、开放的景象清晰可见"。媒体与传播学院的学生们积极参与，通过对王宗光教授的采访，制作并推出了题为《读懂中国之高教改革立潮头》的微视频。该视频深入描绘了王宗光教授作为上海交通大学在改革开放历程中的参与者与见证者的独特经历。视频中，王教授从一名普通教师的角色蜕变为学校领导班子的一员，展现了他将青春和热情全心投入学校的建设与发展中的感人故事。

在 2019 年举行的"读懂中国"系列活动中，船舶海洋与建筑工程学院精心制作了微视频《立德树人，润物无声——刘西拉教授访谈》。该视频以"我和我的祖国"为核心主题，深入探讨了刘西拉教授与上海交大老教授共同经历的壮丽历程，展现了他们与中华人民共和国紧密相连的命运。视频中，刘教授的生平事迹被生动地展现，彰显了他与国家同呼吸、共命运的辉煌轨迹。

紧接着在 2020 年，"读懂中国"活动聚焦"全面小康，奋斗有我"主题，材料科学与工程学院则推出了《不失戎马志，余热生辉时——黄良余教授访谈》。这部作品取材于 91 岁高龄的材料学院退休教授黄良余教授的真实故事。黄教授在 20 世纪 80 年代领导了一个 5 人团队，成功完成了"大口径、大深度铝合金鱼雷研制"项目，令我国鱼雷的下潜深度达到 400 米。退休后，他仍然怀着对国家深厚的情感，为党捐献了万元特殊党费。黄教授不仅关心国家大事，还关注社会民生，捐助了 30 多位贫困学生，为母校浦江中学设立奖学金，并在多次抗震救灾活动中捐赠积蓄。尤其值得称道的是，在抗击新冠肺炎疫情的关键时刻，身处病房的黄教授与妻子慷慨捐款 100 万元。

2021 年，媒体与传播学院与环境科学与工程学院共同制作了《洱海情、绿水梦——孔海南教授访谈》。这部视频讲述了孔海南教授在洱海治理水污染方面坚守十六年的感人故事。孔教授将个人的生命设计与祖国的未来、民族的发展和社会的需求紧密联系，体现了个人追求与国家需要的和谐统一。他的努力使洱海水质得到了显著改善。退休后，孔教授继续体现其高尚品格，捐出 200 万元积蓄设立洱海教育人才基金，以促进接力培养人才，完成洱海的治理使命。这些视频不仅是对教授们卓越贡献的记录，更是对他们与祖国紧密相连精神的颂扬。

（三）理论支撑

首先，文化自信与历史传承理论强调了对本国历史和文化遗产的理解和尊重。这一理论认为，一个国家的文化自信是其软实力的重要组成部分，对于塑造国家身份和凝聚国民情感具有不可或缺的作用。在"读懂中国"活动中，通过深入研究和展示我国丰富的历史和文化，学生不仅能够增强对自身文化的认同感，还能在全球化的背景下更好地理解和传播我国文化。

其次，综合性与多元化教育理论则侧重于教育内容和方式的多样性。这一理论认为，教育不应局限于传统的课堂教学，而应包括体验式学习、实践参与、跨学科研究等多种形式。在"读懂中国"活动中，通过采访、视频制作等多种方式，学生们不仅在认知层面上获取了知识，更在实践中学习了如何应用这些知识。

最后，学习者中心理念强调了将学生置于学习过程的核心位置。这一理论主张学生应成为自己学习过程的主导者，教师和教育机构则扮演支持和引导的角色。在"读懂中国"活动中，学生们被鼓励积极参与，这使其可以更好地在学习过程中发挥主动性和创造性。

二、教育过程

（一）团队同学走进"五老"，充分了解采访对象的时代背景

在考察王宗光教授的微视频制作实践时，本书首先追溯了学生团队深入挖掘王教授丰富经历的过程。团队通过搜集资料、细读并倾听王宗光教授演讲，对其生涯轨迹有了全面把握。继而，他们策划并实施了一场王教授的现场讲座，该讲座由曾任上海交通大学党委书记的王教授主讲。他满载热忱地叙述了上海交通大学如何由单一工科学院转型为一所具有国际影响力的综合性研究型大学，并在教育部"双一流"计划中扮演了重要角色。王教授的讲座涵盖了诸多关键事件：从其率先访问美国的历史性行动，到学校管理体系的革新；从闵行校区的拓展建设，到积极申报"211""985"；再到与上海第二医科大学的合作，及创建高校首个学生工作指导委员会等。

学生团队在讲座结束后，基于当时的历史背景，精心筛选了王教授讲述的事件，着重挑选了访美经历、学校管理体制的改革和闵行校区的建设等关键节点进行深入展示。在后期制作阶段，团队致力于精细剪辑，力求在有限的时间内展现故事的精华。

最终，他们制作的《读懂中国之高教改革立潮头》在众多高校中脱颖而出，被教育部关工委选为"读懂中国"展映计划的首批作品，并在 15 部入围短片中首先播出，取得了好开局。此外，该团队还制作了一系列相关视频和征文，整个活动过程中的深入采访和时代背景的结合，成为呈现人物故事的关键。

（二）团队同学充分采访多地拍摄，充分展现采访对象的多面活动维度

在深入探讨陈益新教授的事迹时，笔者意识到他不仅是上海市的劳动模范，还是物理与天文学院的杰出学者。陈教授的访谈中揭示了他在专业科研领域里对创新的不懈追求。此次纪录片的制作团队精心选择了多个拍摄地点，涵盖了陈教授的工作与生活场所，如其办公室、实验室、退休后加入的研究机构，以及他的画室。这些场景变化不仅生动展示了他在科研领域的坚持，还体现了他对祖国光纤事业的贡献及科学与艺术的融合。此外，在采访

环境科学与工程学院的孔海南教授时，摄制组特意陪同孔教授前往洱海，记录了他的日常生活和工作。这一段描绘了孔教授从上海到云南洱海的频繁旅行，以及当地官员和居民对他工作的评价。

（三）团队同学认真研讨，虚心求教，事先充分了解采访对象所在领域的专业知识

在制作关于孔海南教授的纪录片过程中，团队成员在前期深入地与环境学院进行了多次深入交流，以确定影片的核心主题。此外，笔者不断地审视和修订脚本，并与孔海南老师的研究团队进行了多次深入交流，以充分理解他们在专业领域内所取得的研究成果和具体的工作内容。在赴大理洱海进行实地拍摄时，笔者详细调查了洱海的环境治理效果，包括当地政府和居民对此的直接体验和反馈。通过历时三个月的努力，笔者完成了这部视频，深刻描绘了孔海南教授十六年来对洱海的深厚情感和他不懈的努力。视频中，孔教授对家国责任的承担和情感表达得到了充分展现。这部短视频展示了孔教授的热忱和责任感，在我校举办的"读懂中国"活动中荣获微视频特等奖，并被教育部关工委评为最佳短视频。

三、总结与反思

（一）应当把类似于"读懂中国"这样的活动作为配合开展大学生思想政治工作的重要抓手，融入学院思想政治工作

通过积极推广和表彰"五老"精神的典型模范及其感人事迹，辅导员不仅可以向大学生传递社会主义核心价值观，而且还可以培养他们对国家的深厚感情和责任感。这种方法特别强调通过亲身经历分享的方式激励和影响周围的人。学生们在记录和传播老一辈共产党员的故事时，不仅接受了生动而具体的党史和国史教育，还增强家国情怀和责任意识。向"五老"学习的过程，不仅体现了对年长者传统美德的尊重，更是对他们历经沧桑而形成的杰出品质的弘扬。

（二）活动应体现院系鲜明特色，紧紧围绕时代需求创新育人形式，着力提升活动品质和育人价值

在本书案例中，参与摄影的人选自不同学院，每位都展现了其所属学院独特的教育风貌，这对学生深入理解他们专业的发展脉络极为有益。尤其值得一提的是，媒体与传播学院与其他学院的协作不单是展现了新媒体领域学生和教师的技能，还凸显了合作院系自身的学术强项，从而形成了独树一帜的教育特色。进一步地，微视频作为一种深受大学生欢迎的呈现形式，对于增强该活动的传播效果和创新性起到了关键的作用。

（三）要注重调动发挥学生活动参与的积极性和主动性

在本次视频制作项目中，由一组热情的学生团队主导，他们在整个过程中积极参与和合作。通过深入的实地采访，这些学生们成功获取珍贵的原始素材，使他们能够亲身体验和学习前辈们令人敬佩的高尚精神和品格，还极大地促进了创作团队对这些价值观的传承和推广。此外，这样的过程还让更多学生能间接地接触到这些激励人心的故事，从而受到启发和鼓励。

（四）充分利用新媒体平台和新的内容传播手段，达到"参与一个，受益一方"的效果

为了确保工作以创新的方式焕发生机，本书强调运用新兴媒体技术，实现思想政治工作的传统优势与信息技术的深度融合，从而提升其时代感和吸引力。在本次活动中，宣传工作被特别重视，采用了符合青年学生偏好的媒体传播方式。通过在官方微信和主流视频平台上的推广，活动的影响力得到显著扩大。

在新时代的背景下，弘扬"五老"精神意味着辅导员必须紧跟时代脉搏，深入研究时代特征和规律，并创新活动的方法及形式。这样做不仅能够吸引学生参与，而且能够获得他们的接受和认可，可以真实地体现活动的意义，并最大化其育人效果。

第四节　就地取"暖"，润物无声

一、案例简介

（一）案例来源

案例来源于"明远大学"，位于一个中等大小的城市。在这所大学里，有一所以其综合教育质量和学生关怀著称的文学与社会科学学院。许强，是这个学院下属的心理学专业二年级学生，具体在"心理学专业 2021 级 2 班"。

明远大学拥有广泛的学术资源和一支专注于学生个人发展的教职员工团队。心理学专业特别强调学生的全面发展和个人适应能力，提供了丰富的课程和实践机会，旨在帮助学生更好地理解人类行为和心理过程。

在这个背景下，许强的经历并非个别现象，现以之为例来展示学生在面对生活挑战时可能遇到的心理和行为问题，以及辅导员和心理健康专业人员如何介入和提供支持。

（二）基本情况

许强是一名来自单亲家庭的大学生，就读于明远大学文学与社会科学学院的心理学专业。他在校的表现总体上是积极的，他不仅遵守学校的规章制度，还积极参与班级活动，与同学们保持着友好融洽的关系。他的乐观和开朗成为他人格特质的一部分，同时也展示了他在集体中的荣誉感。

然而，一天，许强的生活突然发生了巨大的变化。那天，他向辅导员请假，吞吞吐吐地提到他的父亲病重，需要立即回家照顾。他的焦虑和不安从他的言语和神态中可见一斑。他匆忙地表示需要立刻购买车票离校。在许强请假后的第二天，辅导员试图联系他了解情况，但发现无法接通他的手机，甚至手机最终变为关机状态。第三天，情况依旧，辅导员无法通过电话与许强取得联系。

由于许强"失踪"时间已超过 24 小时，辅导员感到担忧，联系了当地民政局求助。在民政局的协助下，辅导员最终联系上了许强的姨妈，并了解到了背后的原因。原来，许强出身于一个警察家庭，他的母亲在他高考前不久在一次办案中不幸去世。许强的父亲因为失去爱人而深受打击，随后患上了抑郁症，常年郁郁寡欢。在家中，还有一位 76 岁高龄的爷爷，身体状况不佳，长期住院接受疗养。许强的父亲在警务工作之余，还需要照顾年迈的父亲，生活压力巨大。这次，他在照顾爷爷时突然晕倒，并被紧急送往医院，不幸因脑出血去世。

许强回家后，忙于照顾两位亲人，身心俱疲，没有注意到手机的响声，最终手机电量耗尽。在处理完家中的紧急事务后，许强回到学校，但他的行为和心理状态发生了显著变化。他开始出现晚归现象，宿舍虽有电脑，但他经常跑到校外网吧上网。班委注意到，虽然许强表面上仍与同学保持交流，但他的神情低落，目光无神，常常发呆，主动交流很少，甚至有时言语不清。他开始避免与人接触，单独一人独处的时间增多，参与班级活动的频率明显下降。在课堂上，许强的表现变得消极，沉默寡言，作业拖欠，甚至开始出现旷课现象。

这个案例展示了一个年轻人在面临严重的个人和家庭困境时的心理和行为变化。许强的情况突出了大学生在面对压力和悲伤时可能出现的心理健康问题，以及这些问题如何影响他们的日常生活和学业表现。

（三）理论支撑

第一，应激理论。应激理论最初由汉斯·塞耶（Hans Selye）提出，认为应激是对任何外部刺激的非特异性响应。对许强来说，他面临的应激源是家庭成员的疾病和死亡，这些都是严重的生活事件，可能触发强烈的应激反应。这些应激反应可能包括情绪波动、行为改变和认知功能受损。许强的行为，如晚归、减少社交活动、在课堂上的消极表现，都可以被视为对这些应激源的反应。此外，长期的应激可能导致抑郁、焦虑等心理问题，这在许强表现出的低落情绪和沉默寡言中得到了体现。

第二，适应性失调理论。适应性失调是指个体在面对长期压力时出现的心理和行为功能受损。在许强的案例中，持续的家庭责任、丧亲之痛和学业压力可能导致了他的适应性失调。表现为情绪低落、社交退缩、学业表现下降等，这些都是适应性失调的典型迹象。适应性失调理论强调，当个体无法有效应对持续的压力时，他们可能发展出各种心理和行为问题，这正是许强所面临的情况。

第三，悲伤与哀悼理论。根据这一理论，悲伤是对重大损失的自然反应，而哀悼是个体经历悲伤的过程。许强在失去父亲后，很可能经历了悲伤的多个阶段，包括否认、愤怒、讨价还价、抑郁和接受。他的行为，如情绪低落、避免社交互动、学业表现下降，可能是他处于悲伤过程中某些阶段的表现。此外，哀悼过程是非线性的，个体可能在不同阶段之间往返，这解释了许强行为上的波动和不一致性。

二、教育过程

（一）建立信任关系与沟通

针对许强的情况，辅导员首先需要建立与许强之间的信任关系。在建立信任关系时，倾听、同理心和非评判性的态度发挥着重要作用。辅导员应积极寻找合适的时机与许强进行沟通，了解他的感受和需求。这一步骤的重点是创造一个安全、支持的环境，让许强感到他被理解和接受。在这个过程中，辅导员可以通过询问许强的家庭状况、他对父亲去世的感受以及他当前的生活和学习情况，来展开对话。同时，辅导员需要展现出真诚的关心和耐心，避免迫切地推动许强分享他的感受，尊重他的隐私和处理问题的节奏，在这一步骤中，建立起的信任关系为后续的支持和干预奠定基础。

（二）个体化的心理支持与干预

在与许强建立了良好的沟通基础后，辅导员可以开始提供更加个性化的支持和干预措施，包括定期的个别会谈、提供适当的心理咨询资源、建议参与小组辅导或是提供特定的心理健康教育材料。在这一阶段，辅导员可以帮助许强认识到他的感受是正常的，同时教授他一些应对策略，如情绪管理技巧、压力缓解方法和时间管理技巧。此外，辅导员还可以鼓励许强参与一些可以提供社交支持的活动，如学生俱乐部或兴趣小组，以扩展他的社交网络。并且还应持续评估许强的心理状态和行为变化，确保所提供的支持和干预措施符合他的实际需要。

（三）持续的关注与辅导

辅导员需要定期与许强保持联系，掌握的进展和变化，同时为他提供持续的支持和鼓励。在这个阶段，重点是帮助许强逐渐适应他的新生活状况，包括处理家庭事务和应对学业挑战。辅导员可以继续为许强提供个人咨询，同时鼓励他利用学校提供的其他资源，如学习辅导和健康服务。此外，辅导员还可以与许强的教师和班主任保持联系，确保他在学校中获得必要的支持。在整个过程中，辅导员需要保持对许强情况的灵活性和敏感性，根据他的需求和反馈调整支持策略。

三、总结与反思

反思这个案例和其教育过程，可以从多个角度总结学到的教训和见解。首先，这个案例揭示了学生可能面临的复杂个人和家庭挑战，这些挑战可能严重影响他们的心理健康和学业表现。许强的情况特别强调了大学生在遭遇家庭悲剧和重大生活变化时可能遇到的困难。这种情况要求辅导员不仅要关注学生的学术成就，还要关注他们的情感福祉和心理健康。

从辅导员的角度来看，案例展示了在处理类似情况时所需的敏感性和细致的关注。建立信任关系、提供个性化支持，并持续跟踪学生的进展，是帮助学生应对困难的关键步骤。此外，这个过程也凸显了辅导员在提供支持时需要具备的技能，包括倾听、同理心、适时干预和协调校内外资源。

在对许强的教育过程中，灵活性和个性化也发挥了重要作用。每个学生的情况都是独特的，需要量身定制的支持和干预。如许强的案例所示，一个标准化的方法可能无法满足所有学生的需求。因此，辅导员需要根据每个学生的具体情况调整方法和策略。

此外，这个案例还强调了社交支持网络的重要性。许强最初的孤立状态和后来在辅导员和同学的支持下的改变，说明了社交互动和社区支持在处理心理困难中的作用。学校社区、同学、教师和家庭都是这个支持网络的重要组成部分，他们可以提供必要的情感支持和实际帮助。

最后，这个案例和教育过程也提醒教师，关注学生的心理健康同样重要，甚至有时比关注学术成就更为重要。教育不仅仅是关于知识的传授，它还涉及帮助学生发展成为能够应对生活中各种挑战的坚强个体。在这个过程中，辅导员扮演着重要的角色，其不仅是知识的传递者，更是支持者和引导者。

第八章　关怀主题下的高校辅导员工作案例

第一节　用我的真心换你的笑容

一、案例简介

（一）案例来源

L同学，一名刚刚毕业的本学院学生，家庭位于S省，属于经济困难家庭。她和妹妹的大学费用都依赖贷款以及父亲和叔叔微薄的工资来支付。尽管家庭经济情况困难，但L同学在学业上表现出色，勤奋刻苦，曾获得奖学金和助学金。L同学性格较为孤僻，不主动参加集体活动，常独自行动。

（二）基本情况

L同学在大学一年级时，辅导员组织了一个小型的招聘会，以帮助校内教工食堂招聘合适的勤工助学生。在面试中，L同学给辅导员留下了深刻的印象。她话不多，穿着朴素，一开始非常害羞，不敢抬头。在辅导员的鼓励下，她勇敢地介绍了自己的家庭情况，表达了急切需要勤工助学的愿望。最终，她成功获得了这个宝贵的工作机会。通过这次交流，辅导员发现她性格内向，自我封闭，担心她因为经济压力可能会出现心理问题。因此，辅导员请求班长和班级团支书密切关注她，多与她沟通，并在有异常情况时与老师联系。

在班级年终聚餐时，L同学以没有足够的生活费为由拒绝参加，于是班委会决定用班费支付她的聚餐费用，她高兴地加入了同学们的聚会。尽管她在整个活动中仍然较少言语，但辅导员积极与她交流，鼓励她多参加活动，与同学们互动，同时鼓励她在面对困难时寻求辅导员的帮助。

大学二年级时，国家进行大学生征兵，L同学前来咨询相关事宜，表达了自力更生、减轻家庭负担的愿望。尽管由于家人反对，她最终没有报名参加征兵，选择继续留在学校完成学业但她能主动咨询并明确表达意愿，说明她已经迈出了重要一步。

（三）理论支撑

1. 社会文化学习理论

这一理论强调社会和文化环境对个体学习和发展的影响。在L同学的案例中，家庭经济困难是她面临的一项重大社会因素。根据社会文化学习理论，个体的学习和行为是社会和文化背景的反映。因此，L同学的经济困难背景对她的学习态度和心理状态产生了重要影响。这一理论支持了辅导员关注学生家庭背景的必要性，辅导员这样做是为了更好地理解学生的需求及其所面临的挑战。

2. 关怀教育理论

关怀教育理论强调教育者的关怀和支持对学生的发展重要。在案例中，辅导员对L同学的关注和介入起到积极作用：积极为贫困生提供勤工助学机会，与班级同学合作为L同学支付聚餐费用，并鼓励她参加集体活动，符合关怀教育理论的核心观点，即教育者应该提供情感上的支持和实际的帮助，帮助学生克服困难，建立自信，实现自身发展目标。

二、教育过程

（一）发挥辅导员心理危机干预作用

心理危机是指个体在遭遇重大生活事件或压力源时，其现有的心理适应机制无法有效应对，从而出现严重的心理失衡状态。学生群体由于年龄特点、成长阶段和所处环境的特殊性，更容易遇到使其心理状态失衡的问题，如学业压力、人际关系困扰、身份认同危机等。

辅导员在心理危机干预中通过日常的观察和交流，可以察觉到学生行为模式和情绪状态的异常变化，如学业成绩突然下滑、人际交往频繁出现冲突、情绪波动大等，这些都可能是心理危机初期的信号。通常，辅导员在识别出心理危机迹象后，需采取相应的干预措施，如个别辅导、团体辅导、心理教育活动等。在个别辅导中，辅导员通过一对一的交谈，为学生提供一个安全、私密的环境，让他们能够自由地表达自己的困扰和感受。此外，辅导员还应当与学生的家庭、朋友以及教师等社会支持网络协作，共同为学生营造一个支持性的环境，帮助他们度过危机。

（二）重视同学尤其是学生干部和同寝室同学的心理帮扶作用

他们的年龄相近，生理成熟度基本相同，生活环境也相似。因此，他们面临的心理问题也大致相似，尤其是那些同住一个寝室的同学，情感交流更加畅通。对于那些长期缺乏正常同龄人交往、长时间感到孤独的人来说，心理平衡可能会受到过往经历的影响，这会对大学生的身心健康发展造成不利影响。

（三）加强与学生家长的沟通，普及心理学知识

尽管大学生在心理成长方面已经逐渐走向成熟，然而，家长的引导和教育仍然具有不可或缺的作用。我国的经济发展存在不均衡性，人们的受教育水平存在巨大差异。特别是那些生活在偏远乡村、教育程度较低的家庭，他们通常缺乏必要的心理科学知识，家长往往过分强调学生的学业成绩，而忽

视了对学生心理健康的关注和关爱，导致学生在成长过程中缺乏温暖关怀的环境。有些家长可能会因为子女未能考入重点大学或专业而失去信心，进而忽略了对子女的关心和欣赏，导致学生心理上产生挫折感，甚至诱发病态心理发展，在贫困家庭中，这种问题尤为突出。

三、总结与反思

通过本案例，观察到贫困大学生在心理问题上表现出显著的特点。与非贫困大学生相比，他们由于家庭环境和经济条件的特殊性，长期面临极大的心理压力，因此产生了多方面的心理问题，以下几个方面的问题尤其突出。

（一）自卑心理

贫困大学生常常将家庭经济困难的现实局限性错误地泛化到其他生活领域，错误地认为自己在各个方面都不如他人。因此，这些学生普遍表现出缺乏积极的动力和自信心，由此导致了深刻的自卑情结。

（二）忌妒心理

忌妒是一种情感体验，是当个体与他人进行比较后，发现自身不如对方而产生的怨恨和不满。在一些贫困生中，存在一种不能正视自身贫困的现象，他们倾向于将贫困归因于社会的不公平，持有消极的态度，怨天尤人，对社会持否定和悲观的看法。这些学生常因家庭贫困而感到痛苦，他们的自我意识变得消极，甚至对社会怀有敌意，这可能导致他们寻求精神慰藉的不良途径。

（三）封闭心理

封闭心理指的是个人将自己与外界隔绝开来，很少或根本没有社交活动。除了必要的活动外，他们大部分时间都将自己关起来，不与他人交往。许多贫困生不愿意让别人知道自己的处境，他们会尽量避免参加需要花钱的活动，不愿参加任何社团组织，交往的范围相当有限，他们通常是独来独往的，逐渐形成了不合群的性格。这种封闭心理会产生不同程度的影响，轻微的情况下可能会加重他们内心的痛苦，导致挫败感，而严重的情况下可能会产生极其负面的社会影响。

第二节　爱与束缚漩涡下的男孩

一、案例简介

（一）案例来源

这个案例涉及一个复杂的家庭背景，包括小李的爸爸、妈妈以及小李本人。爸爸掌控欲强、迷恋修道并带着家庭所有财产离家出走，这表明他可能在一定程度上具有控制欲和宗教迷恋，所以才导致他离开家庭并与家人断绝联系。妈妈则懦弱、缺乏主见，即便在爸爸离家后，仍然通过微信请示做出决定，反映了她在家庭中的被动地位和对爸爸的依赖。最后，小李是这个家庭中的孩子，他面临着家庭经济困难和重度抑郁症的诊断，案例中的人物背景说明了小李成长环境的复杂性，以及他所面临的家庭问题。

（二）基本情况

小李的爸爸对他的学习要求一直非常严格，要求成绩优秀，否则会打骂。这种家庭教育方式可能导致小李在学习上感到压力巨大，并对自己的表现产生焦虑。在进入大学后，小李可能因学习节奏和压力的改变，导致不适应，并在期末拿到了第一次退学警告。寒假期间，他与爸爸多次发生争吵，因为他反对爸爸对他学习的要求。这个家庭冲突可能导致了小李爸爸离家出走，并要求断绝父子关系。小李表达了对爸爸的失望，因为爸爸曾是他的榜样，但近年来由于迷恋修道，变得古怪，放弃了工作，对家人情感淡薄。这种失望可能对小李的心理状态产生负面影响。

小李的妈妈是家庭主妇，缺乏主见，经常自怨自艾。她在家庭中扮演被动角色，缺乏决策权，导致小李对家庭中缺乏积极的家庭氛围感到困扰。

小李描述了自己的抑郁症状，包括对学习失去兴趣、无精打采、提不起精神等，表明他可能面临着情绪困扰和心理健康问题。

（三）理论支撑

1.家庭系统理论

爸爸、妈妈和小李构成了一个家庭系统。家庭系统理论强调了家庭成员之间的相互影响和互动。在这个案例中，爸爸的掌控欲和对修道的迷恋可能对家庭氛围产生负面影响，导致冲突和爸爸离家出走。妈妈的懦弱和缺乏主见也可能加剧了家庭中的问题。小李的抑郁症症状可能与家庭系统中的紧张关系有关。

2.抑郁症理论

小李的抑郁症症状包括持续低落的情绪、对学习失去兴趣和无精打采。这些症状与抑郁症的诊断标准相符。抑郁症理论强调了生活事件、家庭环境和个体心理因素对抑郁症的影响。在小李的情况下，家庭环境和学业压力可能是抑郁症发作的触发因素。

3.心理治疗理论

针对小李的抑郁症，心理治疗可能是一种有效的干预方法。认知行为疗法（CBT）可以帮助小李处理负面思维和情绪，重建积极的学习态度。家庭治疗也可以探讨家庭关系和冲突，帮助改善家庭氛围。

二、教育过程

（一）正视且正规治疗心理疾病

1.初步接触与了解

辅导员首先与小李进行初步接触，了解他的基本情况和家庭背景。在谈话中，小李透露了他的家庭问题和自己的心理困扰，包括对爸爸的失望和对学业的不感兴趣。

2. 评估心理状态

辅导员认识到小李可能患有抑郁症，因此进行了初步的心理状态评估。辅导员与学校心理医生合作，安排小李接受正规的心理疾病诊断。确诊后，辅导员明确了解了小李的症状和严重程度。

3. 引导治疗

辅导员与学校心理医生协商，建议小李接受心理治疗和药物治疗。辅导员向小李解释了治疗的重要性，帮助他理解抑郁症是可以治疗的，并为他提供支持和鼓励。

（二）扩大"辅导关系网"

1. 家庭联络

辅导员主动与小李的家人（父母）取得联系，了解他们的情况和家庭内部矛盾。辅导员提醒他们抑郁症患者的特点和需要，敦促他们与小李一起协作，为他提供支持和关爱。

2. 校内资源调查

辅导员调查学校内的资源，包括心理咨询中心、学业辅导和社会活动等。他鼓励小李参与学校社会活动，以扩大社交圈子，并指导他寻求学业上的支持。

3. 同学关系重建

辅导员鼓励小李重新与同学建立联系，分享自己的感受和困惑。他组织同学活动，帮助小李融入集体，减轻他的孤独感。

（三）以"空间"换"时间"

1.调整学业压力

辅导员与小李一起制定了合理的学习计划，减轻了他的学业压力。他鼓励小李逐渐恢复学习兴趣为他，提供学术指导，并监督他的学习进度。

2.提供情感支持

辅导员定期对小李进行心理辅导，提供情感支持和倾听。他鼓励小李表达自己的情感，帮助他处理家庭问题和情感困扰。

3.定期跟进

辅导员与小李建立了长期的跟进机制，以确保他的治疗进展和心理状态。他鼓励小李保持积极的生活方式，培养兴趣爱好，并定期评估他的症状变化。

三、总结与反思

一方面，案例强调了心理健康的重要性。小李的抑郁症是导致他学业和生活问题的主要原因之一。辅导员的及时介入和引导，使小李能够接受正规的心理治疗和药物治疗，逐渐恢复了心理健康。案例提醒人们心理健康问题不容忽视，应该及早诊断和治疗，防止其恶化，学校和家庭应该共同关注学生的心理健康，提供必要的支持和帮助，以确保他们能够在良好的心理状态下学习和生活。

另一方面，案例强调了家庭和社会环境对个体心理健康的重要影响。小李的家庭问题和父母的行为对他产生了负面影响，加剧了他的抑郁症。父母的离异和父亲的离家出走导致了家庭危机，直接影响了小李的情绪和学业。家庭和社会环境对个体心理健康有深远的影响，辅导员应该重视家庭和社会的支持系统，以帮助个体更好地应对生活中的挑战和困难。

第三节　优秀的你为何不断否定自己

一、案例简介

（一）案例来源

案例来源于上海交通大学低碳学院的硕士研究生群体中的一位学生，名为小明。小明是一位考研调剂生，与其他同学不同，他在进入研究生阶段时出现了一系列情绪问题和适应困难。

（二）基本情况

小明是一位考研调剂生，与其他同学的情况不同，他经历了一定的变故或挫折，导致他未能按计划进入其专业研究领域，这也是导致他出现情绪问题的一个潜在原因。从进入研究生阶段开始，小明就处于情绪持续低落的状态，对自己的能力和自身价值存在负面看法，这种情绪问题可能是他进入研究生阶段后面临的学业和生活压力的结果。在社交方面，小明对同学产生了不信任感，甚至删除了许多同学的微信，他认为别人对他存在敌意，对班级的社交关系持怀疑态度，这导致他产生了孤立感和困扰。尽管小明在学习方面表现出色，但他经常自我怀疑和抗拒做实验。在毕业季，他对自己缺乏自信，不愿意参与就业活动，表现出对未来的不确定性和消极态度，影响了他的学业和职业发展。

（三）理论支撑

1. 社交认知理论

社交认知理论强调了个体对社交情境的感知和解释在塑造其情感和行为反应中的重要作用。在小明的情况中，这一理论可以用来解释他对同学产生不信任感和社交障碍的现象。

（1）情感低沉和不信任感。小明在研究生阶段表现出情感低沉和对同学的不信任感。这可能源于他对过去社交经历的负面体验或伤害，使他形成了一种对他人的负面期待。社交认知理论指出，个体的情感反应受到其对社交情境的认知和解释的影响。因此，小明可能在社交情境中对他人的行为产生了过度解读，将无关的行为解释为对他的敌意，从而导致了情感低沉和不信任感。

（2）社交障碍。小明的社交障碍表现在与同学之间的难以建立亲近关系，甚至删除微信。社交认知理论中的社交技能和信念的构建也可以解释这一现象。他可能缺乏有效的社交技能，同时对社交情境产生了负面信念，认为他人不喜欢他，这导致了他的社交障碍。

2. 自我效能理论

自我效能理论是由阿尔伯特·班德拉领导的心理学理论，强调个体对自己能力的信心和信念对其行为和情感状态的影响。在小明的情况中，自我效能理论可以用来解释他在学术和就业方面的自我怀疑和自信问题。

（1）学术自由效能。尽管小明在研究工作中取得了一定的成绩，但他经常表现出自我怀疑和对自己能力的否定。自我效能理论指出，个体的学术自我效能信念会影响他们对学术任务的参与和表现。小明可能缺乏对自己学术能力的信心，这导致了他的自我怀疑和对学术任务的抗拒。

（2）就业自我效能。小明在毕业季对就业时也表现出了自我怀疑和不愿意就业的特点。自我效能理论还可以解释他对自己就业前景的不自信。他可能对自己未来的职业生涯缺乏信心，这导致了他的不愿意就业和对未来的消极态度。

综合来看，社交认知理论和自我效能理论为理解小明的情况提供了有力支撑。这两个理论帮助辅导员认识到他的情感问题和自我怀疑是如何在社交和学术领域中产生的，并为辅导员制定干预措施提供了指导。辅导员据此帮助小明克服困难，使其最终获得了学业和就业的成功。

二、教育过程

为了协助小明克服不良情感，培养自我认知与自我接纳技能，进行有效生涯规划，并树立正确的人生态度，低碳学院采取了多层次、多领域的家校联动、导师思政联动以及朋辈互助等措施，全程跟踪和指导他的学习、生活、心理健康、科研以及就业等方面的问题。

首要考虑到的是入学阶段，小明通过考研进入交大低碳学院，他的性格偏向内向。学院采用全英语教学，周围同学都展现出极高的学业成就，这给了他巨大的学习压力，导致他感到不合群和自卑。他时常怀疑自己不够努力，无法与他人媲美，从而导致了情感失衡，特别是对外向、爱交际的同学充满了敌意。面对这一情况，辅导员及时介入，进行心理干预，引导小明建立对自己和他人的信任，接纳他人的友好意愿，取得了显著的效果。同时，为了维护小明的自尊心和隐私，建立了与小明导师和家长的有效沟通机制，以便及时了解小明的科研进展和个人成长历程。

在科研领域，小明的长远规划不足，表现为完成一项科研任务后，不能主动制定下一步的研究计划，自主性不强，这导致其科研工作短期内未能取得显著成果，从而导致他对科研前景产生了怀疑。经与导师沟通后，辅导员确认了小明的学术工作状态，并积极动员课题组的学长加强对小明的关心，积极为其解答科研实验中的难题。导师还制定了初步的规划引导方案，最终帮助小明克服了科研上的困难，使他成功在高级别学术期刊上发表了高质量的论文。

在就业阶段，小明与其他同学的行动不同。其他同学早早参加了各公司的面试和实习，明确了自己的就业方向和目标，而小明对笔试和面试等评估方式产生了抗拒情绪，表现出被动的态度。尽管参加了一些面试，但在面试失败后，他感到沮丧。同时，当其他同学获得好的工作机会时，他会感到羡慕，但不愿意为之付出更多努力。为了帮助小明解决就业问题，相关教师充分利用学院与环保领域单位开展的产学研合作资源，为小明提供了适合他的就业渠道和信息，鼓励他勇敢迈出了就业的第一步。

在家校联动方面，小明所面对的心理与性格问题并非短期内形成，而是长期积累所致。辅导员一发现小明的情况，就迅速与小明的家长取得联系。他们进行了详尽的探讨，深入了解小明从幼年到成长过程中所处的环境、经历、性格特点、兴趣爱好以及重大生活事件等方面的情况。此外，辅导员定期与小明的父母、姐姐等家庭成员进行沟通，致力于改变以往的交流方式。辅导员鼓励家长主动关心和鼓励小明，提供积极正面的引导，以增进家庭氛围的温馨。通过这些努力，逐渐改变了小明一直以来的思维模式。

在导师思政联动方面，辅导员及时将小明的学业和心理状况反馈给了他的导师。辅导员制定了一份科研督促计划，明确了各自的责任。导师主要负责在科研和学术方面对小明进行指导和监督，而辅导员则专注于定期关注他的心理健康状况，确保他得到多方位的支持。一系列的家庭与导师联动措施解决小明长期以来的心理问题，还提高了他的学术表现和适应能力。

在朋辈互动方面，辅导员观察到班内存在着三位小明信任的密友。当小明陷入情感低谷和郁郁不乐时，他会积极与这几位同窗倾诉内心烦恼。辅导员抓住这个契机，通过对这几位同学对小明的近距离观察，确保小明在校园生活期间不会出现异常行为。同时，在与小明的对话和交流中，辅导员持续肯定他在科研工作和志愿者活动方面取得的杰出成就，并及时给予他鼓励和支持，向他传达认可和信心，引导他因为取得成就而培养自我肯定感，并将这种体验深刻铭记。

通过接受辅导员在不同阶段提供的有针对性的协助和支持，小明成功掌控了自己的心理情绪。最终，他成功完成了论文答辩，并获得了国家关键领域某企业的录用机会。

三、总结与反思

在此案例中，小明频繁经历自我否定和回避挑战的心理问题，凸显了研究生思政工作的提前介入的关键性，以及长期规划性干预在解决研究生心理问题上的紧迫性。作为研究生辅导员，需要综合考虑研究生培养与本科生培养之间的差异。本科生注重基础知识的学习以及全面素质的发展，而研究生更专注于科研工作和未来职业规划。因此，研究生思政工作的重点在于强调导师与学生之间的核心关系，寻找切入点，协助构建和谐的导学关系。同时，必须协助研究生迅速实现角色的转变，帮助其找到研究生阶段发展的关键领域。若无法及时完成角色转变和适应过渡，学生的学术生活和个人发展将会受到深远的负面影响。

因此，对于研究生辅导员而言，制定详细的研究生人生规划培养方案是至关重要的。以下是针对不同阶段学生的具体计划。

在研一阶段，提前进行思政引导工作。在学生刚刚入学时，辅导员可以开展研究生生涯规划调研，建立个人档案，以全面了解新生的背景、兴趣爱好、个性特质以及职业规划目标。这样可以初步将学生分为两类：一类是目标明确、计划充实的学生，可以提前开始就业或深造准备；另一类是目标不明确、未重视规划的学生，需要特别关注和引导。在学生进入学院后，对于已经建档的学生，需要定期进行谈心谈话工作，以了解他们的学业状态和心理状况。如果发现有学生遇到较大问题，应主动与他们的父母和导师进行沟通，以获取更多信息并及时采取措施解决问题。还可以组织学生参与同龄人群体的朋辈教育活动，让优秀的学长成为新生的引导者和榜样。

在研二阶段，对于学生的发展规划，导师的指导显得尤为重要。这一阶段被视为研究生生涯中升学与就业之间的重要分水岭。然而，很多学生未能充分认识到这个阶段的重要性和紧迫性，导致他们将这一年视为研究生生活中最宽松的时期。为了避免出现这种情况，辅导员提前与导师进行沟通显得尤为重要。这样可以更早地为学生提供与他们个人发展阶段相适应的引导，为不同的发展目标提供相关信息，制定不同的培养计划，减少学生在研三阶段的迷茫感和无所适从，使他们有足够的准备，坚定地朝着自己的发展规划和成就目标前进。

至于研三阶段，在这个时期提前开展就业和升学引导工作显得至关重要。学生在这个阶段容易受到外部因素的影响，可能会出现对自己的规划反复修改的情况。在这种情况下，辅导员应该及时介入，并根据前两年对学生发展规划的了解，特别关注那些面临选择困难的学生个案。结合这些学生的个人特质，辅导员可以积极引导他们，帮助他们做出与其自身情况相符的选择，迈出成功的第一步。

在整个思政工作中，尤其重要的一环是引导学生塑造其价值观和人生观。与其仅仅向学生传授知识和培养思维能力，不如帮助他们掌握终身受益的自我发展技能。这被认为是育人工作的核心所在。大学教育的价值不仅在于传授学科知识和思维技巧，更在于帮助学生发掘或者确认他们对终身幸福至关重要的兴趣，并获得实现幸福的能力。因此，思政老师的使命在于引导学生主动探索自我、深刻认识自我、积极接纳自我、发现真正的自我，从而实现个人的价值，发挥个人的潜力。他们应当致力于培养学生拥有健全而独立的品格，坚韧不拔的生活态度，找到一生追求的目标，寻求真爱，坚守信念，并在漫漫人生道路上勇敢面对孤独和迷茫，不断超越自我。

第四节　走出抑郁的阴霾，迎接心灵的阳光

一、案例简介

（一）案例来源

案例发生在中国某大学的心理咨询与治疗中心。A 同学是该校某心理学专业的大三学生，班级为心理学专业 2020 级 1 班。

（二）基本情况

案例中的 A 同学是一名大三的学生，曾被医院诊断为抑郁症并接受过药物治疗，但症状并未得到显著改善。她的主要心理问题体现为持续的情绪低落，持续时间达 6 年。A 同学的学习表现始终优异，但中考时的失败经历使她产生了持续的自卑感。尽管在高中时她的学习成绩依然优秀，但她不与老师和同学交流，独来独往。

她的写作能力特别出色，其作文经常被老师用作范文。她的作文深刻且有见地，是她对自己生活和生命的真实描述。在她的内心，她感到绝望，缺

乏快乐和希望。即使在通过高考并被顺利录取到一所本科 B 段的大学后，她的自卑感并没有减轻。

在大学期间，A 同学虽然能与同学交流，但她的情绪依然低落。她对生命的意义进行持续的思考，但始终找不到满意的答案。她考虑过结束自己的生命，但最终理智战胜了这一念头。在与 A 同学深入交谈后，辅导员了解到她在童年和成长过程中经历了诸多困难。

童年生活中，A 同学的父母感情不好，家庭经济状况也不佳。她目睹了母亲的出轨行为和父亲对母亲的家暴。尽管父亲没有离婚，但重新组建了家庭，这让 A 同学对母亲感到同情，同时因母亲的行为感到自卑。

尽管 A 同学在大学的学习成绩良好，但她一直无法通过大学英语四级考试，这让她感到极大的压力和失落。她在学习过程中难以集中精力，学习效率低下。

她的妹妹因车祸变得生活不能自理，这件事情加重了 A 同学的自责和抑郁。

A 同学的表姐，曾是她的玩伴，后来放弃了学业并告诉她许多消极、负面的社会现实，这使 A 同学感到迷茫和无助。

（三）理论支撑

1. 发展积极认知结构系统

这一理论基于认知心理学的观点，强调个体如何处理和解释信息，尤其是负面信息。在 A 同学的案例中，她长期经历自卑和情感低落，这可能导致了她对信息的负面解释和思维习惯。通过发展积极认知结构系统，心理咨询师可以帮助 A 同学改变她对自己和世界的看法，重建积极的认知结构。这可以通过认知重建技巧、积极心理学的介入和自我肯定的训练来实现。咨询师可以与 A 同学合作，帮助她识别和改变负面自我评价，培养乐观和积极的思维方式，以提高她对生活的满意度和自尊心。

2.应用交互抑制理论

交互抑制理论涉及个体的不同认知、情感或行为之间的竞争和相互抑制。针对 A 同学的情况，她可能经历了内部认知和情感之间的交互抑制。例如，她可能同时拥有自卑感和对自己高学业成就的自豪感，这两种情感可能相互竞争，导致她情绪不稳定。心理咨询师可以应用交互抑制理论来帮助 A 同学理解这些内部冲突，并探讨如何解决它们。

3.通过放松训练强化结果

放松训练是一种心理干预方法，旨在减轻焦虑、恢复情绪平衡和提高心理健康。针对自身情况，A 同学描述了持续的情绪低落和对生命意义的思考，这可能导致了她的焦虑和内心紧张。通过放松训练，A 同学学会了深度呼吸、渐进性肌肉松弛等技巧，这以帮助她放松身体和情绪。这种训练有助于减轻她的焦虑症状，增强她的情绪稳定性，并为心理咨询的其他干预措施创造更有利的条件。

二、教育过程

（一）对 A 同学进行认知指导

在对 A 同学进行认知指导的过程中，首要任务是建立信任关系。辅导员需要展现出关心和尊重，以确保 A 同学感到舒适和安全。一旦建立了信任，便可以深入了解她的思维模式和情感状态。在开展深入交谈时，辅导员应倾听 A 同学分享情感和负面思维，了解她的自卑感、对生命意义的怀疑等问题，从而明确问题的根源。辅导员在这个过程中需要保持耐心和同理心，以确保 A 同学感到被理解和支持。在明确问题根源的基础上，辅导员可以帮助 A 同学挑战认知偏倚。通过提供证据和合理的反驳，帮助她看到负面思维的不准确性。例如，回顾她的学业成就和积极经验，以证明她并不是毫无价值的。同时，辅导员还应引导 A 同学培养积极思维模式，包括鼓励她关注自己的优点和成就，以及设定积极的目标和计划。情感支持在认知指导中也起着关键作用。辅导员需要理解 A 同学的情感需求，倾听她的情感表达，并提供情感安全感。情感支持有助于她在困难时期感到被关心和支持。最终，认知指导的目标是帮助 A 同学建立积极的自我认知和情感管理能力。通过与她合作制定个人发展计划，可以帮助她更清晰地定义未来的目标和方向，增强对未来的信心和动力。

（二）对 A 同学进行临床心理训练

临床心理训练的目标在于强化大脑中积极程序性知识的自动化优势。对于 A 同学来说，在放松状态下，她能够进入高效的学习状态，这有助于将积极情感的学习成果更牢固且持久地铭刻在大脑中。治疗的核心目标是帮助 A 同学提高学习效率，通过英语四级考试。

从制定治疗方案的起点开始，整个治疗过程的关注焦点集中在积极心态的塑造上。这一目标与暗示式的放松训练相结合，总计进行 12 次，历时 6 个月。

在心理训练程序中所包含的知识要素有以下几个。

1. 问题情境（S 刺激）：自学过程情境、英语考试情境。

2. 执行程序性知识：通过运用新的抵制分散注意力的程序性知识，在深度放松的状态下，一旦出现问题情境（S），便能够自动触发全新的行为反应。这种行为反应依赖于特定的程序性知识，例如像杰出学生那样要求自己学习，积极主动地思考问题，以及对全神贯注的学习感到自豪。这个程序性知识中还包含了一些陈述性知识的图像，例如积极地背单词，按照学习计划有效学习时的轻松和兴奋的表现。

具体的心理训练程序包括首先按照肌肉放松的具体步骤，在放松训练的音乐背景下，由指导者引导 A 同学进行肌肉放松练习。当 A 同学的肌肉放松到较高程度，情绪变得轻松愉快，大脑进入高效学习状态时，便能将积极的情绪状态融入自主学习和英语考试的整个过程中。这样，A 同学就可以接受由指导者设计的全新学习和考试过程的程序性知识。在这个过程中，指导者引入了能够调动 A 同学积极情感的海洋景观和假设性目标，例如成功通过英语四级考试并顺利获得学位证，有助于 A 同学更好、更快地学习新的程序性知识，从而替代了原有的消极情感和行为反应。

三、总结与反思

首先，这个案例强调了童年家庭环境对个体心理健康的深远影响。A 同学的父母感情不好，家庭经济困难，父母的争吵和母亲的出轨行为对她产生了负面影响。表明了家庭环境对儿童和青少年的情感和心理发展具有重要作用。辅导员和家长需要重视家庭环境对孩子的影响，提供支持和指导，帮助他们应对潜在的心理健康问题。

其次，案例中展示了社交支持网络对个体的重要性。尽管 A 同学在学校表现出成熟和深刻的思考，但她仍然承受着沉重的内心压力。她的同学借助她的见解和独到思考，但她自己从不与他人分享自己的问题。即使一个人外表坚强和成熟，但他仍然可能存在内心困扰。因此，社交支持网络的存在至关重要，可以帮助个体分享情感和获得支持。

再次，案例中强调了个体对生命意义的深刻思考。A 同学经常反思自己的存在和生命的意义，反映出她对自己和社会的深刻关注。这也提醒人们，关注个体心理健康不仅仅是要缓解其心理不适症状，还包括帮助个体找到生命的意义和目标。在心理治疗过程中，辅导员需要与学生一起探讨这些问题，引导他们寻找生活的动力和目标。

最后，案例中的妹妹的车祸事件对 A 同学产生了巨大的心理影响，加剧了她的抑郁情绪，这突出了家庭成员之间的相互关联和支持的重要性。在家庭中，亲人之间的关怀和支持可以对家庭成员的心理健康产生积极影响。因此，家庭成员应该在面对困难时互相支持，并鼓励开放的沟通，以帮助个体应对生活中的挑战。

第九章　导航主题下的高校辅导员 工作案例

第一节　一个由个体到群体的职业生涯指导

一、案例简介

（一）案例来源

案例来源于某省理工大学的专科生 S，她在大学学习过程中遭遇了专升本考试的挫折，情绪低落，感到迷茫。

（二）基本情况

S 是某省理工大学一名二年级的专科生，性格偏内向，但学习认真，具备良好的动脑能力。她于 2010 年以低于本科 5 分的分数考入该大学，选择了应用数控技术专业，开始了她的大学生涯。

一年后，S 参加了专升本考试，这是她追求更高学历的一次机会。然而，考试结果并不如她所愿，未能成功升入本科，这次的挫折对她来说是一个沉重的打击。她的情绪跌至低谷，充满了迷茫和自卑感。她觉得自己在同学面前抬不起头，对未来感到无望，甚至怀疑人生的意义。

针对 S 的情况，辅导员采取了积极的干预措施，辅导员非常关注贫困生的家庭状况和学习情况，因此对 S 的困境特别关注。他与 S 进行了多次深入的交流，帮助她自我分析，正确认识自己。通过这些交流，S 开始认识到自己具备的潜力和优势，这是摆脱困境的第一步。

在帮助 S 建立自信的过程中，辅导员结合她所学的专业，与她一起进行了职业发展的探讨。他帮助 S 明确了未来职业的方向，并制定了详细的规划和措施。这使 S 对未来有了清晰认识，从而增强了她的信心。为了进一步培养 S 的综合素质，辅导员安排她担任一门选修课的班级助理。在这个角色中，S 展现出了较强的工作能力，使班级事务井井有条。这个经验使她逐渐变得开朗，更加自信，并且认识到自己的能力和潜力。在大学二年级时，国家征兵办公室宣布面向大学生进行兵役招募。S 决定咨询辅导员有关征兵的事宜，并表达了自己想自力更生，不再给家庭增加经济负担的愿望。尽管她的家人反对她报名参军，但她态度坚决。最终，由于各种原因，她未能成功报名，但这一经历让她坚定了自己的未来发展方向。

（三）理论支撑

1. 自我概念和自尊

自我概念是一个人对自己的认知和看法，包括自己的特点、能力、兴趣等。本案例中，S 经历了专升本考试的失败，产生了负面情绪和自卑感。辅导员通过与 S 的深入交流，帮助她进行自我分析，正确认识自己的优势和潜力，有针对性地强调她的能力和动脑的优点。提升 S 的自尊感和自信心，使她积极地面对未来。

2. 职业发展规划

职业发展规划是指个体为了实现职业目标而制定的详细计划。在本案例中，S 的专升本失败使她产生了对未来的迷茫感，感觉人生没有方向。辅导员通过深入探讨，帮助 S 明确了她的职业发展方向，结合她所学的专业，制定了具体的规划和措施。

3. 实践教育

实践教育是一种重要的教育方式，通过实际参与和实践活动来提高个体的综合素质。在本案例中，辅导员安排 S 担任班级助理的工作，这是一个实践教育的例子。通过这个经验，S 不仅提高了工作能力，还培养了组织能力和协作能力，增强了她的综合素质。

4. 情感辅导

情感辅导是帮助个体处理情感问题，克服负面情绪的重要方法。在本案例中，S 经历了专升本失败后，陷入了情感低谷，感到迷茫和自卑，辅导员通过多次深入交流，倾听她的内心烦恼，给予情感支持和开导。

二、教育过程

（一）召开"上大学为了什么"主题班会

为了应对同学们普遍感到失落和迷茫的前途问题，辅导员策划并组织了一个主题班会，题为"高等教育的价值与意义"。在这次班会中，辅导员运用精心准备的课件，呈现了目前大学生们面临的现实生活境况，并深入分析了亟待解决的挑战。接着，辅导员组织同学们展开了深入研讨。这一过程激发了广泛讨论。通过这次班会，同学们逐渐明确了问题的答案：他们之所以上大学，是为了获得一个有利的职业发展起点，以便在未来拥有光明的前程。

（二）邀请知名教授作主题报告

为了增强同学们的信心，辅导员邀请了其所在学校一位资深教师——秦老师进行了一堂题为"人生航向"的励志演讲。秦老师以自己的亲身经历向同学们传达了一个简明的哲理：一个人的背景（包括学历）并不决定一切，真正关键的是个体如何以何种方式改变自己的人生轨迹。通过这次演讲，同学们都深受启发和激励，坚信只要积极行动，一切皆有可能。

（三）开展职业生涯规划讲座和个体职业指导

辅导员充分发挥其拥有的"国家高级职业指导师"和"大学生创业导师"的专业资质，为同学们提供职业生涯规划讲座和个体职业指导活动。此外，辅导员还主持了一项集体职业生涯规划活动，鼓励每位同学根据自身实际情况进行深入思考和规划，以明确个人的奋斗目标和发展路径，解答了学生"大学期间应该学习什么"的疑惑，同时显著提升了他们的学习主动性。

三、总结与反思

一方面，大学生这一特殊群体，在大学这个人生关键时期，特别需要教师，尤其是辅导员的引导和帮助。具体而言，辅导员需要帮助其正确地认识自己，认识当前的形势，明确大学生应该怎样去做、做什么，要在适当的时候有针对性地与学生谈话和交流，体现出对学生个人成长和发展的关心，让学生在关注中健康成长。另一方面，新形势下大学生面临很多的新问题，这对辅导员的素质提出了更高的要求。要做好某一方面的工作，辅导员必须是某一方面的专家，否则问题将不能或不能及时得到解决。在本案例中，辅导员利用自身具有的资质和知识，帮助学生科学、合理地规划了自己的职业生涯，设计了生涯通路和发展战略，对于解决当前学生中存在的一些现实问题进行了合理的疏导，有效地将人生的发展与当前的学业结合起来，达到了预期的效果。

第二节　用"五心"帮助学生就业

一、案例简介

（一）案例来源

该案例的学生是来自 ×× 学院 ×× 专业的毕业生 E。她来自湘西偏远的山区，家庭经济困难，需要供养弟弟上学，并且家里背负着较多债务。面对家庭的经济负担，她选择了就业，希望能够早日缓解家庭的困境。

（二）基本情况

在这个案例中，E 的个人背景和家庭情况对于理解她的困境和情感状态至关重要。她来自湘西偏远的山区，这意味着她的家庭可能相对贫困，地理位置偏远也可能导致她能获得教育资源不足。E 在家庭中肩负着供养弟弟上学的责任，这增加了她的经济负担。而家里已经背负了较多的债务，这使得 E 感到了经济压力。

面对家庭的困境，E 做出了积极的选择，即选择就业来帮助家庭早日减轻经济负担。然而，她的努力在面对就业市场时遭遇了困难。拒绝她的单位多次提到的理由是她是女生，这种性别歧视现象使得 E 感到极度挫败和无助。她的经历反映了社会中性别歧视问题的存在，特别是在某些行业和领域中。

（三）理论支撑

1. 性别歧视理论

性别歧视理论在分析该案例中的性别歧视问题方面起到关键作用。E 同学因为是女生而遭到多家单位的拒绝，这反映出了性别歧视在就业领域的存在。性别歧视理论强调，社会上存在一种将男性视为更适合某些职业或岗位的刻板印象，这种刻板印象可能导致女性面临更多的就业障碍。该理论提醒人们，性别歧视不仅仅是一种社会问题，也是一个心理问题，因为受到性别歧视的个体可能会受到心理上的伤害。因此，通过性别歧视理论的支持，辅导员可以更好地理解 E 同学所面临的困境，并在教育过程中采取相应措施来帮助她应对性别歧视问题。

2. 心理调适理论

心理调适理论在案例中也具有重要作用。E 同学在面对多次拒绝时感到迷茫、沮丧、无助。心理调适理论关注个体如何应对压力和困境，以及如何适应新的情境。在这个案例中，E 同学的心理状态变得脆弱，需要心理调适来帮助她重新树立信心，积极应对挫折。在心理调适理论的支持下，辅导员可以帮助 E 同学制定积极的情绪管理策略，提高自尊和自信，增强面对困难时的心理韧性。

二、教育过程

第一，鼓励她建立自信。辅导员向她强调不应因为几次求职的失败而感到沮丧和失望。辅导员引用了一些国内外杰出人物克服困难、走向成功的案例，以示只要树立坚定的信心，持之以恒，就一定能够获得成功。

第二，督促她圆满完成学业。辅导员劝导她克服因求职挫折带来的浮躁情绪，专注于完成毕业设计，确保成功通过答辩，取得毕业证书和学位，这是就业的基本前提。

第三，提供就业指导。辅导员向她详细介绍求职过程中需要注意的事项，建议她主动获取求职相关书籍或浏览网络上的相关资源，掌握求职简历、推荐信的撰写技巧，以及面试表现等方面的知识，以提高自身的就业竞争力。

第四，缓解她的经济困境。了解到她家庭经济困难，辅导员向她提供了一笔 1000 元的借款，让她用于应对求职期间的交通和住宿费用，以减轻她在经济上的负担。

第五，动员班级同学关心她。辅导员通过电话联系了她所在班级的班长，希望班级同学能够与她保持联系，给予她鼓励和关心，让她感受到集体的温暖和支持。

三、总结与反思

第一，培养"五心"态度。在对待学生和工作时，辅导员需要秉持"热心、爱心、细心、诚心、责任心"的态度。辅导员应将这五种心态融入工作中，将关爱之情和热情投入对学生的毕业和就业指导中，全力解决就业困难学生所面临的问题和困惑，充当大学生就业的"导航员"，协助学生树立自信心，帮助他们勇敢迈向社会，实现自己的理想。

第二，坚持"三勤"原则。这包括勤于调查研究，及时发现和解决问题；勤于走访寝室，及时了解毕业生的就业心态和思想状况；勤于统计，动态掌握毕业生签协议情况和就业意向，根据情况及时为毕业生推荐适合的单位；勤于联系，与就业基地和新开拓的招聘单位保持密切联系，了解和反馈单位的招聘动向和信息。

第三，提供全程指导。就业教育应贯穿于学生的整个大学生涯。根据学生的年级和阶段，进行有针对性的教育与指导。一年级学生需要接受专业教育和职业生涯概念教育；二年级学生应进行职业生涯规划和社会实践教育；三年级学生可参加简历设计大赛和实践能力训练等活动；四年级学生则需要主要接受就业政策宣传、就业信息服务、就业技巧指导以及就业安全教育等。

第三节　跨越障碍——女大学生如何突破职业"瓶颈"

一、案例简介

（一）案例来源

Y同学：Y同学是即将大学毕业的学生，正在某银行实习。她每天需要早早起床，乘坐公交车一个多小时前往实习单位，这对于她来说是一项辛苦的挑战。她珍惜实习机会，因为她认为只有通过实习，她才有可能留下来，应对大学生就业的困难。

W同学：W同学和Y同学同寝室，也是该学院的学生。在大三时，她曾考虑创业，计划开设一家网店来卖小饰品。然而，她在创业过程中遇到了困难，包括不知从何下手和担忧风险。最终，她放弃了创业计划。

该学院的女大学生群体：该学院的教学偏向工科，女生的就业情况相对较差。80%以上的女学生求职时间持续3个月以上，且八成女生倾向于先就业再择业。

（二）基本情况

本案例涉及的学生主要包括 Y 同学和 W 同学。Y 同学即将大学毕业，目前正在某银行实习。学校位于郊区，而实习单位位于市中心，这导致了 Y 同学每天都需要早起，并乘坐公交车耗费一个多小时的时间来回通勤，给她带来了一定的身体疲惫和心理压力。然而，尽管实习生活辛苦，Y 同学珍惜这个实习机会，因为她深知大学生就业的困难，特别是对女大学生而言，就业更加具有挑战性。

与 Y 同学同寝室的 W 同学曾在大三时考虑开设一家网店，销售小饰品。然而，她面临着诸多创业难题，包括不清楚从何入手、进货渠道等问题，最终放弃了创业计划。反映出一些大学生对创业的兴趣和想法，但面对风险和不确定性，他们可能感到无法应对。

此外，学校内部的就业情况也受到关注。该学院的教学偏向工科，男生的就业情况相对较好，而女生的签约率未能达到就业指标的一半，这使得一部分女学生感到就业前景黯淡。学院的女大学生们普遍认为用人单位存在性别或地域歧视，一些人甚至亲历了用人单位的不公平待遇。然而，也有一部分女学生存在自身原因，如缺乏就业信心和主动性，他们依赖父母或只是被动等待用人单位的录用。

（三）理论支撑

该案例的理论支撑主要涉及社会认知理论、自我决定理论和社会学习理论。社会认知理论解释了女大学生感到就业压力的原因，强调社会环境和他人认知对个体行为和情感的影响。自我决定理论揭示了缺乏就业信心和主动性的背后可能是外部压力和期望导致内在动机减弱。社会学习理论强调个体通过社会学习和角色建构形成对就业的认知和态度，解释了部分女学生依赖父母或由于缺乏实践经验而导致的不安感。

二、教育过程

（一）职业切入点的选择

辅导员邀请具有多年职业指导经验的校内专职人员和社会各界人士开设讲座，向学生们讲述和分析一个个生动的就业与职业发展的故事，使她们明确自己的优势和劣势，根据过去的经验、经历，选择推断未来可能的工作方向，从而彻底解决"我想干什么"和"我能干什么"的问题。另外辅导员时常利用团体训练的方法，按照学生个人的职业发展需要，将她们分成不同的小组进行训练，训练内容主要是大学生普遍缺乏的职业准备能力，如运用各种工具开展自我评定的能力，从多种渠道收集职业信息的能力，判断和决定个人职业志向的能力，准备求职材料和面试的能力，与职场人士良好沟通与交流的能力等。

（二）理性看待性别歧视

通过开设女性学课程，从理论的高度开展苯甲雌二醇质教育，使女大学生增强女性的主体意识及女性价值意识。引导她们正确了解自我，接纳自我，明确现代女性要承担的社会角色与家庭角色。要使自己将来能扮演好多重角色，女大学生除了要掌握好专业知识和专业技能之外，还要自觉培养诚信、团结、向善、乐于奉献的品质，保持积极向上的健康心态。对此，辅导员找来一些优秀女性典型案例，以她们为榜样，发挥典范作用，激励、感染和影响女大学生。

（三）心理健康教育

联系学校的心理咨询室，根据女大学生的特点提供特别辅助平台，通过心理咨询，更有针对性地帮助女大学生解决在学习、恋爱、人际关系等方面所引起的心理问题。此外，对于贫困女大学生，辅导员投入了稍多一些的关注，不仅在精神上给予关怀，还利用国家资助、社会及个人资助等方式帮助她们解决生活、学习中的实际困难。

三、总结与反思

首先，通过成功人士择业的实例，告诉学生个人兴趣和追求是职业选择的重要依据。成功择业的实例，让学生体会到个人兴趣和个人追求是择业的重要依据。

其次，对职业发展前景的介绍，也是引导学生从社会发展需要出发正确择业的重要方法。辅导员通过满足学生对职业的好奇心，使学生认识到化学在各个研究领域中的实用性和重要性，了解专业的前景和就业去向的前景，树立自己的职业意识。

这种对职业前景的畅想，培养了学生发现、处理、评估、整合、呈现信息的能力，使他们能够在工作、学习中发现或创造机会，并把这些机会和个人目标联系起来，为将来生活做好准备。

参考文献

[1]陈立民 . 高校辅导员理论与实务 [M]. 北京：中国言实出版社，2006.

[2]周家伦 . 高校辅导员理论、实务与开拓 [M]. 上海：同济大学出版社，2011.

[3]饶先发，黄森文，刘国权 . 新时代高校辅导员理论宣讲技巧与实务 [M]. 南昌：百花洲文艺出版社，2020.

[4]陈虹，赵鹏 . 高校辅导员工作理论与实务知识 [M]. 天津：天津社会科学院出版社，2021.

[5]赵艳芳 . 新时代高校辅导员思想政治教育理论与实践探析 [M]. 北京：光明日报出版社，2023.

[6]沈爱玲，赵贵臣 . 高校辅导员谈心谈话的育人价值及实践路径研究 [J]. 现代教育科学，2023（6）：75—80.

[7]贺庆平 . 大学生思想政治教育视角下高校辅导员协同育人对策研究 [J]. 大众文艺，2023（21）：175—177.

[8]廖艳平，曾大艇，莫意清 . 精准资助视域下重大家庭变故学生帮扶研究：高校辅导员工作案例分析 [J]. 现代商贸工业，2023（24）：180—182.

[9]孙一秀 . 新时代"互联网 +"网络思政教育的路径探析 [J]. 现代商贸工业，2023（24）：201—203.

[10]赵艳，成永红 . 自媒体传播趋势下高校辅导员做好"微思政"的实践路

径探析 [J]. 新闻研究导刊，2023（21）：33—35.

[11]陈然，王元银，王润玲.基于德尔菲法构建高校辅导员核心素养模型及其培养路径探析 [J]. 蚌埠学院学报，2023（6）：83—88.

[12]李刁，许亨洪.新时代高校辅导员成长发展探析：首届全国高等师范院校"辅导员成长发展"学术论坛综述 [J]. 学校党建与思想教育，2023（21）：93.

[13]杨杨.高校辅导员的身份认同与价值重构[J].黑龙江高教研究,2023(11)：108—113.

[14]王康.新时代高校辅导员核心素养的基本内涵及其提升路径 [J]. 江苏高教，2023（11）：120—124.

[15]况广收.高校辅导员职业倦怠与教师角色认同的关系研究：基于江苏20所高校的调查 [J]. 江苏高教，2023（11）：114—119.

[16]付芳芳.以伟大建党精神涵养高校辅导员育人能力研究 [J]. 边疆经济与文化，2023（11）：119—123.

[17]李哲武.新时代高校辅导员科研能力提升的三重向度 [J]. 科教文汇，2023（20）：14—17.

[18]王煜，朱琳.高校辅导员就业指导能力提升策略研究 [J]. 太原城市职业技术学院学报，2023（10）：103—105.

[19]王莉.大数据时代高校辅导员学生管理分析 [J]. 湖北开放职业学院学报，2023（20）：144—145，148.

[20]王倩.全媒体时代高校辅导员媒介形象构建 [J]. 传媒论坛，2023（20）：112—114.

[21]郭旋.高校辅导员开展大学生思政教育工作的策略 [J]. 中国高校科技，2023（10）：97—98.

[22]顾乐红.积极心理视角下辅导员工作效能和归属感论述 [J]. 河北开放大学学报，2023（5）：65—67.

[23]李瑶，樊舒婕，李英.关于高校辅导员专业化发展的思考 [J]. 办公室业务，2023（20）：122—124.

[24]杨浩宇，潘琛.基于社交媒体大数据的高校辅导员信息育人素养培育探究[J].新闻研究导刊，2023（20）：200—202.

[25]周肖，陈鹏程."三全育人"背景下民办高校辅导员的工作思路与路径[J].大众文艺，2023（20）：188—190.

[26]周岳."三全育人"背景下高校辅导员就业指导工作路径探究[J].就业与保障，2023（10）：154—156.

[27]姚晰哲，荆雪婷.积极心理学在高校辅导员谈心谈话工作中的应用[J].西部素质教育，2023（20）：101—104.

[28]邹婷，吕志强，周云.高校辅导员与学生谈心谈话实效性提升的调查研究[J].现代职业教育，2023（30）：117—120.

[29]孟丹.主题教育视域下高校辅导员开展大学生思想政治教育工作路径研究[J].现代职业教育，2023（30）：133—136.

[30]潘映铼.新时代高校辅导员思想政治教育工作有效性提升研究[J].食品研究与开发，2023（20）：239.

[31]王英杰.融媒体时代高校辅导员思政育人模式探究[J].世纪桥，2023（10）：60—62.

[32]张学会.新时代高校辅导员提升思想引领力的路径探索[J].世纪桥，2023（10）：69—71.

[33]戴姣.新时代高校辅导员师德师风建设的现实困境与破解路径[J].高教论坛，2023（10）：22—24，47.

[34]夏旸."三全育人"背景下高校辅导员开展大学生思想政治教育的有效途径研究[J].河南教育（高等教育），2023（10）：31—33.

[35]于超.论高校辅导员谈心谈话对学生违规违纪事件的影响[J].辽宁师专学报（社会科学版），2023（5）：132—134.

[36]冉辉，张钱，禹真，等.新时代地方高校辅导员职业素养的核心要求、提升意义和方向[J].铜仁学院学报，2023（5）：18—24.

[37]于环，陈星伯.就业育人视角下高校辅导员谈心谈话能力提升策略[J].锦州医科大学学报（社会科学版），2023（5）：74—77.

[38]田子怡，闫政，常亚楠.高校辅导员与专业教师协调育人研究[J].秦智，2023（10）：89—91.

[39]廖楚君.高校辅导员育人能力提升路径研究[J].中国军转民，2023（19）：101—102.

[40]刘慧."三全育人"视域下高校辅导员思想政治工作探究[J].淮北职业技术学院学报，2023（5）：48—52.

[41]刘玉玥.新时代高质量高校辅导员队伍建设研究[D].桂林：广西师范大学，2022.

[42]达苗.高校"辅导员+"协同育人实践方式研究[D].成都：四川师范大学，2022.

[43]向伟.新时代高校辅导员素质及提升策略研究[D].长沙：湖南师范大学，2020.

[44]李思雨.高校辅导员工作成效研究[D].重庆：西南大学，2018.

[45]张立鹏.应然·实然·适然：我国高校辅导员角色的三维考量[D].石家庄：河北师范大学，2015.